贞观政要新绎

韩昇　王艳　著

图书在版编目（CIP）数据

贞观政要新绎 / 韩昇，王艳著. -- 北京：文化发展出版社，2022.4

ISBN 978-7-5142-3684-2

Ⅰ.①贞… Ⅱ.①韩… ②王… Ⅲ.①典章制度-中国-唐代②《贞观政要》-研究 Ⅳ.①D691.5

中国版本图书馆CIP数据核字（2022）第023119号

贞观政要新绎

韩昇　王艳　著

责任编辑：周 蕾	责任校对：岳智勇
责任印制：邓辉明	责任设计：郭 阳

出版发行：文化发展出版社（北京市翠微路2号 邮编：100036）

网　　址：www.wenhuafazhan.com

经　　销：各地新华书店

印　　刷：北京文昌阁彩色印刷有限责任公司

开　　本：710mm×1000mm　1/16

字　　数：236千字

印　　张：16.5

版　　次：2022年4月第1版

印　　次：2022年4月第1次印刷

定　　价：48.00元

ＩＳＢＮ：978-7-5142-3684-2

◆ 如发现任何质量问题请与发行部联系。发行部电话：010-83626929

序　论

纵观中国古代的历史，唐朝是大家公认的最辉煌鼎盛的王朝，她的遗产从今日遍布世界的"唐人街"中即可窥见一斑。千百年来的有识之士无不对唐朝给予高度评价，苦心孤诣地追寻她繁荣昌盛的秘密。自汉帝国在黄巾起义的冲击下分崩离析以来，神州大地经历了四百余年的分裂动乱，其间西晋虽短暂拥有过统一的名头，却迅速葬送在"八王之乱"的内斗中。至6世纪末，终于迎来真正意义上统一的隋王朝，却仅维持了短短三十余年，便再次将国家推入群雄逐鹿的血与火之中。直到唐朝建立，中国才真正重新站了起来，摆脱了往日的残败凋敝，迅速成为一个政治清明、民生富裕、军事强大、文化灿烂的世界帝国。如此辉煌的唐朝之所以能在短期内建成，无疑与唐太宗是分不开的。唐太宗用短短二十三年的时间就开创了中国历史上最为人称道的盛世"贞观之治"，奠定了唐朝约三百年基业的规模与格局。在传世的历史记载中，唐太宗的政治遗产是较为丰富的，其中系统性的总结就是《贞观政要》这部宝典。

《贞观政要》的作者吴兢，是唐代杰出的史学家。他生于唐高宗总章二年（669）前后，死于唐玄宗天宝八载（749），亲历高宗、武周、中宗、睿宗、玄宗五朝，目睹了唐朝大半个世纪的政治起伏、风云变幻。并且，他从武则天时代起就进入朝廷史馆担任史官，得以接触到大量官方档案，故而拥有一般人难以企及的远见卓识。因此，在朝堂内外一派歌舞升平的玄宗时代，吴兢敏锐地感受到潜藏的社会矛盾，深知唐朝的政治形势已危如累卵。然而上书直谏难以被唐玄宗所接受，他只好利用自己的史臣身份，将唐太宗贞观年间治理国家的成功经验编撰成书，命名为《贞观政要》。吴兢意在利用唐太宗的"祖训"，以"贞观之治"为尺度，引导唐玄宗纠正偏差，重新走上唐太宗治国的正确道路。

出于这个目的，吴兢从唐太宗时代的众多档案中，选择了唐太宗和大臣们对于如何治理好国家的深入讨论、影响深远的诏书和奏章、历史事件、人物传记等，采撷节录，分门别类，构成十卷四十篇，涉及政治、经济、文化、制度、军事、礼仪、教育等国家事务的主要方面，尤其深入记述了贞观时期的治国理念和基本方针。

由此可见，《贞观政要》既非吴兢心血来潮的偶然之作，亦非对唐太宗及其"贞观之治"的吹捧溢美，而是他出于忧国忧民的公心，基于当时的档案记录和历史文献辑录而成的治国宝典。那么，吴兢对相关文献记载的辑录，所反映的究竟是他个人的政治思想，还是唐太宗的治国理念及经验呢？

有一本书对于回答这个问题至关重要，那就是唐太宗晚年编纂的《帝范》。这部书是唐太宗为其接班人太子李治而作，不仅是他对前代治国经验和教训的整理，也是对自己治国理政二十余年的总结。因此，这部书毫无疑问体现了唐太宗的政治思想。如果将《帝范》与《贞观政要》放在一起比较，上述问题就迎刃而解了。

《帝范》共十三篇，去掉最后一篇总结，共十二篇。唐太宗告诫李治道："此十二条者，帝王之大纲也，安危兴废，皆在兹乎。"（《帝范》后序）比较《帝范》和《贞观政要》的篇目可知，唐太宗视为重中之重的这十二个方面，全部收录在《贞观政要》中。在此基础上，吴兢又增加了一些篇目，主要涉及伦理道德等文治的内容，还有农耕赋税等国家施政以及言谈举止的修养等。特别是《贞观政要》第十卷，分《论行幸》《论畋猎》《论灾祥》《论慎终》四篇，此四篇其实是唐太宗在《帝范》最后一篇里对李治告诫的展开。显而易见，《贞观政要》深受《帝范》影响，所反映的是唐太宗的政治思想和治国实践，是一位成就卓越的伟大政治家的经验总结，而非书生的高谈阔论。这就更加值得我们高度重视和深入学习借鉴。

《贞观政要》成书以后，很快显示出其重要的现实价值，唐玄宗以后的唐朝皇帝都曾努力研读，从中汲取治国经验，力图起衰振弊，实现中兴。唐宣宗甚至把《贞观政要》书写在屏风之上，诵读领会。唐朝灭亡以后，契丹、女真、蒙古等北方游牧民族南下，分别建立了辽、金、元政权。他们虽然不是汉族，但其统治者也都把《贞观政要》奉为圭臬，专门延请饱学之士入宫侍讲，学习唐太宗的成功经验。明朝皇帝几乎把讲读《贞观政要》作为日课，明宪宗亲自推动《贞观政要》刊印，为之作序，大力阐扬。清朝更是如此，清高宗乾隆在为《贞观政要》写的序言中感慨道："余尝读其书，想其时，未尝不三复而叹曰：贞观之治盛矣！"由此可见，《贞观政要》不仅超越民族壁垒，成为大家一致认同的治国经典，且自唐至清一千多年间，无论社会发生怎样的巨变，其政治思想和治国原则一直适用。

这样一部系统总结治国经验的著作，不仅在中国深受重视，在东亚文化圈内的其他国家也广泛流传。从现存的历史记载看，日本是最早引进《贞观政要》的国家，相当于晚唐时代成书的《日本国见在书目录》中，赫然可见《贞观政要》，可知其传入日本的时间尚早于晚唐。日本历代的实际统治者都十分重视研读《贞观政要》，设立博士宣讲。江户时期甚至规定天子必须读《贞观政要》，以明古道。《贞观政要》的政治思想和理政原则在东方各国得到广泛认同，堪称古代东方政治学的一座丰碑。

本书简择《贞观政要》中的部分经典篇章，辅以注释、译文，并结合唐朝典章制度、史实事例等加以评析。全书共分为十章，从《贞观政要》相关原文切入，全面分析贞观时期君臣在治国理念、治国路线、官吏队伍、政治制度、法制、经济、人才、思想道德、文化、民族及外交关系等十个方面的建设理论,旨在说明唐朝盛世形成的奥秘,展示了唐这一王朝的魅力,增进了历史认同、文化认同。

韩　昇

2021年12月1日

目 录

从乱世重典到文德治国——治国理念的转型

国策大转型 …………………………………………… 005
以民为本 ……………………………………………… 013

由打天下到治天下——治国路线的转型

创业与守成之辩 ……………………………………… 022
守成之道 ……………………………………………… 028

打铁必须自身硬——官吏队伍自身的转型

修身正己 ……………………………………………… 038
以史为鉴 ……………………………………………… 047
以人为鉴 ……………………………………………… 059
精简官吏，务在得人 ………………………………… 070
提高官吏的文化素养 ………………………………… 074

以分权体现民主——政治制度建设

以身作则，倡导分权理念 …………………………… 080

以制度分散权力，预防专制·················085
确立言官的监察权·····················092
中央与地方分权······················095

把权力关进制度的笼子里——法治建设

建设完备的法律体系····················106
带头守法，建立法律尊严··················110
公正执法························117
慎赦··························126

从富国强兵到富民强国——经济建设

反思隋朝国富之祸·····················134
藏富于民························140
节约开支，反对奢侈····················150

天下英雄入吾彀中——人才建设

振兴教育，尊师重道····················158
建立规范的考试及铨选制度·················173
规范考核，赏罚严明····················180

人民有信仰，国家有力量——思想道德建设

仁义··························192
公平··························196
忠义··························202
诚信··························206
节俭··························210

海纳百川，有容乃大——文化建设

贞观初年的音律大讨论 ·· 218
民族融合促进文化繁荣 ·· 224

恩威并施，以德怀远——民族及外交关系建设

征伐 ·· 236
和亲 ·· 245

参考文献 ·· 252

从乱世重典到文德治国
——治国理念的转型

【题旨】

从东汉灭亡至唐朝建立,其间大大小小二十余个政权风云迭起,但都未能逃过短期覆灭的噩运。在这长约四百年的时间里,各个王朝无论实力如何,都没能积蓄起统一的力量,反而使中国在分裂瓦解的泥沼中越陷越深。唐太宗看清这段惨痛的历史,终于意识到之前王朝乱世用重典的治国道路根本走不通,必须改弦更张才能闯出一条新路。在理解唐朝新的治国理念之前,有必要先来回顾一下自秦朝以来中国统治思想的变迁。

秦朝重用法家,实行高度集权与恐怖高压政策,最终二世而亡。汉朝有鉴于此,在王朝建立后相当长的时期内实行"与民休息"的政策,即国家在保障社会生产生活秩序的前提下尊重人民生产生活的客观规律,少作为,少骚扰,同时减轻赋税,以促进社会经济与民生的恢复,这就是所谓的"无为而治"。这一政策取得了巨大成功,汉朝很快从秦末的凋敝中恢复过来。之后汉武帝在此基础上采纳董仲舒"独尊儒术"的文化主张,积极为汉朝建立国家意识形态。汉朝由此完成了从军事统一走向政治统一直至文化统一的历史使命,构建了稳固的国家社会基础,维持了约四百年的统治。

东汉末年因为政治腐败造成社会凋敝,贪婪的统治者残酷镇压要求整治腐败、清明政治的清流官员和学生,这就是历史上著名的"党锢之祸"。其严重后果是摧残了民众对于国家代表公平正义的信心,大家发现原来自己长期迷信的天子正是腐败政治的总后台,使得社会的政治信仰彻底崩溃。人们一方面对统治意识形态强烈逆反,另一方面则对取而代之的新文化没有共识，整个社会由此陷入一片迷惘之中，出现各种异端思想和行为，谁都无法凝聚人心。这时候以曹操为代表的年轻一代政治家出现，他们主张用实用主义的法家集权政治来统一社会，政治上集权高压，经济上国家全面介入控制，文化上钳制禁锢。曹操强调治乱世用重典，即用严厉的政令刑罚来维持社会。企图通过高压政治达到立竿见影的效果。曹操的政治主张代表了那个时代的主要政治思潮，三国的魏、蜀、吴都推行实用主义的"重典"治国。这就出现了文化上士人与国家的离异和政治上专制功利这样两股矛盾的潮流。中国无法统一的根本原因不在于军事力量的强弱，而在于谁都无法造成一股势不可当的向心力来凝聚社会。

但是，当时的政治人物并没有认清这一点，他们反而认为是国家力量不足的缘故，所以一味强化国家机器。没有理想，只讲功利，政客间的争权夺利就是必然的现象。西晋曾一度达成军事统一，但并没有带来社会的重新凝聚，而是很快陷入"八王之乱"的不义内战之中，参战方引诱边疆民族助战，导致中国北方全面沦陷，五个边疆民族入主中原，相互混战，民族残杀。在这片乱局中政客们更强化了实力就是硬道理的观念，把唯权力论推到了极端。结果军事力量越强大的国家，灭亡得越快。五胡先后建立的十六个国家，没有一个能够维持长久，政坛就是一个乱哄哄的舞台，各种人物粉墨登场，转瞬即逝。

就这样，从秦朝以来，中国历史走了一个大轮回，从功利主义的高压专制政治走向黄老的无为而治，再提升到重视文化道德的儒家政治，获得很大的成功。然而文化过度政治化，把日常问题都提到政治和道德的高度，变成道德主义的专制，反过来扼杀人性，走向虚伪，最终必定破产。于是在信仰破灭的背景下，急功近利的政治人物出现了，从文化政治转向法术政治，重新回到高压和专制的道路上，功利主义、实用主义和唯权力论走到极端，制造了中国历史上最漫长的分裂和最血腥的战乱。在相互残杀的丛林法则下，所有的强者和自以为的强者被潜伏于四周的危险吞噬掉，没有一个真正的胜利者。最终又一个统一强盛的王朝——隋朝也转瞬即灭。历史走到了转折的关头。很多人还没有认识到这一点，但是唐太宗看清楚了，他知道要促进社会大变革必须改弦更张谋求新的理论指导，必须对以前的治国思想进行彻底反思，重新寻找正确的道路。

国策大转型

【原文】

贞观七年①,太宗与秘书监②魏徵③从容论自古治政得失,因曰:"当今天下大乱之后,造次不可致治。"徵曰:"不然,凡人在危困则忧死亡,忧死亡则思治,思治则易教。然则乱后易教,犹饥人易食也。"太宗曰:"善人为邦百年,然后胜残去杀。④大乱之后将求致治,宁可造次而望乎?"徵曰:"此据常人,不在圣哲。若圣哲施化,上下同心,人应如响,不疾而速,期月而可理,信不为难,三年成功,犹谓其晚。"太宗以为然。封德彝⑤等对曰:"三代⑥之后,人渐浇讹,故秦任法律,汉杂霸道,皆欲理而不能,岂能理而不欲?若信魏徵所说,恐败乱国家。"徵曰:"五帝、三王⑦,不易人而治。行帝道则帝,行王道则王,在于当时所理,化之而已。考之载籍,可得而知。昔黄帝⑧与蚩尤⑨七十余战,其乱甚矣,既胜残之后,便致太平。九黎⑩乱德,颛顼⑪征之,既克之后,不失其理。桀⑫为乱虐,而汤⑬放之,在汤之代即致太平。纣⑭为无道,武王⑮伐之,成王⑯之代亦致太平。若言人渐浇讹⑰,不及淳朴,至今应悉为鬼魅,宁可复得而教化耶?"德彝等无以难之,然咸以为不可矣。

太宗每力行不倦,数年间,海内康宁,突厥破灭,谓群臣曰:"贞观初,人皆异论,云当今必不可行帝道、王道,惟魏徵劝我。既从其言，不过数载，遂得华夏安宁，远戎宾服。突厥自古以来，常为中国勍[18]敌，今酋长并带刀宿卫，部落皆袭衣冠。使我遂至于此，皆魏徵之力。"（《贞观政要·政体》）

【注释】

① 贞观：唐朝第二代皇帝唐太宗李世民的年号。自贞观元年（627）正月至贞观二十三年（649）十二月，共行用二十三年。武德九年（626）六月初四，秦王李世民率尉迟敬德、长孙无忌等一众心腹，在长安城宫城北门（玄武门）附近射杀皇太子李建成和齐王李元吉等，史称"玄武门之变"。六月初七，李世民被立为皇太子。八月初九，李渊退位称太上皇，禅位于李世民。次年改元贞观。此处的"七年"多个版本写作"四年"，《资治通鉴》亦系此事于贞观四年（630）。结合后文唐太宗言"贞观初"，此事发生在贞观四年（630）的可能性更大。

② 秘书监：官名。东汉桓帝延熹二年（159）始置，掌禁中图书秘记，故曰秘书，秩六百石，属太常。三国魏文帝黄初中，分秘书立中书，因置监、令，初属少府，明帝时不复属。至晋武帝，又以秘书并入中书省。晋惠帝永平元年（291）外置秘书寺，长官为秘书监，综理经籍并掌中外三阁图书。南朝梁时改称秘书省，与尚书、中书、门下、集书合为五省，秘书监增秩二千石，品第三。之后历代相沿，名秩数易。唐武德初复改称秘书监，从三品。龙朔二年（662）改称兰台太史，咸亨元年（670）复旧。天授初改称麟台监，神龙元年（705）复旧。

③ 魏徵：字玄成，魏郡馆陶（今属河北）人。少年孤贫，曾出家为道士。大业末年投奔李密，典书记。李密败后，随之降唐，自请安抚山东，劝降徐世勣。一度为窦建德所俘，署为起居舍人。建德败后再次入唐，为隐太子李建成所重，授太子洗马。玄武门之变后，归入唐太宗麾下，引为詹事主簿。唐太宗践祚，拜谏议大夫，封巨鹿县男，受命安抚河北，寻迁尚书左丞。贞观三年（629），迁秘书监，参预朝政，并主持整理校订禁中书籍。贞观七年（633），迁侍中，掌门下省

事。同年以领衔修撰各朝史书成，进封郑国公。魏徵为人正直，以直言敢谏著称，与唐太宗君臣相得。贞观十七年（643）卒，年六十四。唐太宗亲临恸哭，废朝五日，赠司空、相州都督，谥号"文贞"。

④ 善人为邦百年，然后胜残去杀：典出《论语·子路》："善人为邦百年，亦可以胜残去杀矣。"圣明之人治理国家，经过一百年，就可以消除残暴，废除死刑了。胜残：使残暴之人不作恶。去杀：不用死刑。

⑤ 封德彝：本名封伦，字德彝，观州蓨县（今河北景县）人。北齐太子太保封隆之之孙，隋通州刺史封子绣之子。自幼智识过人，开皇末年随杨素征江南、营仁寿宫，受其举荐，拜内史舍人。大业年间攀附虞世基，为虎作伥，使得隋政日坏。后随宇文化及之弟宇文士及投降唐高祖李渊，拜内史舍人，寻迁内史侍郎。数从唐太宗征讨，屡立战功，得高祖、太宗赏识，屡迁高官，位至宰相。贞观元年（627）卒，年六十，册赠司空，谥曰"明"。卒后数年，其生前私下支持隐太子李建成事发，贞观十七年（643），诏改谥号为"缪"，黜赠官，削所食实封。

⑥ 三代：中国历史上最早建立的三个王朝夏、商、周的合称。

⑦ 五帝、三王：五帝指传说中的五位古代帝王，有多种说法，唐代较常用的说法是黄帝、颛顼、帝喾、唐尧、虞舜五位。三王指夏、商、周三代的开国君主，即夏禹、商汤、周文王。

⑧ 黄帝：上古时代部落联盟首领。少典之子，一说姬姓，一说公孙姓，名轩辕。在位期间，修德振兵，教农抚民，与炎帝战于阪泉之野，与蚩尤战于涿鹿之野，皆取得胜利，被各部落尊为继神农氏之后的联盟首领。因有土德之瑞，故号黄帝，与炎帝一起被尊为华夏始祖。

⑨ 蚩尤：上古时代九黎部落联盟酋长。传言有兄弟八十一人，皆铜头铁额，骁勇善战。蚩尤性格凶暴，为黄帝所讨伐，双方战于涿鹿之野，蚩尤战败被杀。黄帝由此统一了各个部落。

⑩ 九黎：上古时代的一个部落联盟，位于黄河流域中下游一带。首领蚩尤与同母弟八人，皆姓黎，号"九黎"。又有族兄弟七十二人，共计

八十一人,即八十一个黎氏支系部族。

⑪ 颛顼:上古时代部落联盟首领。黄帝之孙,昌意之子,因辅佐少昊有功,封于高阳,号高阳氏。传言颛顼在位期间,九黎部落宣扬巫教,崇尚鬼神而废弃民事,并发动叛乱。颛顼平定九黎之后,进行宗教改革,禁绝民间以占卜通神的活动,使民众的生产生活恢复正常。

⑫ 桀:夏朝末代君主。姒姓,夏后氏,名癸,一名履癸。帝发之子,在位期间荒淫暴虐,为成汤所伐,战于鸣条,兵败被俘,放逐于南巢。死后谥号曰"桀"。

⑬ 汤:商朝开国君主。子姓,为契的第十四代孙,主癸之子。在伊尹等人的辅佐下,陆续灭掉邻近的夏朝方国,十一征而无敌于天下,而后与桀战于鸣条,胜利后被推举为君主,定都亳,国号商。

⑭ 纣:商朝末代君主。子姓,为帝乙少子,号帝辛。在位期间横征暴敛,严刑峻法,最终被周武王率领的诸侯联军败于牧野,身死国灭。与夏桀并称"桀纣",成为中国古代暴君的代表。

⑮ 武王:周朝开国君主周武王。姬姓,名发,周文王姬昌嫡次子。约公元前1046年,姬昌病逝,姬发即位,对内重用姜尚等贤臣治国安民,对外联合其他诸侯国为灭商做准备。牧野战后,被尊为诸国共主,迁都镐京,正式建立周王朝。

⑯ 成王:周朝第二位君主周成王。姬姓,名诵。周武王克商四年后崩逝,成王年幼继位,由武王弟周公旦摄政。周公旦平三监之乱、营建洛邑,巩固了周朝建国后的政权,于摄政第七年还政于成王。成王坚持周武王和周公旦的政治策略,确立了以分封制、宗法制为基础的政治社会组织,建立礼乐文化,对中国历史影响深远。

⑰ 浇讹:浮薄诈伪。

⑱ 勍(qíng):强大。

【译文】

贞观七年(633),唐太宗与秘书监魏徵漫谈自古以来君主治国理政的得失，说道："如今社会正值大乱之后，不能太急于追求天下大治。"魏徵说："并非如此，大凡人在危险困苦之中就会忧心死亡，忧心死亡就会盼望太平，盼望太平则易于教化。也就是说，大乱后更容易教化，就好比饥饿的人易于进食。"唐太宗说："贤明的人治理国家百年之久，方能感化残暴的人，不必再行杀戮。大乱之后想求太平，怎可短期内实现呢？"魏徵说："这是就常人而言的，圣明的人不在此列。如果圣明的人施行教化，上下同心，百姓像回声一样响应，事情不求快也能很迅速地推行下去，我相信一年见到成效并不算难，三年成功还觉得晚了。"唐太宗认为他说得有理。封德彝等人反驳说："夏、商、周三代之后，人民逐渐虚伪浮薄，所以秦朝专以法律治国，汉朝行仁义王道也杂用刑法等霸道，这必是因为他们想要教化民众而不能，难道是他们能教化却不想吗？如果相信魏徵所言，恐怕会败乱国家。"魏徵回道："五帝、三王，都是本人在位期间就达到了天下大治。施行帝道则为帝，施行王道则为王，都在于当时所施行的政策教化了百姓。这一点看典籍记载就能明了。古时候黄帝和蚩尤进行了七十余场战争，造成的社会乱象极为严重，然而黄帝遏制了蚩尤的暴行之后，很快便创造了太平盛世。九黎部落作乱，颛顼出兵征讨，平定叛乱之后，仍无损其治世。夏桀暴虐，商汤将他放逐，商汤在位期间天下就实现了太平。商纣无道，周武王讨伐他，到周武王的儿子周成王时亦实现了太平。如果说人越来越浮薄奸诈，不再像古代一样淳朴，从三代到今天，人应当都成鬼魅了，怎么还能再被教化呢？"封德彝等找不出言语来反驳他，但都觉得魏徵的话不可行。

唐太宗坚持推行教化，毫不懈怠，数年之间，天下安定，突厥也分崩离析。唐太宗对大臣们说："贞观初年，人们颇有异议，认为当今一定不能行帝道、王道，只有魏徵劝我。我听了魏徵的话，短短数年就见到成效，国内太平无事，边远的外族也入朝称臣。突厥自古以来就是中原的强敌，如今突厥酋长都佩刀值宿禁卫，其部落上下也都行用中华的服饰礼仪。我能取得这些成就，都是魏徵的功劳。"

【评析】

这条材料是唐太宗即位后与群臣讨论国家治理道路的重要记录。这场辩论由唐太宗发起，围绕着以下两点展开。第一是要树立什么样的基本国策？第二是为什么要树立这样的国策，其历史根据在哪里？关于第一点，魏徵的主张非常明确，即实行仁政。对此，封德彝坚决反对。那么，封德彝的主张是什么呢？《贞观政要·论诚信》中有一段相关记载：

太宗谓无忌曰："朕即位之初，有上书者非一，或言人主必须威权独运，不得委任群下；或欲耀兵振武，慑服四夷。惟有魏徵劝朕'偃革兴文，布德施惠，中国既安，远人自服'。朕从此语，天下大宁，绝域君长，皆来朝贡，九夷重译，相望于道。"

据此可知，当时众臣纷纷向唐太宗上书提出治国之道，封德彝的主张亦大抵如是，即劝唐太宗实行法家的帝王术，大权独揽，以难测之恩威统御臣民，以强盛的武力震慑四夷。这正是唐以前的几个朝代都实行的政策。然而，这几个王朝没有一个长治久安，唐太宗对于这种政策显然很难动心。魏徵主张改弦更张，实行仁政，这对于唐太宗是有吸引力的。首先，它是对前朝失败的拨乱反正，防止重蹈前朝之覆辙。其次，它提出了更高的国家目标，天下大治，远人心服，符合唐太宗要超越历史造就盛世的宏伟志向。

那么，众臣为什么反对以文德治国呢？就个人而言，他们大多是品德优良之人，并非权谋奸诈之徒。他们的反对并非出自私利，最主要的是担心文德治国属于书生空谈，说得好听却无法推行，反而可能误国。他们的担心并非毫无道理，历史上有多少奢谈文德治国的君主，哪怕专制暴君也会吹嘘得口沫四溅，标榜自己爱民如子。然而，要把以文德治国变成国家政策确实难度很大，投入多，回报周期长，必须毫不松懈，持之以恒，方才可能见到成效。多数君主做不到这些，常常言多行少，有始无终，所以成功者甚少，没有多少经验可以遵循，难怪大臣们纷纷表示担忧。唐太宗也认为大臣们的反对有一定的道理，认为要移风易俗需要国家在相当长的一段时间内，采用严格控制的手段来训政，取得成功后方能逐步施行仁政。对此，魏徵提出反对意见，他认为国家的高压手段远不如建立在诚信基础上的人性化管理。为了说服唐太宗和同僚，魏徵通过对人的心理的解读，从理论上驳倒治乱世用重典的根据。

主张用重典的大臣们最重要的根据就是乱世人心险恶，因此必须使用震慑的手段令民众服从，才能将社会聚拢起来。而魏徵认为恰恰相反，乱世无常，人们在经常性的战乱杀戮中内心非常厌恶动乱，也无时无刻不在担忧身家性命，盼望安定，这构成了治理乱世的人心基础。人心思治，就像是大旱望雨、饥汉盼食一般，恰好是最容易治理的时候。魏徵穿过乱世的表象看透人心所向，并进一步提出了施政层面的根本原则，告诉唐太宗应当采用什么样的方法来治理社会。魏徵认为："行帝道则帝，行王道则王。"即朝廷如何对待百姓，百姓就会如何对待朝廷，只有施行仁政才能换来百姓的心悦诚服。

最终魏徵说服了唐太宗，唐太宗按照他的理念去治国，短短几年之内果然收获了令人惊喜的成效。《贞观政要·政体》篇中对此有一段更详细的记述：

> 太宗自即位之始，霜旱为灾，米谷踊贵，突厥侵扰，州县骚然。帝志在忧人，锐精为政，崇尚节俭，大布恩德。是时，自京师及河东、河南、陇右，饥馑尤甚，一匹绢才得一斗米，百姓虽东西逐食，未尝嗟怨，莫不自安。至贞观三年，关中丰熟，咸自归乡，竟无一人逃散，其得人心如此。加以从谏如流，雅好儒学，孜孜求士，务在择官，改革旧弊，兴复制度，每因一事，触类为善。初，息隐、海陵之党，同谋害太宗者数百千人，事宁，复引居左右近侍，心术豁然，不有疑阻。时论以为能决断大事，得帝王之体。深恶官人贪浊，有受枉法财者，必无赦免。在京流外，有犯赃者，皆遣执奏，随其所犯，置以重法。由是官吏多自清谨。制驭王公、妃主之家，大姓豪猾之伍，皆畏威屏迹，无敢侵欺细民。商旅野次，无复盗贼，囹圄常空，牛马布野，外户不闭。又频致丰稔，米斗三四钱，行旅自京师至于岭表，自山东至沧海，皆不赍粮，取给于路。入山东村落，行客经过者，必厚加供待，或发时有赠遗。此皆古昔未有也。

大意是说，唐太宗刚即位时，水旱灾害频仍，粮价飞涨，加上突厥入侵，地方骚动不安。唐太宗忧国忧民，勤勉执政，崇尚节俭，广施恩德。当时，从京师到河东、河南、陇右各地，灾荒尤重，一匹绢才能换取一斗米，百姓只好外出逃荒，但没有人抱怨。到贞观三年（629），关中丰收，百姓都回来了，竟没有一个人逃散不归，唐太宗得人心到如此地步！加上他从谏如流，雅好儒术，孜孜求士，择人善任，改革旧弊，兴建制度，常常从一件事举一反三，变成一系列的善政。当年和李建成、李元吉一起要谋害唐太宗的有成百上千人，事件平息之后，唐太宗将这些人放在身边，豁然无猜。时人认为唐太宗能断决大事，得帝王之体。唐太宗痛恨贪官污吏，有枉法受贿者，绝不赦免。在京流外官员贪赃者，都要求上报，根据他们的犯罪事实，依法重办。因此，官员多自律而清谨。唐太宗严格管束王公、妃主等权贵及大姓豪强，让他们畏惧国法君威，不敢为非作歹、欺压平民。当时商旅留宿野外都不会遇到盗贼，监狱常常空置，牛羊遍野，大门不闭。连年丰收，以至于一斗米只要三四钱，出门在外的人从京师到岭表，从山东到沧海，都不用自带粮食，就在路上购买。进入山东村落，有旅客经过，当地人都会厚加款待，有的离开时还给馈赠。这是自古以来从未有过的光景！

　　唐太宗对于现实政治非凡的驾驭能力，和魏徵对于政治理想的热烈追求，构成了最佳搭配。上述大辩论最后的成果是确立了以文德治国的基本国策，唐太宗长期坚持这一国策方向，与魏徵等名臣一起创造出"贞观之治"的盛景。这次辩论在唐朝历史上有着非常重要的意义。

　　历史证明，每一次重大的社会变革，一定要有先进的思想指导。看清时代潮流和历史发展趋势的往往是少数人，因此，要引领社会前行，首先要造舆论，呼唤社会的觉醒，让改革的思想最大限度地获得社会的认同乃至支持，才能形成难以逆转的趋势。唐太宗发起的这场大辩论，为以文德治国的国策提供了理论基础，同时提高了官僚群体的思想认识，让大家对落实文德治国的艰巨性有了充分的心理准备，可以说是为大治天下发出了响亮的先声。

以民为本

【原文】

贞观初,太宗谓侍臣①曰:"为君之道,必须先存百姓。若损百姓奉其身,犹割股②以啖③腹,腹饱而身毙。"(《贞观政要·君道》)

【注释】

① 侍臣:侍奉在皇帝左右的朝臣。
② 股:大腿,膝盖以上胯以下的部位。
③ 啖:吃或给人吃。

【译文】

贞观初年,唐太宗对身边的侍臣说:"做君主的原则是必须以存恤百姓为先。如果损害百姓的利益来奉养自己,就像割大腿上的肉来填饱肚子,肚子饱了,人却没命了。

【评析】

这是《贞观政要》开篇的第一段话,这短短的一段话可谓浓缩了唐太宗治国理政的思想精华,也表明了唐朝大政方针的基本点,即以民为本。为什么定下这个基调呢?唐太宗在此处打了一个比喻,损害百姓的利益供养朝廷，就仿佛割自己大腿上的肉来填饱肚子，国家的根基在于百姓，必须以百姓为立国之本。

唐太宗在当时提出这个问题很有针对性，因为隋朝的灭亡并非源于统治阶级内部奢侈腐败，而是因为将一切社会资源都供给国家建设，超出民力所能承受的极限，以至于民不聊生，揭竿而起。但是，隋朝的这种失败，并不能完全归结于隋炀帝乃至隋文帝个人"又蠢又坏"，而是那个时代的自然产物。

自五胡十六国以来，神州大地衰败到无以复加的程度，周边国家可以任意欺凌，随时入侵，连首都洛阳都曾经被入侵者付之一炬，华北大地无处不遭兵燹抢掠，生灵涂炭。北朝晚期，华北分裂成为北周和北齐两个国家，相互敌对。内乱招致外侮，北方突厥不断南下侵扰，而北齐与北周为了打内战，不仅不敢抵抗，反而争先恐后地贿赂突厥以拉拢外援。民生凋敝于内，强敌觊觎于外，要改变这种落后且挨打的状况，必须要有实力。在这种背景下诞生的隋朝，继承魏晋以来功利主义、实用主义的治国理念，强调国家的硬实力，这不仅是可以理解的，甚至可以说是理之自然。再加上隋朝的两任皇帝都得位不正，隋文帝的皇位是从其外孙北周静帝手里抢来的，所谓欺孤儿寡母以得天下。而隋炀帝的皇位是从哥哥杨勇手中夺来的，甚至还被怀疑弑父。因此他们都迫切地想要做出功绩证明自己，以建立政权的合法性。于是，两位皇帝都发愤图强，集中社会的一切资源来建设国家，修长城，筑运河，平突厥，征高句丽，把几百年的事业在短短三十年间完成，可谓功勋卓著。然而他们的做法大大超过民力所能承受的极限，导致国家站了起来，人民却"虚脱"了。

老子云："治大国，若烹小鲜。"（《道德经》）不仅油盐酱醋要平衡搭配，还不能随意翻转搅动。国家建设与保障民生、财政税收与百姓利益等各方面关系的矛盾在任何时代都是存在的，关键在于统治者如何平衡以及在哪个点上平衡的问题。国家向哪一方倾斜会形成不同的发展思路和做法，其结果也大不一样。隋朝想要恢复中国雄风的理想是好的，然而其政策和资源过于向国家倾斜，国家切掉的"蛋糕"太多，百姓得到的就少了。同时，国家所积累的巨额财富又滋生了统治阶级的奢侈腐败，进一步加深了社会矛盾和人民不满，以至于四方揭竿、群雄并起，政权轰然倒塌。唐太宗亲眼看到隋朝的覆灭，大受震撼，真正认识到朝廷扰民的危害，从而提出了"君静则民安"的重要治国思想。他曾对大臣说：

> 往昔初平京师，宫中美女珍玩，无院不满。炀帝意犹不足，征求无已。兼东西征讨，穷兵黩武，百姓不堪，遂至亡灭。此皆朕所目见。故夙夜孜孜，惟欲清净，使天下无事。遂得徭役不兴，年谷丰稔，百姓安乐。夫治国犹如栽树，本根不摇，则枝叶茂盛。君能清净，百姓何得不安乐乎？（《贞观政要·政体》）

隋朝的教训让唐太宗深刻认识到所有的英雄事业、大型工程都需要百姓来负担，因此他克制自己想出政绩的冲动，尽可能地不去烦扰百姓。治国如同栽树，根系坚固才会枝繁叶茂，而百姓就是国家的根，只有坚持以民为本，国家才能长治久安。

【原文】

贞观五年，太宗谓侍臣曰："治国与养病无异也。病人觉愈，弥须将护，若有触犯，必至殒命。治国亦然，天下稍安，尤须兢慎，若便骄逸，必至丧败。今天下安危，系之于朕。故日慎一日，虽休勿休①。然耳目股肱，寄在卿辈，既义均一体，宜协力同心，事有不安，可极言无隐。傥君臣相疑，不能备尽肝膈，实为治国之大害也。"（《贞观政要·政体》）

【注释】

① 虽休勿休：意思是虽然受到赞美但不能沾沾自喜。典出《尚书·吕刑》："尔尚敬逆天命，以奉我一人，虽畏勿畏，虽休勿休。"休，称赞、赞美。

【译文】

贞观五年（631），唐太宗对身边的侍臣说："治国和养病没什么差别。病人感觉好转时，更需要细心养护，否则如果触犯禁忌，一定会导致死亡。治国也是如此，天下将将安定下来时，尤其要兢兢业业，慎之又慎。如果这时候就骄傲放纵，一定会败亡。如今天下的安危都由我来负责，所以我一天比一天谨慎，即使受到赞扬也不敢自满。而作为我之耳目手足的就是你们了。我与你们义同一体，应当同心协力，若我有事情做得不稳妥，你们要直言不讳，不要有什么隐瞒。倘若君臣之间相互猜忌，不能肝胆相照，实在是治国理政的大障碍啊！"

【评析】

这段话所讨论的是战乱之后应当如何治理国家的问题。唐太宗在此说到了数个方针，可资参考。

其一，唐朝刚从战争废墟中建立起来，百废待兴，这时候治理国家就如同护理病患，要耐心、细心，不能操之过急。首先要解除压在老百姓身上的枷锁，去除前朝的苛政酷法，减轻赋税，与民休息，让病人恢复元气。唐朝建立之后，正是本着这个思路休养生息，而没有让老百姓勒紧腰带去大搞建设，所以取得了一定的效果。

其二，经过建国初期的休养生息，社会经济稍微恢复，就像病人稍稍有点起色，这时候更需要注意固本培元。认识到这一点，非常重要。因为唐太宗即位后，唐朝基本进入和平发展时期。到了贞观四年（630），国家就开始有了起色，连年的自然灾害停止，外出寻找生路的老百姓也先后回到家园，乡村出现人群熙攘的安定景象，手工业和商业也活跃起来。《新唐书·食货志》有一段著名文字描述此时的景象：

贞观初，户不及三百万，绢一匹易米一斗。至四年，米斗四五钱，外户不闭者数月，马牛被野，人行数千里不赍粮，民物蕃息，四夷降附者百二十万人。是岁，天下断狱，死罪者二十九人，号称太平。

粮食丰收，物价低廉，六畜兴旺，夜不闭户，四方来朝，治狱宽平，好一派太平盛景。这种时候，官员们自然想到这些年来朝廷为了恢复社会经济而压下来的一批工程事业，乃至财政收入，是不是该顺势而上做点政绩呢？包括唐太宗本人也不时会冒出这种想法。据他说，他曾经几次想增修宫殿，扩建京城，最后都因为考虑到社会经济没有完全富裕而作罢。

官员作为管理者和主要的生产建设者，在中国古代以国家为主导的发展模式下，肯定会见富心喜，想到增税以兴建国家工程，做一番大事业。这是任何一个朝代都会遇到的问题。关键在于如何平衡国家建设和百姓利益的矛盾。在这个问题上，唐太宗比绝大多数官员更有耐心，他认识到老百姓才刚刚尝到新王朝的甜头，做起奔向富裕的梦，这时候朝廷就开始大兴土木，必然要老百姓来承担税收劳役。这会导致百姓对新王朝感到失望，不利于王朝的长治久安。就像一个大病初愈的人，要他马上下床劳作，他能行吗？即使能做，对其身体是有利还是有害呢？如果伤了身体的根本，那就得不偿失了。所以，唐太宗在经济刚刚恢复的贞观五年（631），特地告诫众臣，社会凋敝的时候人人都想恢复民生，这是明摆的事情，可是在百姓稍安的时候，官员们很可能就难以抑制要做出政绩的冲动，这时候最容易犯错误，造成国家政策上的偏差，必须谨慎对待，不要轻易扰民。

其三，虽然皇帝担负着天下安危的责任，但是，不能夸大君主个人的作用，治理国家这项大事业需要众多能人志士同心协力才能做到。国家内则君臣一心，外则朝野一致，团结得像一个人，才能把国家治理好。这就像医生做手术，大家必须想到一块儿，否则各做各的，岂不把病人给治死了？要做到这一点，首先需要君主信任臣下，愿意将臣下作为自己的耳目股肱。在《贞观政要》中，唐太宗屡次重申这一君臣同体论，亦是出自对前朝教训的借鉴。隋朝的两位皇帝都刚愎自用，乾纲独断，且因得位不正而内怀猜忌，不肯信任百官。官员们只能顺着皇帝的意思办事，而不敢提出意见。皇帝个人再聪明勤奋终究力量有限，劳心劳力还是免不了错漏百出，下面的官员也与之离心离德。唐太宗鉴于这一点，在位期间时常鼓励朝臣勇于上谏，集思广益，共同建设国家。

其四，君臣之义，在于互相协助，同心同德。君臣上下要拧成一股绳，就要开民主之风，鼓励臣子讲真话，让大家畅所欲言，坦诚相见，在反复讨论中形成共识。只有这样，才能真正做到同心同德、肝胆相照。孔子说过一句很有名的话："君子和而不同，小人同而不和。"（《论语·子路》）意思是君子和谐相处，却各自坚持独立见解；小人表面一致，却内心不和。为什么呢？因为小人是围绕着利益而臭味相投的，他们最喜欢拉帮结派，以多欺少，目的都为着争权夺利。他们因利而聚，同样因利而斗。治理国家不能学小人，而要学君子，大家为了一个共同的治国目标团结在一起，把各种治国的方案拿出来一起讨论，坚持原则，敢说真话，形成民主的政治风气，才能把国家治理好。贞观时代的可贵之处就在于不仅是唐太宗一个人在思考国家前途，整个朝廷执政队伍都在积极思考，开拓进取。

唐太宗说的这四个问题，核心就一个意思，那就是要上下一心，励精图治，以实现天下大治。其中最根本的一条就是时时处处都要以民为本，站在百姓的视角处理政治，富民才能强国。

由打天下到治天下
——治国路线的转型

【题旨】

"打江山易,守江山难。"这句今人耳熟能详的话并非从一开始就是古人的共识。《贞观政要》第一卷第一篇《君道》短短五段,其中两段都是唐太宗与臣下讨论创业与守成的关系,即打江山与守江山孰难孰易的问题。这个问题从根本上说牵涉到治国路线的转型。

有一个长期笼罩在人们头脑中的观念,即所谓的"打天下、坐天下",仿佛打天下之人坐天下是天经地义的,其实这正是导致失败的重要原因。天下者,黎民百姓之天下,绝不是哪条好汉打下来的,也绝不是哪位皇帝的私有物,因此根本不存在"坐天下"之类坐地分赃的命题。英雄逐鹿,争的是天下的管理权,也就是政权。因此,得天下者,获得的只是管理国家的权力。执政者是国家的最高管理者,是为民众管理天下,这点根本性的认识,不能不洞悉,否则就会犯下大错。

秦始皇南平百越,北击匈奴,修筑万里长城,车同轨,书同文,建立从中央到地方的集权制度,功绩不可谓不大。如此强势的政权短祚而亡,令人唏嘘感叹,至今为秦朝翻案的小说、影视剧都大有市场。隋朝整顿从中央到地方的行政机构,建立了影响深远的中央及地方官制;开凿贯通南北的大运河,将关中、华北、江南三大区域联系起来;打败长期欺凌中原王朝的突厥,吸引万邦来朝;修筑了两座影响至今的雄伟都城长安与洛阳;开创新的选官制度;等等。每一项无不是利在千秋的伟大功业,隋朝在短时间内就做到了,政绩如此显赫,却只维持了三十八年。问题出在何处呢?就出在秦朝和隋朝在统一之后没有适时转型,告别打天下的理论和做法,而是将天下视为自己的"祖业",为了扩张产业,继续维持战争时期的动员机制,集中一切资源搞建设。极大地超出了民众能够忍耐的限度,朝廷变成一部高效率的压榨机,效率越高,灭亡越快。

因此,要转变观念,抛弃"打天下""坐天下"的想法,取得政权后必须及时意识到形势已经发生了根本性的转变,必须适时转型,从为战争服务的斗争型体制转变为为百姓生活服务的和平建设型体制。越早越快实现这个转变,整个国家和社会就能把斗争造成的破坏压缩得越小,老百姓就不会在残酷的内斗中被不停地折腾,从斗争到建设的过渡就平稳顺畅,社会才有长治久安可言。唐太宗与臣子正是因为懂得了这个深刻道理,才能在短期内开创"贞观之治"的盛景。

创业与守成之辩

【原文】

贞观十年，太宗谓侍臣曰："帝王之业，草创与守成孰难？"尚书左仆射①房玄龄②对曰："天地草昧，群雄竞起，攻破乃降，战胜乃克。由此言之，草创为难。"魏徵对曰："帝王之起，必承衰乱。覆彼昏狡，百姓乐推，四海归命，天授人与，乃不为难。然既得之后，志趣骄逸，百姓欲静而徭役不休，百姓凋残而侈务不息，国之衰弊，恒由此起。以斯而言，守成则难。"太宗曰："玄龄昔从我定天下，备尝艰苦，出万死而遇一生，所以见草创之难也。魏徵与我安天下，虑生骄逸之端，必践危亡之地，所以见守成之难也。今草创之难既已往矣，守成之难者，当思与公等慎之。"

贞观十五年，太宗谓侍臣曰："守天下难易？"侍中③魏徵对曰："甚难。"太宗曰："任贤能、受谏诤则可，何谓为难？"徵曰："观自古帝王，在于忧危之间，则任贤受谏。及至安乐，必怀宽怠。恃安乐而欲宽怠，言事者惟令兢惧，日陵月替，以至危亡。圣人所以居安思危，正为此也。安而能惧，岂不为难？"（《贞观政要·君道》）

【注释】

① 尚书左仆射：官名。秦始置，西汉因之，置尚书仆射一员，为尚书

令副官，秩六百石。东汉建安四年（199）始分左、右二人，秩六百石，若公为之，加至二千石。魏晋以降，省置不常，若置二则为左、右仆射，若不两置则曰尚书仆射。隋朝尚书令常阙，仆射代行令职，从二品，与门下、内史二省长官共理国政。唐朝因之。自汉以来，尚书仆射章服并与尚书令同。唐代尚书令罕有除授，高宗龙朔二年（662）又废，左、右仆射正式成为尚书省长官，改名为左、右匡政，总判省务，尚书省日常事务由其下左、右丞负责。咸亨元年（670）复为仆射。武后光宅元年（684）又改名文昌左、右相，中宗神龙元年（705）复旧。玄宗开元元年（713）改名左、右丞相，天宝元年（742）复旧。贞观二十三年（649）以后，尚书左、右仆射例带"同中书门下平章事"等号，中宗以后，不带此号而单任仆射者不得参与宰相议政。

② 房玄龄：名乔，字玄龄，齐州临淄（今山东淄博）人。隋泾阳令房彦谦之子。天资聪颖，博览经史，十八岁举本州进士，授羽骑尉，后补隰城县尉。李渊起兵入关后，房玄龄自谒秦王李世民军门，成为秦王府得力谋士，参与李世民平定天下的多场战役，并策划玄武门之变。贞观三年（629），拜太子少师，固让，摄太子詹事，兼礼部尚书。次年代长孙无忌为尚书左仆射，封魏国公，监修国史。累加开府仪同三司、太子少师、太子太傅，进拜司空，图形凌烟阁。贞观二十二年（648）薨，年七十。册赠太尉、并州都督，谥曰"文昭"。房玄龄执政公允，善于谋略，与杜如晦并称"房谋杜断"，为中国古代良相典范。

③ 侍中：官名。秦始置，本为丞相属吏，西汉为加官，列侯、将军、卿大夫等加侍中即得入禁中，侍从皇帝，汉武帝后常授予重臣硕儒，顾问应对，威权渐重。东汉初亦为加官，后成为有品秩的近臣，出宣帝命，入备顾问。汉章帝时令出居宫外，后期与给事黄门侍郎组成侍中寺，管理宫门事务。汉献帝时定员六人，出入禁中，省尚书事。西晋改侍中寺为门下省。侍中常员四人，加官员额无定。南朝宋文帝以侍

中掌机要，梁陈相沿。北魏亦重其官。至北周时，改称纳言，隋因其名，置二人，正三品。炀帝一度改称侍内。唐朝初称纳言，武德四年（621）改回侍中，为门下省长官，员二人，正三品。掌审议中书省诏敕，与尚书、中书省长官同为宰相，参议国政。龙朔二年（662）改为东台左相，咸亨元年（670）复旧。光宅元年（684）改为鸾台纳言，神龙元年（705）复旧。开元元年（713）改为黄门监，开元五年（717）复旧。天宝元年（742）改为左相，肃宗至德二载（757）复旧。

【译文】

贞观十年（636），唐太宗问身边的侍臣："帝王的功业，创业与守成哪一项更难？"尚书左仆射房玄龄回答说："天下大乱，时局动荡，群雄争先恐后地起兵，只有攻破敌军的堡垒才能将之降伏，只有在对战中取胜才算攻克对手。由此而言，创业更难。"魏徵回答说："帝王起家必然承自衰败乱离的时代。倾覆昏庸狡猾的前朝，百姓乐得推波助澜，四海归心，应天受命，这不算难。然而取得天下之后，志得意满，骄傲放纵，百姓想要安定君主却不停地征发徭役，百姓丁口凋零生活潦倒，君主却不停地建设奢侈的工程，国家的衰败疲敝，都是由此引发的。从这方面来说，守成更难。"唐太宗说："玄龄过去随我平定天下，饱尝艰辛，万死一生，所以看到创业的难处。魏徵同我治理天下，担心出现骄傲放纵的苗头，必将导致国家陷入危亡，所以看到守成的难处。如今创业的难处已经过去，守成的难处，我与诸位应当谨慎对待。"

贞观十五年（641），唐太宗对身边的侍臣说："守天下是难还是容易？"侍中魏徵回答说："非常难。"唐太宗说："任用贤能之人，接纳谏诤即可，为何说难呢？"魏徵答道："看自古以来的帝王，身处忧患之时，就能够任用贤才，接纳谏诤。等到了太平安乐的时期，内心一定会松懈怠惰。君主依仗太平而想要松懈怠惰，使得上书言事的臣下无不战战兢兢，如此日积月累，以至于国家危亡。圣人之所以居安思危，正是因为这一点。天下太平无事却要心怀忧惧，这难道不难吗？"

【评析】

唐太宗与大臣讨论创业与守成难易，对于这个问题，不同的人有不同的回答。房玄龄认为创业艰难百战多，魏徵认为守成不易败亡快，双方各有各的立场和道理。创业难是毋庸置疑的，以唐太宗本人为例，十六岁参军至二十四岁统一大唐，百战沙场，九死一生，为国家建立赫赫功勋，却也不能高枕无忧，反而因此不得不投身于残酷的政治斗争中，最终背上一生无法释怀的弑兄戮弟的巨大污点，方才结束斗争，登上帝位。而他手下的心腹之臣在这个过程中也遭受排挤，屡涉险境。对唐太宗君臣来说，对创业之难的体会应该是深入骨血的。至于胜利之后，自然是苦尽甘来，加官晋爵享受胜利果实，这有什么难的呢？冒出这种想法也不足为奇。然而，深刻的危险往往就隐藏在歌舞升平中。

因为和平时期统治者容易居功自傲，唯我独尊。辛辛苦苦打下的天下，享受一二也是情理之中。这就是将天下人的天下视为统治者的囊中之物，是最危险的想法。一旦这么想，就会心安理得地不断向百姓索取，最终走到人民的对立面。魏徵清醒地看到这一点，告诫唐太宗说，帝王崛起并非全出自个人能力，而是因为前朝无道，四海归心，这是天命所归，顺势而为，并不算难做到。而获得政权之后，很容易在权力的腐蚀下骄奢纵欲，丧乱之后正是需要恢复民生的时候，国家和君主却不顾民力，急于建设国家工程和统治者个人的宫殿楼阁，徭役不休，最终导致民生凋敝，百姓叛离，国家灭亡。这种屠龙者终成恶龙的故事在历史上反复上演，屡见不鲜。

通过上述两段对话，我们会发现一件很有意思的事情。在贞观十年（636）的辩论中，唐太宗听了魏徵的劝告，告诫群臣说创业之难已是历史，要谨慎对待守成之难。然而至贞观十五年（641），唐太宗却说守成只要做到任用贤才，接受谏诤即可，有什么难呢？可见唐太宗虽承认守成难，却对其难处并没有真正深刻的认识，好在魏徵点醒了他。人在创业时期，出于强大的外在压力和生存危机，自然会主动寻找贤才，任用能人，接纳谏诤，然而一旦取得胜利，每日被锦衣华服、山珍海味、歌舞伎乐围绕，很容易滋生懈怠。君主一旦懈怠懒政，臣下自然不敢出头，只好苟且敷衍，得过且过，这样日积月累，国家就会出大乱子。这就是孟子所说的："生于忧患而死于安乐。"(《孟子·告子章句下》)要避免以上危机，就要求统治者必须及时转变心态，放弃享受胜利果实的安逸松快，而时刻谨记"行百里者半九十""水能载舟，亦能覆舟"，对待政务时刻战战兢兢，如履薄冰。统治者也是人，而居安思危是与人性中天然的惰性做斗争，自然不易。

好在唐太宗是一个贤明的皇帝，他及时意识到自己的不足和国家的危机，时时将魏徵居安思危的提醒放在心中，对照前代帝王事迹，获得了更为深刻的认识。贞观十九年（645），唐太宗对臣子们说：

朕观古来帝王，骄矜而取败者，不可胜数。不能远述古昔，至如晋武平吴、隋文伐陈已后，心逾骄奢，自矜诸己，臣下不复敢言，政道因兹弛紊。朕自平突厥、破高丽已后，兼并铁勒，席卷沙漠，以为州县，夷狄远服，声教益广。朕恐怀骄矜，恒自抑折，日昃而食，坐以待晨。每思臣下有谠言直谏，可以施于政教者，当拭目以师友待之。如此，庶几于时康道泰尔。（《贞观政要·政体》）

唐太宗列举了西晋和隋朝在统一全国后因骄傲自满而导致灭亡的例子。这两个王朝正好代表了安而忘危、骄矜取败的两种典型。

西晋败在骄奢腐败。西晋是通过政变篡夺政权的，晋武帝对于招降纳叛收编而来的权贵，既不敢信任，也不敢过于得罪，所以鼓励他们奢靡享乐，想用物质收买的办法让他们少过问政治。但是，对权贵的放纵，却败坏了政风，拜金主义蔓延，又败坏了社会风气。没有志向，只有利益，争权夺利的龌龊内斗就不可避免地爆发，西晋灭亡的导火线是"八王之乱"这场统治者内部的大火并。因为不讲道义不择手段，以至于宗室诸王不惜勾结外族打内战，结果被"五胡"灭国。这些统治者罪有应得，最可怜的是全社会从此被拖入民族屠杀的血雨腥风之中，饱受折磨。纵容奢靡腐败，是权力傲慢的一种表现。

隋朝败在骄矜自负。隋文帝和隋炀帝两代在短短的三十多年里，把一个长期分裂的中国统一起来，建成高度集权的体制，集中全社会的所有资源大力推进国家建设，随便拿其中的一项事业都足以名留青史。隋炀帝志得意满，随心所欲，内则奢侈放纵，大兴土木；外则穷兵黩武，东征西伐。民不堪命，只能起来造反。无视民众利益，将资源集中供给国家，以至于国富民穷、国强民衰，同样是权力的傲慢。

唐太宗特别注重纂修《晋书》和《隋书》，不仅命自己最信任的两位臣子房玄龄和魏徵分别领衔两部书的纂修工作，还亲自为《晋书》写了四篇评论，就是要认真总结两个朝代失败的教训。唐太宗屡次向臣子表明务令百姓安静，轻易不得扰民的决心；在征服四方，建立超越前代的功业之后更加忧虑自己居功自傲，故而刻意压抑磨炼自己，坚持任贤纳谏的初心。正因为这种清正自律的品格，唐太宗才能创造出为后世所称道的功业，奠定盛唐的根基。

守成之道

【原文】

臣闻求木之长者，必固其根本；欲流之远者，必浚其泉源；思国之安者，必积其德义。源不深而望流之远，根不固而求木之长，德不厚而思国之理，臣虽下愚，知其不可，而况于明哲乎！人君当神器①之重，居域中之大，将崇极天之峻，永保无疆之休。不念居安思危，戒奢以俭，德不处其厚，情不胜其欲，斯亦伐根以求木茂，塞源而欲流长者也。

凡百元首，承天景命，莫不殷忧而道著，功成而德衰。有善始者实繁，能克终者盖寡，岂取之易、守之难乎？昔取之而有余，今守之而不足，何也？夫在殷忧，必竭诚以待下；既得志，则纵情以傲物。竭诚则胡越为一体，傲物则骨肉为行路。虽董②之以严刑，振之以威怒，终苟免而不怀仁，貌恭而不心服。怨不在大，可畏惟人。载舟覆舟③，所宜深慎。奔车朽索④，其可忽乎！

君人者，诚能见可欲则思知足以自戒，将有作则思知止以安人，念高危则思谦冲而自牧，惧满溢则思江海下百川，乐盘游则思三驱⑤以为度，忧懈怠则思慎始而敬终，虑壅蔽则思虚心以纳下，惧谗邪则思正身以黜恶，恩所加则思无因喜以谬赏，罚所及则思无以怒而滥刑。总此十思，弘兹九德，简能而任之，择善而从之，则智者尽其谋，勇者竭其力，仁者播其惠，信者效其忠。文武争驰，在君无事，可以尽豫游之乐，可以养松⑥、乔⑦之寿，鸣琴垂拱，不言而化。何必劳神苦思，代下司职，役聪明之耳目，亏无为之大道哉！(《贞观政要·君道》)

【注释】

① 神器：帝王赏罚之柄，指代帝位、政权。

② 董：本意为"鼎董"，一种类似蒲草而比蒲草细的草本植物。后引申为监督、管理之意。

③ 载舟覆舟：典出《荀子·王制》："《传》曰：'君者舟也，庶人者水也，水则载舟，水则覆舟。'此之谓也。"后以此比喻民众是国家兴亡的决定力量。

④ 奔车朽索：典出《尚书·五子之歌》："予临兆民，懔乎若朽索之驭六马。"比喻所做的事情随时有危险，要时刻警惕。

⑤ 三驱：古代王者畋猎之制。围捕猎物要让开一面，仅在三面驱赶，以示王者有好生之德。

⑥ 松：指赤松子，古代神话中的上古仙人。相传为神农时雨师，服食水玉，能入火自焚而无事。

⑦ 乔：指周灵王太子晋。姓姬，名晋，字子乔。天资聪颖，不慕富贵，喜爱音乐，亦长于治国之道，曾谏止周灵王采用壅堵办法来治水。后英年病逝，其子宗敬改为王姓，故亦名之王子晋、王子乔，被后人尊为王氏始祖。相传王子乔能卜生死，其病逝并非真的死去，而是成了神仙，于嵩山飞升，因而被后人赞为"升仙太子"。武周圣历二年（699），武则天由洛阳赴嵩山封禅，返回时留宿于缑山升仙太子庙，亲自为之撰写碑文，并亲为书丹，此碑至今依然矗立于河南洛阳市偃师区缑山之巅。碑额所题"升仙太子之碑"六字，以飞白书写就，为历代书法家所重。

【译文】

我听说想要树木长得好，一定要将它的根扎牢；想要泉水流得远，一定要疏通其源流；想要国家安定，一定要厚积道德仁义。源头不深却希望泉水流得远，根系不牢却想要树木长得好，道德不厚却想要国家安定，即使愚笨如我，也知道是不可能的，更何况陛下这么聪明睿智的人呢！君主掌握国家大权，为四海至尊，应推崇与天比肩的高德，永葆无穷无尽的美善。如果不居安思危，戒奢侈而行节俭，不厚积德义、克服私欲，就如同挖断树根却想要树木枝繁叶茂，堵塞源头却想要泉水流得远一样啊！

历代帝王身负上天赋予的重大使命，无一不是在严重的忧患中取得显著政绩，而在功业建成之后仁德渐衰。君主开头做得好的实在很多，能够坚持到底的却很少，这难道真是取天下易而守天下难吗？当初取得天下犹有余力，如今守天下却力不从心，这是为什么呢？因为当他处在深重的忧患之中时，一定会竭诚对待臣下，一旦得志，便放纵自己的私欲，骄矜跋扈起来。竭诚待人，即使北胡南越也能亲如一体；骄矜傲物，纵然骨肉至亲也会形同陌路。即使用严酷的刑罚、威严的气势来监控人们，人们终究只是为了免于刑罚而苟且屈服，心里并不感念君主的仁德，外表恭顺但内心不服。民怨不在大小，可怕的是百姓离心。人民就像水一般，能让船只漂浮，也能让船只倾覆，必须十分谨慎地对待。君临百姓，就像用腐烂的绳索驾驭疾驰的马车，怎可疏忽大意！

统治万民的人，如果真的能够做到见到想要的东西就想到要知足以自我克制，打算有所兴造就想到要适可而止以使百姓安定，念及位高权重的危险就想到要心怀谦谨以加强自我约束，害怕骄傲自满就想到要像江海一般将自己置于河流的下游，喜欢游猎就想到网要围三面开一面不能赶尽杀绝，担心意志松懈就想到做事要慎始慎终，担心受到蒙蔽就想到要虚心采纳臣下的意见，害怕朝中出现谗佞奸邪就想到要端正自身令邪恶退散，颁布恩赐就想到不要因为一时高兴而乱赏人，处罚臣下就想到不要因为一时发怒而滥用刑。时时以这十条自省，弘扬这些美德，选拔有才能的人而任用他，挑选好的意见而听从它。这样一来，聪明的人尽献才智，勇敢的人竭尽其力，仁慈的人播撒恩泽，诚信的人奉献忠诚。文臣武将争相为君所用，恪尽职守，君主无事，天下太平，得以畅享悠游之乐，像神仙赤松子、王子乔那样养生长寿，抚琴吟诵，端居垂拱，无须多言就做到天下大治。何必劳神苦思，代替部下插手日常琐事，劳累聪耳明目，还有损无为而治的大道。

【评析】

  本文即魏徵所作的《谏太宗十思疏》，这是中国古代十分著名的一篇谏疏。首段开宗明义以树木和泉流两个意象做比喻，从正反两方面说明君主厚德固本、居安思危的重要性。接着以古鉴今，充实论据，再次从正反两方面说明治国"靡不有初，鲜克有终"（《诗经·大雅·荡》）这一历史现象的根源，点出"可畏惟人，载舟覆舟"的主题。最后一段先是具体提出君主以民为本所应该做到的"十思"，既是指导方针，又是操作手段。接着给唐太宗描绘做到此"十思"之后能达成的文治武功的美好蓝图。本奏疏篇幅不长，但结构严整，语言生动，不愧为传颂千古的谏君佳作，其中所蕴含的治国道理亦至今没有失色。

  魏徵将治国比喻成种树，根深才能叶茂。国家的根是什么呢？是人民，是民心，这才是本，统治者不要眼睛总盯着物质建设，只见钱物，看不到人，用功利主义来指导国家政策，那就过于小家子气，鼠目寸光，舍本逐末。国家培植深根，只有一个办法，那就是"以德治国"。这本是儒家的老生常谈，但魏徵在此处提出一个重点——"积"。执政者一时推行以德治国不难，难得的是"积"，即长期坚持，长期积累。统治者想要抓牢民心，治理好国家，必须要长期坚持，积累厚德。

  魏徵在第二段先是通过历代君主治理国家总是高开低走的历史规律进一步说明了"积"的重要性。接着指出为什么统治者往往做不到坚持积德。所谓的得天下易，守天下难，主要是由于统治者的心境发生了变化。在危难之时为了保住自己的地位，不得不团结一切可以团结的力量，竭诚对待下属，使得人人为之尽心竭力。等到地位稳固时，身边充满了歌功颂德之声，不知不觉间自己也骄傲起来，不把其他人放在眼里，自然失去人心。即使用君威重刑恐吓，也只能让人们表面服从，而内心不服，民怨一旦出现，统治就很容易被推翻。唐太宗自己早就认识到这一点，他在即位之初就说过："朕看古来帝王，以仁义为治者，国祚延长，任法御人者，虽救一时，败亡亦促。"（《贞观政要·论仁义》）意思是说，他发现自古以来帝王以仁义治理国家的，国祚都很绵长，而以刑法控制百姓的，即使能挽救一时，也会很快败亡。为此，唐太宗发愿要以仁义、诚信为治国之道，革除汉末以来人情浇薄的风气。唐太宗之后也是这么做的，很快就取得了比预期更突出的效果，短短几年之内社会就安定下来，人民生活日渐富裕，对外战争连年胜利。在一片文治武功的吹捧赞颂声中，唐太宗也逐渐骄傲起来。有一个事例可以很清楚地表现这一点。

贞观五年（631），有大臣向唐太宗提出封禅的建议。封禅是中国古代一个非常庄重的祭祀仪式，功高德厚的君主到泰山顶上祭祀天地，向上天宣告天下大治，并在泰山顶上加土，以表示自己的功业能够增泰山之高，足以夸耀于世。历史上的皇帝内心都有着这样的期望，秦始皇、汉武帝、汉光武帝、隋文帝等都曾经到泰山举行隆重的封禅仪式。和他们相比，唐太宗显然具有封禅的资格，而且有着更多的优势。因为，他既完成了统一中国的事业，还亲自领导国家向和平建设转型，取得了巨大的成就，奠定了唐朝的盛世格局。身兼创业和守成两种角色的皇帝，恐怕是没人能够与唐太宗相提并论的。尽管唐太宗此时考虑到民生尚不富裕而推辞了，但他心里还是向往封禅的，因此在群臣多劝了几次后，唐太宗动心了。这时候魏徵提出反对，唐太宗有些不高兴，他质问魏徵道：

"你不想让我封禅，是因为我功劳不高吗？"魏徵回答："高。"

"那是因为我德不厚吗？"魏徵答："厚。"

"是国家还没安定吗？"魏徵答："安定。"

"是四夷不服吗？"魏徵答："服。"

"是年谷没有丰收吗？"魏徵答："丰收。"

"是符瑞没出现吗？"魏徵答："出现了。"

既然封禅必须具备的条件都具备了，理由如此充足，为什么还反对呢？唐太宗的问话明显饱含着不服气。魏徵当然知道，他从容劝唐太宗："您的功业当然丰硕，但是只有一条，就是咱们继承隋末战乱的摊子，户口还没有恢复，仓库也不够充实，而皇上的车驾东巡，百官跟随，千乘万骑，需要多么大的供应，地方上难以承担。而且，封禅邀请周边国家和民族的首长参加，他们也带来不少随从。从洛阳到山东，沿途有不少地方人烟稀少，荆棘触目可见，让他们看到这番景象，岂不是向他们展示国家的虚弱吗？更何况赏赐和招待不周，就难以满足大家的期望，封禅后给百姓免税也不足以补偿他们的付出。所以，封禅只能博取虚名，而使国家受到实际的损害，陛下您将作何选择呢？"

魏徵的一席话让唐太宗深思，他最终抑制住内心的向往，把封禅的动议压了下来。但是从唐太宗上述问话中可以看出他对自己的能力和功绩是十分骄傲的，虽然这一次在魏徵的劝说下他压抑了自己表功的欲望，但成功者都难以避免随着时间的流逝不断放松心弦，在权力和物质的腐蚀下日渐骄奢。仅以魏徵上此疏的贞观十一年（637）为例，唐太宗正月修飞山宫，二月幸洛阳宫，六月幸明德宫，七月修老君庙、宣尼庙，十一月幸怀州，狩猎于济源。如此频繁的游幸兴造，大大违背了其即位之初立下的清静养民的方针，因此另一位正直的大臣马周上书提醒他：

往者贞观之初，率土霜俭，一匹绢才得粟一斗，而天下怡然。百姓知陛下甚忧怜之，故人人自安，曾无谤讟。自五六年来，频岁丰稔，一匹绢得十余石粟，而百姓皆以陛下不忧怜之，咸有怨言。又今所营为者，颇多不急之务故也。（《贞观政要·论奢纵》）

马周指出唐太宗此时的作风已和贞观初年不同，沉溺于个人享受，以致百姓劳役沉重，心怀怨言。而敏锐的魏徵自然也看到了这一点，因此他在贞观十一年（637）三月至七月间连上四封奏疏劝谏唐太宗要居安思危，防患于未然。本文即是其中的第二封。

居安思危，说起来容易，对身处盛世，满目太平的君王而言压根不知从何着手，因此这个词常沦为轻飘飘的口头表白。而魏徵的可贵之处在于，不仅对唐太宗提出了期望，还给了他具体的操作方针，即所谓的"十思"。见到想要的东西要告诫自己知足，想建设什么工程要知道及时停止以安百姓，身处高位要怀着谦虚之心，放低自己，包容他人，喜欢畋猎要从畋猎中学到网开一面的道理，对待政务要慎始慎终，虚心待下，听取谏言，端正自身以使小人退避，不因个人喜怒而滥行赏罚。魏徵从唐太宗工作生活的各个方面发出提醒，给了唐太宗切实可操作的准则，明确具体，针对性很强。这十条准则实际上也可谓君主守天下之道。只要君主做到这十条，同时择贤而任、择善而从，即善于用人、纳谏，就可以使文臣武将各司其职、各尽其才，君主端居垂拱而国家繁荣昌盛。

　　这篇奏疏言辞恳切，内涵深厚，唐太宗看后猛然警醒，专门写了一封手诏表扬魏徵，并表示从谏改过。之后贞观十三年（639），魏徵又上《十渐不克终疏》，列举了唐太宗从执政初至当时为政态度的十个变化，再次提醒唐太宗要居安思危，有始有终。唐太宗深加赞叹，将这篇奏疏写在了屏风上以时刻提醒自己。唐太宗是毋庸置疑的治世英主，但同样有一般人的欲望和弱点，正是因为有魏徵这种大臣时时从旁提醒、纠正，贞观年间政治这条大船才未大幅偏离航向。

打铁必须自身硬
——官吏队伍自身的转型

【题旨】

人民群众是历史的创造者,但每一个时代都一定存在且有必要存在特殊的英雄人物来引领群众的前进方向,这样的人物被称为领袖。从这个意义上说,领袖必须是时刻站在时代最前头指明前进方向、引领历史潮流的人。如果不能看清社会发展的趋势,与时俱进,因势利导,而是死死抱住以往的成功经验,被惯性推着走,这样的领袖实际上已经落伍了;如果再继续顽固坚持下去,甚至会成为社会发展的绊脚石,走向人民的对立面。这是唐朝成功的又一条重要的历史经验。每逢历史前进的重大关头,领袖一定要冷静洞察,富有远见,既要善于适应时代的变化,也要善于不断超越自我。而唐太宗正是这样一位卓越的领袖。

唐太宗通过对历史的洞察,看到了治理国家已经到了改弦更张的大转折时代,他勇敢地挑起了这副重担,提出了"治国先正君"的理念,认为天下兴亡的首要责任在于君主,君主若想安定天下,必须先正己身。唐太宗认为,一位合格的君主,其个人品质、学识、修养都是非常重要的,决定着他能否担当起领导国家的重任。为此,唐太宗首先加强自己的心志修养,在日常生活中克制自己不为外物所扰,不为欲望所诱,以高标准的道德严格要求自己。其次,唐太宗清醒地认识到自己作为一位军人出身的皇帝,在文化学识方面大有不足。他不仅没有想方设法地遮掩自己的短处,反而积极主动地加强文化知识的学习,勤于读书,不耻下问,绞尽脑汁地从典籍书本和身边学识丰富的臣下那里汲取营养。唐太宗在学习的过程中,非常注重对历史经验的吸收,在他的支持下,唐朝建立了完善的史馆制度,他甚至亲自参与了史书的修撰。唐太宗从史书中学习的不是实用主义的权谋手段,而是深层次的治国思想,他通过对前代君主治国经验的学习,不断明确应当建立一个怎样的国家,做一位怎样的领袖,真正做到了以史为鉴。

另外,唐太宗也清醒地认识到,虽说君主应为国家兴亡负首要责任,但要治理好一个如此庞大的国家,绝非君主事必躬亲就能做到,必须建立一个能力卓越、团结共进的官吏队伍。为此,唐太宗非常注重选拔官吏,坚持任官在精不在多。同时,他不仅注重个人素养的提高,还鼓励臣子加强文化知识学习,提高思想道德修养,以适应新形势的需要。唐太宗不仅有容人之量、知人之识,还兼听广纳,建立制度性的批评机制,引导、鼓励臣下直言进谏,期望从臣子那里看到自己的不足,以将自己修炼成更合格的君主。

经过上述努力,唐朝迅速建立起以唐太宗为首的君臣团队,贞观时代的君臣以强烈的责任心、卓越的理政能力、团结协作的精神为后世留下一段又一段治国佳话。经过二十多年孜孜不倦的努力,中原王朝终于从四百年分裂动乱的废墟中重新站起来了。唐朝以它的大气磅礴包容寰宇,展现出民生的富裕和文化的灿烂,成为世界人类史上一个令人永远怀念的辉煌时代,这一切的基调可以说都是由唐太宗这位卓越的领袖定下的。

修身正己

【原文】

若安天下,必须先正其身。未有身正而影曲,上理而下乱者。朕每思伤其身者不在外物,皆由嗜欲以成其祸。若耽嗜滋味,玩悦声色,所欲既多,所损亦大,既妨政事,又扰生人。且复出一非理之言,万姓为之解体。怨讟①既作,离叛亦兴。朕每思此,不敢纵逸。(《贞观政要·君道》)

【注释】

① 怨讟(dú):怨恨诽谤。亦作"怨黩"。

【译文】

若要安定天下,君主必须先端正自身。从来没有身子正而影子斜,上面治而下面乱的事例。我常常想,伤害君主的不是外界事物,而全是因为本人纵欲而酿成祸端。如果君主贪嗜口腹之欲,沉溺声色之欢,想要的越多,对身心的损害也越大,既妨碍政事,又烦扰百姓。要是再说一些不正确的话,民心都会因之涣散。百姓一旦心怀怨恨,口出谤言,叛乱也就随之兴起。我每每想到此处,便不敢放纵懈怠。

【评析】

在集权的国家体制中，最高领袖具有举足轻重的作用。官位其实就像一个放大器，官位越高，受到的关注就越多，放大的作用也越大，对社会民生的影响亦变得更加广泛。唐太宗的可贵之处就在于他不仅对这个问题认识得十分清楚、透彻，且拥有为天下负责的勇气和责任心。他公开提出"若安天下，必须先正其身"，坦陈国家兴亡的首要责任人是皇帝，下面臣民乱了，是因为上头的皇帝不正，让皇帝来承担责任，而不是以惯常的君主昏庸源于奸臣佞蔽之类话术诿过于下属，这是难能可贵的思想。古人常说"狡兔死，走狗烹"，唐太宗与其他皇帝的不同之处，在于他"烹"的不是开国功臣，而是自己的权力冲动与私欲。

唐太宗认识到，作为最高领袖，所受到的伤害最主要的不是来自外部，而是自身，特别是纵欲。修身要从节欲开始，要克制过分的物欲、色欲和权力欲。领袖尤其要注意个人的爱好，诸如鹰犬、鞍马、声色、美味等，于掌握国家大权的领袖而言，都是唾手可得的东西，正因得来容易，更要大加警惕。唐太宗深知能不能成为一名合格的领袖，关键看自己的内在修为。在所有的修炼中，修心最重要。面对艰难复杂的局面、各种曲折压力的考验，领袖能不能始终坚持既定的目标，从容淡定，犹如定海神针，对国家是至关重要的。心要定，不能散，平时就要懂得节制，不为各种声色犬马所诱惑。看似小节的生活放纵，却是心灵散乱而随波逐流的开端。沉迷于奢侈的生活欲望，不仅耗损公款，增加百姓负担，还会使人逐渐堕落，慢慢听不进直言真话，妨碍公务，影响整个朝廷的政治风气。

一个人地位越高，手中的权力越大，就应该打心里认识到肩上的责任更重，一言一行都会产生恐怕自己都不曾预料到的影响，对事情带来改变，产生后果。尤其像皇帝这种处在权力顶峰的人，对此没有充分的认识，依然像一般人那样随意说话，引起事端，等到事情发生以后才后悔，覆水难收，这是非常不负责任的。作为领导人，应该多听少说，多调查少批示，每做一项决定都要反复掂量，慎之又慎，避免因为思虑不周而给国家和百姓造成不良的后果。这个道理，李世民当上皇帝之后，有了更加深刻的体会。人一旦坐上巨大的权力的宝座，往往会有两种截然不同的态度：一种是感觉到无上风光，于是颐指气使，张牙舞爪。这种人属于内在浅薄、一爬高就飘起来的类型，古人称之为"德不配位"，必有灾殃。另一种则是把权力变成内在激励和奋发行善的动力，增强责任感和使命感，因手握大权而心存敬畏。唐太宗正是后一种，他不是将自己放在自私自利享受权力果实的位置上，而是将天下兴亡视为自己的责任，为此战战兢兢，夙兴夜寐。正因为这一点，他才能建立后人难以企及的功业，千古传颂。

【原文】

贞观二年，太宗谓玄龄曰："为人大须学问。朕往为群凶未定，东西征讨，躬亲戎事，不暇读书。比来四海安静，身处殿堂，不能自执书卷，使人读而听之。君臣父子，政教之道，共在书内。古人云，'不学墙面，莅事惟烦'①，不徒言也。却思少小时行事，大觉非也。"（《贞观政要·论悔过》）

【注释】

① 不学墙面，莅事惟烦：典出《尚书·周官》："蓄疑败谋，怠忽荒政。不学墙面，莅事惟烦。"意思是不学习就像面墙而立，必无所见，待到临事便只有烦忧。

【译文】

贞观二年（628），唐太宗对房玄龄说："做人太需要学问了。我当年因为各路强敌尚未平定而东征西讨，要亲自带兵打仗，没有时间读书。近来天下太平，我身居帝位，不能自己拿着书读，就找人读给我听。君臣父子的伦常，治国理政的方法，都在书里。古人说，'不学习如同面对光秃秃的墙壁，头脑空白，遇到事情只会感到烦忧'，这确实不是虚言。再回想我年轻时为人处世的情形，很觉得不该。"

【评析】

唐太宗以文德治国的伟大成就使得人们常常忘记他并不是一个文人，而是一位地道的军人。他出身武人世家，十六岁应召参军，十八岁随父举兵，一举攻入长安。唐朝建立后，因哥哥李建成身为储君不能涉险，他更是担起了平定天下的重任。自武德元年（618）至武德七年（624），李世民指挥唐军大破薛仁杲，讨平宋金刚，生擒窦建德，逼降王世充，北逐刘黑闼，攻克洛阳，进军山东，内平群雄，外御突厥，立下了赫赫战功。他的青年时代都在东征西讨中度过，戎马倥偬，几乎没有时间读书。因此，登基后的李世民，要从领导军事斗争转向治理国家，并不是一件容易的事。人容易做到的是扬长避短，而新形势却要唐太宗转换赛道，补短为长。要从天才统帅转变为文治皇帝，一切都要从读书学习开始。

唐太宗对于领袖转型问题的认识甚早，大规模的军事斗争告一段落，他马上挤出时间学习文化。武德四年（621），李世民擒获窦建德之后，马上开始了从武到文的转变，以适应新时代要求。然而，当他拿起书本的时候，才感觉到读书的艰难，轻飘飘的书本竟然比千军万马还要重得多。刚开始的时候，他根本就读不懂书本上写的是什么意思，更不要说有些字还认不得。所以，唐太宗只能"使人读而听之"，请人给他念书，讲解其中的道理，然后自己琢磨体会，用古人说的基本原则同以前的所作所为进行比较，他这才发现曾经自鸣得意的做法竟然是如此荒唐，一时得利却后患难消，暗自惊悔。这时候，唐太宗由衷体会到了读书的重要，明白了高明的人和平庸的人处理问题的区别在于他们所站的高度完全不同。高明的人把各种事务置于大原则和大战略之下，纲举目张，做出的决定经得起时间的考验；而平庸的人是头痛医头，脚痛医脚，有小聪明而没有远见，见识短则事情总是处理不好，变来悔去，朝令夕改。所以，唐太宗引用古训说道"不学墙面，莅事惟烦"。

不过，学习是很讲究方法的，自己关起门来苦读冥思，效果最差，还容易走岔道，变得偏激。所以一定要放下架子，虚心拜师学习，同有水平的人一起辨析讨论，这样做可达到事半功倍的效果。唐太宗在学习上走的就是这样一条捷径。《旧唐书·太宗本纪》记载：

> 于时海内渐平，太宗乃锐意经籍，开文学馆以待四方之士。行台司勋郎中杜如晦等十有八人为学士，每更直阁下，降以温颜，与之讨论经义，或夜分而罢。

李世民自从认识到军事斗争逐渐平息，就开始意志坚定地专心读书。为此，他开设文学馆，延揽四方学者，并选杜如晦等十八人为学士，经常和他们讨论经义，和颜悦色，平等相待，有时讨论到半夜才结束。他们的讨论，直接影响到朝廷政策的制定，这是古代学为政用的典范，其中一些重要的讨论就记录在《贞观政要》之中。

杜如晦就是后来和房玄龄并称为"房杜"的初唐两大贤相之一。以十八学士为首的一批文士，先后走上国家领导岗位，辅佐唐太宗大兴文德治国，取得了"贞观之治"的巨大成就。唐太宗过人之处就在于他能够预先洞察到社会的变化，不但自己与时俱进，而且延揽和培养了一大批适应新形势需要的人才，为新时代的来临做了充分的储备。正因为唐太宗对于文治天下的高瞻远瞩，才能够及早把国家首要任务从军事斗争转到文治方面，使得唐朝在这个过渡中没有蹉跎，不曾折腾，未走弯路，转变得自然而迅速。

【原文】

贞观三年，上谓房玄龄曰："古人善为国者，必先理其身。理其身，必慎其所习。所习正则其身正，身正则不令而行。所习不正，则身不正，身不正则虽令不从。是以舜①诫禹②曰：'邻哉邻哉。'③周公④诫成王曰：'其明其明。'⑤此皆言慎其所习近也。朕比岁临朝视事，及园苑间游赏，皆召魏徵、虞世南⑥侍从，或与谋议政事、讲论经典，既常闻启沃⑦，非直于身有益，在于社稷亦可谓久安之道。"（《贞观政要·政体》）

【注释】

① 舜：上古时期的部落联盟首领。有两姓，曰姚曰妫，因生于姚墟而姓姚，因居于妫水而姓妫。因目有重瞳，而名重华。为颛顼七世孙，其家自颛顼子穷蝉至舜父瞽叟皆为庶人。传言舜自幼受到父亲、继母及异母弟象的迫害，却一直孝敬父母、友爱庶弟，深受百姓赞誉。在尧晚年选拔继承人时，四岳将舜举荐给尧，尧将两位女儿嫁给了舜并对他进行了一系列的考验，舜最终通过考验，成为继尧之后的部落联盟首领，国号虞。舜在位期间选用"八恺""八元"等贤能之人治理民事，放逐为害人民的"四凶"，以道德教化百姓，使百姓亲和，四夷宾服。在位三十九年，于巡狩途中崩于苍梧之野，谥号曰"舜"。

② 禹：上古时期部落联盟首领，夏朝的开国君主。姒姓，夏后氏。传言为黄帝之玄孙、颛顼之孙。父鲧在尧时受命治水而无功，舜荐禹代其职，禹按照山川形势疏浚河道，历时十三年，终于消除了中原地区的水患。禹又根据地形、物产、习俗将天下划分为九州，根据距离王畿的远近将天下划分为五服。因功劳受舜禅让，都于阳城，国号夏后。禹死后，其子启即位，正式建立了中国历史上第一个家天下的王朝夏朝。

③ 邻哉邻哉：典出《尚书·益稷》："帝曰：'吁，臣哉邻哉，邻哉臣哉。'"邻，近也。意思是君臣之道相近，相辅而相成。

④ 周公：姓姬，名旦，周文王姬昌第四子，周武王姬发弟。周武王克殷两年而卒，成王年幼，周公摄政。其兄弟管叔、蔡叔、霍叔等不服，联合殷贵族武庚和东夷反叛。周公率师东征，平定叛乱，又分封东夷之地，营建东都洛邑（今河南洛阳）以巩固统治。之后制礼作乐，完善西周的典章制度，摄政七年后还政于成王。周公不仅在巩固西周政权上起到了重要作用，同时还是孔子最为崇敬的古代圣贤，被尊为儒学的奠基人，对中华文明的形成与发展产生了极其重要的影响。

⑤ 明：当作"朋"。典出《尚书·洛诰》："孺子其朋，孺子其朋，其往。"此处的"孺子"指周成王，周公教导周成王要与臣下像朋友一

般相处。

⑥ 虞世南：字伯施，越州余姚（今浙江慈溪）人。陈太子中庶子虞荔之子、隋内史侍郎虞世基之弟，因过继给叔父陈中书侍郎虞寄而字伯施。历仕陈、隋，大业初，累授秘书郎，迁起居舍人。隋末陷于窦建德，伪授黄门侍郎。唐太宗灭窦建德后引之为秦府参军，寻转记室，授弘文馆学士，与房玄龄对掌文翰。唐太宗升春宫，迁太子中舍人。及即位，转著作郎，兼弘文馆学士。寻迁太子右庶子，固辞不拜，除秘书少监。贞观七年（633），转秘书监。因学识渊博为唐太宗所重，常与之共观经史。虞世南虽容貌怯懦，而志性抗烈，常直言讽谏，唐太宗曾赞其有五绝，一曰德行，二曰忠直，三曰博学，四曰文辞，五曰书翰。贞观十二年（638）卒，年八十一，赠礼部尚书，谥号"文懿"。

⑦ 启沃：典出《尚书·说命上》："启乃心，沃朕心，若药弗瞑眩，厥疾弗瘳。"此为商王武丁任傅说为相时对他说的话，意思是"敞开你的心泉来灌溉我的心吧，就像药物如果不使人头晕目眩就不能疗愈疾病。"药毒乃除病，言切乃去惑，后以"启沃"比喻臣下竭诚进谏，辅佐君主。

【译文】

贞观三年，唐太宗对房玄龄说："古代擅长治理国家的人，一定是先提高自身的修养。若要提高自身修养，一定要慎重地选择所亲近的人。与正直之人亲近则其人也正直，正直的人不必下命令人们都愿意听他的。与不正直的人亲近则其人亦不正直，不正直之人即使下命令人们也不会听从。因此舜告诫禹：'君臣要相互亲近啊。'周公告诫成王说：'要和臣子做朋友啊！'这些都是说君主要慎重地选择所亲近的人。我这几年临朝督问政事，以及在园林苑囿之间游玩赏景，都会下令让魏徵、虞世南随侍，时不时与他们探讨政事，讲论经典，经常听他们的开导，这不只是对我自己有好处，更是国家社稷的长治久安之道。"

【评析】

前面已经提到，唐太宗认为要想治理好国家，首先皇帝要成为表率。那么，怎样做一个明君呢？皇帝除了要懂得自我克制之外，还要有忠诚正直的人相辅佐。俗话说"近朱者赤，近墨者黑"，君主的爱好以及身边的人对君主影响重大，必须慎之又慎地挑选。舜和周公对执政者最深长的告诫，就是千万注意"邻"或者"朋"。唐太宗把古代圣人的告诫铭记在心间，因此他在休闲的时候，总会请最正直而有学问的魏徵和虞世南陪伴，在轻松的气氛里谋划国事，探讨经典，总结治国的经验。可以说，经常和大臣文士游学，是唐太宗工作作风的一大亮点。唐朝有识之士对此赞赏有加，唐太宗手下著名的文臣李百药就曾在给唐太宗的上表中肯定他。

罢朝之后，引进名臣，讨论是非，备尽肝膈，唯及政事，更无异辞。才及日昃，命才学之士，赐以清闲，高谈典籍，杂以文咏，间以玄言，乙夜忘疲，中宵不寐。（《旧唐书·李百药传》）

说的是唐太宗常在退朝之后请名臣进来，一起讨论政务是非。到了太阳偏西时就召文士一起闲坐，畅谈典籍，吟咏诗文，高谈玄学，乐此不疲，甚至到半夜都不休息。

领导人不能整天埋头于具体的事物之中，在细务中陷得太深，就会变得越来越实用主义，拘泥于具体利益，而失去高瞻远瞩的眼界。因此，经常和有才识远见的文士交游，从具体事务中超脱出来，读读书，务务虚，提高品位，增强人文情怀，十分重要。唐太宗就是这样做的，退朝后同大臣们推心置腹地研究政务的是非，午后同饱学之士讨论典籍、作文咏诗，甚至讲论被视为无用的"玄言"清谈，这些都是为了不断提高自己的学识和眼界，始终看清国家的大方向，给政治注入源源活力。

唐太宗把文士看作治国之宝，从战场下来后，他马上下大力气延揽文人，广收图籍，给自己建立起强大的顾问队伍。登基之前，他就在自己的天策将军府下开设文学馆，罗致四方之士，礼聘贤才，有房玄龄、杜如晦、于志宁、苏世长、姚思廉、薛收、褚亮、陆德明、孔颖达、李玄道、李守素、虞世南、蔡允恭、颜相时、许敬宗、薛元敬、盖文达、苏勖等十八人，号称"十八学士"。这批人个个博览古今，明达政事，既有多谋善断明于治道的房玄龄、杜如晦，又有以诗文著称的虞世南、褚亮、薛收，还有擅长经史的孔颖达、颜相时、姚思廉、陆德明，等等。唐太宗和这些品格高尚、学识渊博的人在一起谈学论道，获得很多启发，并将这些心得用于治国。

唐太宗如此重视和君子士人一起学习，是因为他把提高自身文化修养和道德情操放到了重中之重的位置上。唐太宗原本是一位地道的军人，当皇帝之前几乎没有时间系统学习，书读不懂，也读不下去。登基之后，他倡导文治，那就必须改变自己，下最大的气力补上文化的短板。唐太宗非常可贵的地方就在这里，他善于与时俱进，始终站在时代的前头，同时，他有自知之明，愿意放下架子，改变自己。他没有躺在功劳簿之上，专横骄傲，对于自己不懂的深厚文化传统由自卑转变为仇恨，肆意践踏，而是承认自己的不足，用指挥战争的自信投入学习之中。礼聘名师，不耻下问，肯学、好学、求学、苦学而博学，明大义，善思考，把文化学习同治理国家的实践结合起来，在改造和超越自我中，完成了由天才的军事统帅向拥有雄才大略的文治皇帝的转变。

以史为鉴

【原文】

尚书左仆射房玄龄、侍中魏徵、散骑常侍①姚思廉②、太子右庶子③李百药④、孔颖达⑤、中书侍郎⑥岑文本⑦、礼部侍郎⑧令狐德棻⑨、舍人⑩许敬宗⑪等,以贞观十年撰成周、齐、梁、陈、隋等五代史奏上。太宗劳之曰:"良史善恶必书,足为惩劝。秦始皇⑫奢侈无度,志在隐恶,焚书坑儒,用缄谈者之口。隋炀帝⑬志在隐恶,虽曰好学,招集天下学士,全不礼待,竟不能修得历代一史。数百年事,殆将泯绝。朕今欲见近代人主善恶,以为身诫,故令公等修之,遂能成五代之史。深副朕怀,极可嘉尚。"于是进级班赐,各有差降⑭。(《贞观政要·论文史》)

【注释】

① 散骑常侍:官名。秦置散骑,又置中常侍。汉因之,并用士人,无常员,皆加官,所加或列侯、将军、卿大夫等。后汉省散骑,而中常侍改用宦者。魏黄初复置散骑,与中常侍合为一职,直曰散骑常侍,复用士人。晋置四人,典章表、诏命、策文等,与侍中、黄门侍郎共平章尚书奏事,虽隶门下,别为一省,名散骑省。又有员外散骑侍郎、通直散骑侍郎等职。南北朝时出纳诏命之权复归中书,散骑省改称集

书省，散骑常侍侍从左右，主掌文翰、谏诤，地位下降，多为加官。隋时于门下省置散骑常侍四人，从第三品，掌陪从朝直，炀帝大业三年（607）罢。唐武德复置，为加官。贞观初改为从三品散官，旋罢，贞观十七年（643），复置散骑常侍二员，为职事官，隶门下省。显庆二年（657），分置左、右，左散骑常侍二员隶门下省，右散骑常侍二员隶中书省，掌侍从规谏，备顾问应对，无实权，但地位尊贵，多为大臣所兼。

② 姚思廉：名简，以字行。本吴兴（今浙江湖州）人，因其父姚察于陈亡后至隋为官，举家北迁，故两《唐书》载其为京兆万年（今陕西西安市长安区）人。父姚察历任陈、隋二朝，以擅长儒学见重，在陈时曾修梁、陈二史，未完成，临终令姚思廉续成其志。姚思廉在陈为扬州主簿，入隋为汉王府参军，丁父忧解职，上表陈情父亲遗言，诏许其续成梁、陈史。隋末为代王侑侍读，至唐高祖受禅，授秦王文学，寻引为文学馆学士，及唐太宗入东宫，迁太子洗马。贞观初，迁著作郎、弘文馆学士。贞观三年（629），受诏与秘书监魏徵同撰梁、陈二史，成《梁书》五十卷、《陈书》三十卷，以功加通直散骑常侍。贞观九年（635），拜散骑常侍，赐爵丰城县男。贞观十一年（637）卒，赠太常卿，谥曰"康"。

③ 太子右庶子：东宫属官名。秦置中庶子，汉置庶子，为太子太傅属官。东汉置太子中庶子，员五人，秩六百石，职如侍中；庶子，无员数，秩四百石，职如三署郎。此后历代多沿置。北齐以太子中庶子四人领门下坊，而以太子庶子四人领典书坊，至隋变为以左庶子二人领门下坊，右庶子二人领典书坊，唐朝因之，为正四品下。至龙朔二年（662），改典书坊为右春坊，右庶子为太子右中护。咸亨元年（670）复旧。

④ 李百药：字重规，定州安平（今河北安平）人，隋内史令李德林之子。开皇初，授东宫通事舍人，迁太子舍人，兼东宫学士，辅佐太子杨勇。至隋炀帝继位，被贬为桂州司马，累迁建安郡丞。隋末卷入群

雄纷争，至唐建立，受杜伏威牵连而流放泾州。贞观元年（627），拜中书舍人，赐爵安平县男。受诏修定五礼及律令，修撰齐史。次年除礼部侍郎。贞观四年（630），授太子右庶子。贞观十年（636），因为完成齐史的修撰，加散骑常侍，行太子左庶子，随后又除宗正卿。贞观十一年（637），因为完成五礼和律令修撰，晋爵为子。数年后执意辞官回乡，于贞观二十二年（648）卒，年八十四，谥曰"康"。

⑤ 孔颖达：字冲远，冀州衡水（今河北衡水）人，长于经学，善文辞。隋大业初，举明经，授河内郡博士。唐建立后为秦王府文学馆学士。武德九年（626），擢为国子博士。贞观初，封曲阜县男，转给事中。贞观六年（632），累除国子司业，迁太子右庶子，仍兼国子司业。受命与魏徵修撰隋史，因功加位散骑常侍。又参与修定五礼、编撰《五经正义》等，累拜国子祭酒。贞观十七年（643），以年老致仕。贞观二十二年（648）卒，年七十五，赠太常卿，谥曰"宪"。

⑥ 中书侍郎：官名。魏文帝黄初初年，中书省置监、令，又置通事郎、黄门郎，明帝时诏举中书郎，皆中书侍郎之任。晋置中书侍郎四人，品第四，轮流入直西省，专掌草拟诏书，五日一更替，皇帝出巡，则正直从驾，次直守省。东晋又改为通事郎，寻复旧。宋、齐并同晋制。梁时以中书舍人专掌诏诰，侍郎之任变轻。北魏置中书侍郎四人，初为正第四品上，太和末为从第四品上。北齐因之。后周依周官，春官府置小内史下大夫二人，盖比中书侍郎之任。隋初改为内史省侍郎，置四人，正第四品下；隋炀帝大业三年（607）减二员，大业十二年（616）改为内书侍郎。唐武德三年（620）复改为中书侍郎，龙朔、咸亨、光宅、神龙、开元并随省改复。唐中书侍郎为中书省次官，正四品上，参议朝政，承宣诏旨，实际负责本省事务。

⑦ 岑文本：字景仁，邓州棘阳县（今河南新野）人。西梁吏部尚书岑善方之孙，隋邯郸令岑之象之子。博闻强识，善于文辞。贞观元年（627），除秘书郎，兼直中书省，寻拜中书舍人。后继颜师古为中书侍郎，专典机密。又与令狐德棻撰《周书》，因功封江陵县子。累迁

中书令，参议国政。贞观十九年（645），从唐太宗征辽东，积劳成疾，逝于幽州，享年五十一岁。赠侍中、广州都督，谥曰"宪"。

⑧ 礼部侍郎：官名。隋初为尚书礼部之礼部司的长官，员一人，正六品上。大业三年（607），定侍郎为各部尚书之副官，礼部侍郎升任礼部次官，正四品。唐因之，为正四品下，佐礼部尚书掌礼部事。龙朔二年（662）改为司礼少常伯，咸亨、光宅、神龙并随曹改复。开元二十四年（736）后兼掌贡举。

⑨ 令狐德棻（fēn）：字季馨，宜州华原（今陕西铜川）人。隋鸿胪少卿令狐熙之子。唐高祖入关，引为大丞相府记室。武德元年（618），转起居舍人，五年（622），迁秘书丞，与侍中陈叔达等受诏撰《艺文类聚》。武德时上书请求修史，未成，贞观三年（629），受唐太宗诏与岑文本修《周书》，又参与编撰《氏族志》《晋书》，累拜秘书少监。永徽元年（650），受诏撰定律令，复为礼部侍郎，兼弘文馆学士，监修国史及五代史志。寻迁太常卿，兼弘文馆学士。迁国子祭酒，兼授崇贤馆学士。寻又撰《高宗实录》三十卷，晋爵为公。龙朔二年（662），表请致仕，许之，仍加金紫光禄大夫。乾封元年（666）卒，年八十四，谥曰"宪"。

⑩ 舍人：官名，即中书舍人。魏中书省置通事一人，掌呈奏案章，高贵乡公正始中改为通事舍人。晋置中书舍人、通事各一人，至东晋合为一职，名通事舍人，专掌呈奏。后省，而以侍郎兼其职。南朝宋初置通事舍人四人，入直阁内，出宣诏命。齐武帝永明初，置中书通事舍人四人，各住一省，时谓"四户"，权势滔天。梁除"通事"二字，直呼中书舍人，多以他官兼领，专掌中书诏诰，兼呈奏之事。陈沿梁置，增为五人。北齐置十人，并掌诏诰。北周春官府置小史上士二人，比中书舍人之任。隋初改曰内史舍人，员八人，专掌诏诰，炀帝大业三年（607）减置四人，大业十二年（616）改曰内书舍人。唐武德三年（620）改称中书舍人，龙朔、咸亨、光宅、神龙、开元并随省改复。唐中书舍人员六人，正五品上，掌侍奉进奏，草拟诏诰，参

议表章。唐玄宗开元以后，以翰林学士草拟诏令，号"内制"，中书舍人仅掌草拟例行诏敕，号"外制"。

⑪ 许敬宗：字延族，杭州新城（今浙江杭州市富阳区）人，隋礼部侍郎许善心之子。少有文名，举秀才，授淮阳郡司法书佐，俄直谒者台，奏通事舍人事。父许善心被杀后投于李密，为元帅府记室，唐初唐太宗召之补秦府学士。累除著作郎、中书舍人、给事中，兼修国史。贞观十七年（643），以修唐高祖、唐太宗实录功封高阳县男、权检校黄门侍郎。唐太宗东征高句丽期间，与高士廉等共知机要，在岑文本卒后以本官检校中书侍郎。唐高宗继位后，迁礼部尚书。后因支持唐高宗立武则天为后而官运亨通，显庆元年（656），加太子宾客，寻册拜侍中，监修国史。显庆三年（658），进封郡公，代李义府为中书令。龙朔二年（662），拜右相，加光禄大夫。次年拜太子少师、同东西台三品，并依旧监修国史。咸亨元年（670）表请致仕，加特进。咸亨三年（672）薨，年八十一，赠开府仪同三司、扬州大都督，极尽哀荣，但因生前好色贪财、治家无方等事在死后引起谥号之争，终谥"恭"。

⑫ 秦始皇：秦朝开国君主，中国历史上第一位皇帝。嬴姓，赵氏，名政。秦庄襄王之子，公元前247年继承王位。在位期间，平嫪毐、除吕不韦，于前230年至前221年，先后灭韩、赵、魏、楚、燕、齐六国，完成统一大业，建立中国历史上第一个统一的中央集权的多民族国家——秦朝。之后创立高度集权专制的皇帝制度，自称"始皇帝"，在中央推行"三公九卿"制，在地方废除分封制，实行郡县制，统一文字、车轨、货币、度量衡，焚书坑儒，大兴土木，徭役苛酷，民不聊生；对外北击匈奴，南征百越，修筑万里长城等。前210年，崩于东巡途中。

⑬ 隋炀帝：隋朝第二代皇帝。讳广，一名英，小字阿㔙，隋文帝与文献皇后独孤氏第二子。开皇元年（581），立为晋王，累拜并州总管、雍州牧、内史令。开皇八年（588），隋大举伐陈，被任命为行军元帅，平陈后进位太尉。之后又奉命平定江南高智慧叛乱，出镇江都。开皇

二十年（600），终用计取代兄长杨勇被立为皇太子。仁寿四年（604）七月，正式即位于仁寿宫。隋炀帝在位期间继承和发展了文帝时期建立的国家制度，开凿贯通南北的大运河，营建东都洛阳，政绩显赫。同时他又穷奢极欲，四处修建离宫别馆；喜立边功，西征吐谷浑、三征高句丽，大大超出了民力承受极限，引发全国范围内的反隋起义，最终导致隋朝崩溃覆亡。大业十四年（618）三月，炀帝被宇文化及叛军弑杀于江都，时年五十，被唐高祖李渊追谥为"炀皇帝"。

⑭ 差降：按等级递降。

【译文】

尚书左仆射房玄龄、侍中魏徵、散骑常侍姚思廉、太子右庶子李百药、孔颖达、中书侍郎岑文本、礼部侍郎令狐德棻、舍人许敬宗等，于贞观十年（636）撰成周、齐、梁、陈、隋等五个朝代的史书，上奏朝廷。唐太宗慰劳他们说："好的史书会记录君主所做的一切好事坏事，能起到惩恶劝善的作用。秦始皇奢侈无度，想要隐瞒自己的恶行，于是焚烧书籍，活埋儒士，以此来让议论他的人闭嘴。隋炀帝也想隐瞒自己的恶行，他虽然以喜好学问为名将全国的学者、文士招揽至朝廷，但全然不以礼相待，最终竟然连一个朝代的史书都没有修成，导致数百年间发生的事情几乎湮没无闻。现在我因为想观看近代君主所做的善事恶行以规诫自己，而令诸位修撰史书，于是才有了这五朝的历史。你们的成果十分符合我的心意，非常值得嘉奖。"于是唐太宗按他们的级别各予加官晋爵、赏赐财物。

【评析】

唐太宗强调治国先正君，那么君主要如何正己呢？唐太宗给自己找来了三面明镜。他曾经对身边的大臣说了这样一段名言：

夫以铜为镜，可以正衣冠；以古为镜，可以知兴替；以人为镜，可以明得失。朕常保此三镜，以防己过。（《贞观政要·任贤》）

唐太宗的三面镜子分别是铜镜、史镜和人镜。用来正衣冠的铜镜，不需要多说。这里先来说说他的第二面镜子，以史为镜。

历史不是一个任人打扮的小姑娘，也不是茶余饭后打发时光的谈资，而是在我们之前世界上发生的一切事情的记录。通过历史我们可以了解事件的前因后果，吸取成败得失的经验教训。历史是古代智慧的结晶，特别是中国古代的历史记载，聚焦于政治过程和治理国家的经验教训，对统治者极有借鉴意义。唐太宗曾说道："朕每观前代史书，彰善瘅恶，足为将来规诫。"（《贞观政要·论文史》）

要让历史更好地为现实服务，首先就要客观翔实地记述历史。贞观三年（629），唐太宗在门下省设置史馆，精心挑选了一批有文史才能的官员主持编纂前代史书。其中，姚思廉负责《梁书》和《陈书》，令狐德棻和岑文本负责《周书》，李百药负责《北齐书》，孔颖达和许敬宗负责《隋书》，魏徵负总责，增删修改，最后定稿。唐朝编纂的这几部史书，内容丰富，史料翔实，均有"良史"之誉。参与修史的大臣也受到了唐太宗的特别嘉奖，体现了唐太宗对历史的重视。

这一时期编修的史书集中在南北朝及隋朝，这是因为中国古代有为前朝修史的优良传统。除了南北朝分裂动乱的时代，朝廷无暇顾及外，直至近代无不迅速地为前朝修史。为什么把修史提到如此紧迫的程度呢？最重要的如下：第一，客观总结前朝教训，找到本朝的方向。前朝的失败，正是本朝要避免的覆辙，反其道而行之，则将成为本朝成功的起点。唐朝是推翻隋朝而建立的，但是，在修史问题上，唐朝并没有通过抹黑隋朝来证明自己的合法性，而是十分冷静客观地总结隋朝的历史：隋朝举全国之力开凿大运河，把关中、华北和江南三大区域紧密联系起来；创建雄伟的首都长安，修筑天下粮仓；重新修建万里长城，打败了长期欺凌中原王朝的突厥；大量裁汰朝廷到地方的行政机构，理顺国家行政体制，打造一个强大的王朝；等等。平均每年所做之事，在古代王朝里恐怕是最多的。对于隋朝的这些业绩，唐朝史官都没有隐瞒和抹杀，这样就会让人们自然想到，为什么隋朝这么强大，做了那么多事，反而灭亡得如此之快呢？由此得出的教训才是真实而有益的。第二，借鉴前朝成功的经验可以提高本朝的执政水平，不至于因为大的革命而造成新政府管理水平的倒退。从借鉴的角度来说，前朝的历史比任何时代的历史都重要。因为，前朝的失败正是本朝建立的依据，因此前朝的经验和教训对于本朝有最直接也最实际的参考价值。不客观总结前朝历史，就只能在盲人摸象中探寻重建的道路，事倍而功半。因此，唐太宗尤其重视编修《隋书》。在贞观年间编纂的史书中，《隋书》是由最具历史眼光的宰相魏徵领衔的，并亲自撰写序论的，重视程度了然可见。另外还有一部史书也是由宰相领衔编纂的，那就是由房玄龄主编的《晋书》。这又是为什么呢？因为西晋是东汉帝国灭亡之后，直到隋朝以前仅有的一个曾经统一中国的王朝。虽然统一的时间很短，但是，西晋如何结束三国的分裂，又如何尝试统一中国，将其同隋朝作比较，是非常难得的历史经验。正是出于对如何重建统一帝国的高度重视，唐太宗亲自为《晋书》写了四篇评论，分别评价了晋宣帝司马懿、晋武帝司马炎、陆机和王羲之，政治领袖和士人正好各占一半，这说明两个问题，一是唐太宗重视吸取西晋的政治教训，二是反映出唐太宗对文治的高度关心。

在评论晋武帝的时候，唐太宗指出其失误在于，"不知处广以思狭"，"居治而忘危"，"况以新集易动之基，而无久安难拔之虑"。（《晋书·武帝本纪》）西晋从东汉末年以来信仰崩溃的废墟中重建，统治者没有充分认识到统一需要相当长的时间才能巩固，安而忘危，没有长治久安的政治远见和建树，所以其统一只是昙花一现。有了这个认识，唐太宗登基之后不断提醒自己和大臣们"水能载舟，亦能覆舟"，居安思危，避免重蹈西晋的覆辙。那么，怎么做才能使国家长治久安呢？除了制度建设之外，最根本的是要实行文治，文治需要士人真心诚意的支持，因此唐太宗专门研究了陆机这位才识过人的士林领袖人物，并为他的传记写了评论。唐太宗以史为鉴，通过对历史的总结，找到唐朝的出发点，奠定了其制定国家政策的基础。

【原文】

贞观十六年，太宗谓谏议大夫①褚遂良②曰："卿知起居③，比来记我行事善恶？"遂良曰："史官之设，君举必书。善既必书，过亦无隐。"太宗曰："朕今勤行三事，亦望史官不书吾恶。一则鉴前代败事，以为元龟④；二则进用善人，共成政道；三则斥弃群小，不听谗言。吾能守之，终不转也。"（《贞观政要·杜谗佞》）

【注释】

① 谏议大夫：秦置谏大夫，掌论议，无常员，属郎中令。汉武帝因置，秩比六百石。东汉光武帝置谏议大夫十三员，顾问应对，议论时政。曹魏因之，后晋及南朝宋、齐、梁、陈并省。至后魏始复置之，正第四品。北齐集书省置谏议大夫七人，从第四品下。后周地官府置保氏下大夫一人，掌规谏天子，盖当谏议大夫之任。至隋朝，于门下省置谏议大夫七人，从第四品下。唐朝改置四人，正五品上，掌侍从赞相，规谏讽谕。龙朔二年（662）改称正谏大夫，神龙元年（705）复旧。

② 褚遂良：字登善，杭州钱唐（今浙江杭州）人。唐弘文馆学士、散骑常侍褚亮之子。大业末年，随父在陇右，薛举署为通事舍人。薛举败后归唐，授秦州都督府铠曹参军。因精通文史、善书法为唐太宗所重。贞观十年（636），自秘书郎迁起居郎。贞观十五年（641），迁谏议大夫，兼知起居事。贞观十八年（644），拜黄门侍郎，参议朝政，累迁中书令。贞观二十三年（649），唐太宗崩，与长孙无忌同受顾托。高宗即位后进封河南郡公。永徽三年（652），拜吏部尚书、同中书门下三品，监修国史，加光禄大夫，又兼太子宾客。次年，迁尚书右仆射，参知政事，达到政治生涯的巅峰。永徽六年（655），因反对高宗废王皇后立武则天而被贬，左迁潭州都督。显庆二年（657），转桂州都督。又贬为爱州刺史。次年卒，年六十三。显庆五年（660），受长孙无忌案牵连被追削官爵，子孙配流爱州。神龙政变后，制复爵

位，追赠尚书右仆射，谥"文忠"。

③ 起居：日常生活作息，此处指记录皇帝言行的起居注。两汉时期由宫内编纂，魏晋以后设著作郎、起居郎、起居舍人等职，掌侍从皇帝，记录其言行。凡帝王祭祀、坐朝、赦宥、礼乐、赏罚、宴享等，均按日记载，是编修国史的重要材料。

④ 元龟：即大龟，古代用于占卜之物。因古时卜史不分，又引申为史书、可资借鉴的往事之意。

【译文】

贞观十六年（642），唐太宗问谏议大夫褚遂良："你掌管起居注，是不是我一直以来做的好事坏事都有记？"褚遂良说："朝廷设置史官的目的就是记录君主的一举一动。君主做的好事一定会被记下，做的错事也不会讳隐。"唐太宗说："我现在努力做三件事，也希望史官没有我的恶行可写。一是总结前代败亡的教训，以为借鉴；二是选贤举能，与我共同创造善政；三是摈弃奸佞小人，不听谗言。我必能坚守这三点，矢志不渝。"

【评析】

中华民族是一个十分重视积累历史知识、总结历史经验的民族。要了解历史，首先要尊重历史，因此我国古代不仅很早就出现了专掌记言记事的史官，而且形成了"秉笔直书"的修史传统。早在春秋时期，就有史官不畏强御、善恶必书的事迹流传。春秋时期，晋灵公为政暴虐，执政大臣赵盾向他进谏，他反而要杀掉赵盾。赵盾不得已出逃，还没逃出国境，赵盾的家人赵穿就杀掉了晋灵公，赵盾又被迎回来辅政。晋国太史董狐在史书上写"赵盾弑其君"，说是赵盾杀了晋灵公，赵盾大喊冤枉，而董狐回答说："你作为执政大臣，虽然逃亡但并未出境，回到朝廷之后也不讨伐反贼，你不是主谋，谁是？"赵盾无可辩驳，只好任其书写。孔子因此称赞董狐"古之良史也，书法不隐"。同样是在春秋时期，齐国的大臣崔杼杀了国君齐庄公，齐国的太史如实书写了此事，崔杼大怒，将太史处死。太史的两个弟弟又接替太史的职责，仍直书崔杼弑君，也被杀掉。而太史的第三个弟弟还是这么写，崔杼被这个史官世家的执着气节所震慑，最终放过了他。另一位史官南史听闻太史家的人都惨遭杀害，也拿着竹简入京，表明接替他们直书此事的决心，听说太史的第三位弟弟已经完成了这个使命方才回去。董狐与齐太史等人的高洁史德为后世史家所传颂、景仰以及效仿，"直笔"被视为史官应遵守的职业道德。

秦朝建立后，秦始皇建立了严格的皇帝制度，将皇帝独尊的地位从言行举止的方方面面确立下来。至汉武帝在位时，他采纳董仲舒的新儒学，建立"天"的最高权威，以皇帝为天子，将君权与神权相结合，进一步巩固了皇帝权力的合法性、正义性，树立起皇帝的高度政治权威。在这一思想下，能约束皇帝的只有虚无缥缈的"天意"。好在我国自古以来有修史的优秀传统，汉朝时有宫内人员记录皇帝每日言行并编成起居注，据说最早的起居注就是汉武帝时的《禁中起居注》。魏晋以后，正式设立起居令、起居郎、起居舍人等官职负责编纂起居注，此后历朝相沿。起居注虽不示人，但会作为编纂国史的基本材料。这一制度使得唯我独尊的皇帝除了"天"之外还有历史，还有后世的悠悠之口可敬畏。史官的秉笔直书由此具有了限制皇权、惩恶劝善的重要意义。唐太宗问掌管起居注的褚遂良，是否君主行事善恶都会记录，褚遂良给予了肯定答复。唐太宗立刻表明坚持施行善政的决心，目的是让史官没有他的恶行可写，足见史官的笔是对皇权很好的监督。

当然，有些皇帝会想篡改历史记录，自我粉饰，也确实有人这么做过，以致今日有不少人怀疑古史的真实性。对于历史有一颗辩证的心肯定没错，但是也犯不着怀疑一切，甚至认为正史的记载全都是假的。千百年来，考古和各种传说记载、古代文书简牍，乃至海外留存的记录，更多证明的是中国古代史书记载的正确性。真正的历史是难以篡改的，正如魏徵对唐太宗说的那样，皇帝作为四海之尊，被捧得那么高，反而变得更加透亮，就像太阳和月亮，高悬天空，有一点黑点或者缺失，大家都看得清清楚楚。地位越高，越难以有隐私。很多人想着捞取更多的好处，希望爬得越高越好，却没想过爬到高处自己的品行和才能就全都会暴露出来，是非功过，众人皆知。所以，历史在这个意义上是由老百姓编写的，口口相传，有如碑刻。敬畏历史，说到底是敬畏人民。

以人为鉴

【原文】

鉴貌在乎止水;鉴己在乎哲人。能以古之哲王鉴于己之行事,则貌之妍媸①宛然在目,事之善恶自得于心。无劳司过之史,不假刍荛②之议,巍巍之功日著,赫赫之名弥远。为人君可不务乎?(《贞观政要·论公平》)

【注释】

① 媸(chī):相貌丑陋。
② 刍荛(ráo):割草打柴的人。泛指朝堂之外的草野之人。

【译文】

要照清容貌,就要让水静止下来;要看清自己,就要找古代的明君哲人来对照。如果能用古代的明哲圣王来对照自己的所作所为,那么容貌的美丑将历历可见,行事的善恶自然心知肚明。既不用劳烦史官记录过错,也不必去听百姓的议论,巍巍功勋日益显著,赫赫声名渐传渐远。身为人君岂能不这么做?

【评析】

以上段落选自魏徵给唐太宗的上书，倡议唐太宗以古代明哲圣王为镜子，反思自我，改过勉功。魏徵所举出的榜样主要有唐尧和虞舜二帝，以及夏禹、商汤和周文王三王，也就是唐人常说的"二帝三王"。

中国古代的文化和政治传统，主要来源于西周。因为流传到后世的典籍，是经过孔子整理的。孔子是一位非常聪明的思想家，他为了给自己的学说增加权威性，就给人们塑造了一个古代的黄金时代，盛赞从尧、舜、禹到周文王、周公的时代是如何优越、政治清明、民主自由、人民富裕、文化昌盛、宛如天堂。孔子把这个时期作为中国历史的开端，让后来的政治领袖乃至全体人民都向往这个黄金时代，齐心协力去复兴盛世，给了所有的人一个伟大的追求目标。

孔子的聪明在于他的榜样不是未来的，而是过去已经出现过的。因为如果是未来的，有人就会说是编造的，虚无缥缈。如果是过去已经出现过的，那就会给人们极大的信心和鼓舞，相信既然前人做到了，我们有什么理由做不到呢？历史是已经得到验证的事实，借鉴历史最有说服力，也会给后人最大的启迪与智慧。现在有些人成天骂孔子向后看，厚古薄今，实际上是他没有明白孔子的良苦用心，缺乏历史的智慧。

儒家主张的是精英政治，从君主到官吏都应该是人杰，在政治的金字塔中，越往高处升，就必须具备更高的道德和修养，否则"德不配位，必有灾殃"。因此君主必须也是道德的楷模。在孔子眼里，盛世首先是圣人当政、以人为本、文化涵育的时代。因此，走向盛世的关键，首先是领导人必须先把自己锻炼成贤哲，成为万民的表率。"二帝三王"就是公认的榜样，是对每一位立志成为明君的人的巨大激励和感召。唐太宗对此十分认同，《贞观政要》中常能看到唐太宗与臣下谈论自己学习古代圣王的感受，魏徵也时时以此勉励他，王珪曾经在品评唐太宗朝诸臣时，言魏徵"耻君不及尧舜"，可谓点评精确。

【原文】

贞观二年，太宗问魏徵曰："何谓为明君、暗君？"徵曰："君之所以明者，兼听也；其所以暗者，偏信也。《诗》曰：'先人有言，询于刍荛。'①昔尧②、舜之世，辟四门，明四目，达四聪。是以圣无不照，故共③、鲧④之徒不能塞也，静言庸违⑤不能惑也。秦二世⑥则隐藏其身，捐隔疏贱而偏信赵高⑦，及天下溃叛，不得闻也。梁武帝⑧偏信朱异⑨，而侯景⑩举兵向阙，竟不得知也。隋炀帝偏信虞世基⑪，而诸贼攻城剽邑，亦不得知也。故人君兼听纳下，则贵臣不得壅蔽，而下情必得通也。"太宗甚嘉其言。（《贞观政要·君道》）

【注释】

① 先人有言，询于刍荛：典出《诗经·大雅·板》："先民有言，询于刍荛。"意思是说，明主贤臣若有疑问可向樵夫之类的普通百姓征求意见，不耻下问。

② 尧：传说中上古时期的部落联盟首领。帝喾之子，祁姓，名放勋，原封于唐，故称陶唐氏、唐尧。年二十，代帝挚为天子，都平阳。主政期间，制定历法，授民以时，推广农耕，整顿官制，为国家的诞生奠定了重要基础。晚年禅位于舜，二十八年后崩，谥号"尧"。

③ 共：即共工氏。上古时期的部落首领，与驩兜、三苗、鲧合称四罪，在后世神话中被尊为水神，留下了"怒触不周山"等传说。

④ 鲧（gǔn）：上古时期的部落首领。姒姓，为颛顼五世孙，大禹之父。居于崇，号有崇氏，又称崇伯鲧。尧时洪水泛滥，四岳举荐鲧治水，鲧采用筑堤堵水之法，九年不成，被舜诛杀于羽山。

⑤ 静言庸违：语言善巧而行动乖违，亦言口是行非。典出《尚书·尧典》："静言庸违，象恭滔天。"

⑥ 秦二世：秦朝第二代皇帝。嬴姓，赵氏，名胡亥。公元前211年，秦始皇东巡途中崩于沙丘，胡亥在李斯和赵高的帮助下秘不发丧，逼死兄长公子扶苏，自己登上帝位，是为二世皇帝。然胡亥并无政治能

力，在位期间实权被赵高掌握，坚持秦始皇的苛酷政治，最终激起全国范围内的起义，秦朝随之灭亡。前207年，胡亥被赵高的心腹阎乐逼迫自杀，时年二十四岁。

⑦赵高：中国历史上著名的权宦。秦始皇时任中车府令，兼行符玺令事，因精通法律，被秦始皇任命为胡亥的老师，深受胡亥信任。秦始皇死后，赵高与丞相李斯合谋伪造诏书，逼秦始皇长子扶苏和大将蒙恬自杀，另立秦始皇幼子胡亥为帝，并自任郎中令。随后又设计害死李斯，自为丞相。任职期间独揽大权，结党营私。公元前207年，他命心腹阎乐逼迫胡亥自杀，立子婴为秦王。随后被子婴设计杀掉，夷三族。

⑧梁武帝：即萧衍，南朝梁开国君主。字叔达，小字练儿，为汉丞相萧何后裔。父亲萧顺之是南朝齐高帝萧道成族弟，以佐命功封临湘县侯，历官侍中、卫尉、太子詹事、领军将军、丹阳尹，赠镇北将军。萧衍起家巴陵王萧子伦府的法曹行参军，迁卫将军王俭东阁祭酒。因博学多才，与沈约、王融等七人并游竟陵王萧子良门下，号"竟陵八友"。齐武帝萧赜去世后，萧衍支持齐明帝萧鸾上位，累迁黄门侍郎、太子中庶子、雍州刺史。齐明帝萧鸾在位仅五年即病逝，其子东昏侯萧宝卷即位，为政残暴不仁，社会矛盾激化。永元二年（500），萧衍因兄长萧懿被萧宝卷所害而起兵，拥立南康王萧宝融上位，即齐和帝。萧衍因定策功拜大司马、都督中外诸军事，并获得剑履上殿、入朝不趋、赞拜不名及开府特权，随后于中兴二年（502）四月接受禅让，正式建立梁朝，改元天监。梁武帝在位初期，废除东昏侯苛政，选贤举能，励精图治，取得了突出的政绩，为南朝争取了和平发展的宝贵机会，但后期怠于政事，放纵宗室、佞奉佛教，又不顾群臣反对，纳降侯景，引发侯景之乱，给南朝带来了极为严重的灾难。太清三年（549）五月，梁武帝被侯景饿死于台城皇宫净居殿，享年八十六岁。同年十一月，葬于修陵，谥"武帝"，庙号"高祖"。

⑨朱异：字彦和，吴郡钱唐（今浙江杭州）人。齐江夏王参军朱巽之

子。博涉文史，兼通杂艺，二十一岁即被特擢为扬州议曹从事史。随后入直中书省，兼太学博士。累迁鸿胪卿，太子右卫率，加散骑常侍，掌机密，出纳帝命。又历迁右卫将军、左卫将军、中领军，加侍中，恩宠过人。至侯景归降，朱异揣摩帝心劝梁武帝同意纳降，后又劝梁武帝与东魏和谈，最终逼反侯景。太清二年（548），侯景以朱异贪财受贿、欺罔视听为由，起兵包围建康台城，朱异恐愤交加，发病卒，时年六十七。朱异死后梁武帝仍悼惜不已，破例赠"尚书右仆射"。

⑩ 侯景：字万景，朔州（今山西朔州）人。少时因骁勇有力被选为北镇戍兵。后得尔朱荣赏识，破葛荣，以功擢为定州刺史、大行台，封濮阳郡公。高欢破尔朱荣后，侯景转投高欢，为司徒、南道行台，拥众十万，专制河南。至高欢崩，侯景担心不为高澄所容，于太清元年（547）南投梁朝。梁武帝一面接纳侯景投降，一面却与东魏和谈，最终侯景在恐愤之下，以诛梁武帝宠臣朱异为名起兵反梁，攻破建康，饿死梁武帝。随后立太子萧纲为帝，自封为大都督。梁大宝二年（551），侯景废萧纲，再立豫章王萧栋为帝，改元天正。同年，再命萧栋禅让，自己登基为帝，国号汉，改元太始。然次年即被陈霸先、王僧辩联军击败，为部下所杀。

⑪ 虞世基：字懋世，会稽余姚（今浙江慈溪）人，陈太子中庶子虞荔之子。少有高才，释褐建安王法曹参军事，累迁散骑常侍、尚书左丞。陈灭后归隋，为通直郎，直内史省，寻拜内史舍人。隋炀帝即位后宠遇日隆，迁内史侍郎，专典机密，参掌朝政。又因从征高句丽进位金紫光禄大夫。为官谄媚，至群雄并起，仍不敢以叛乱实情告隋炀帝，最终于大业十四年（618），与隋炀帝一起被宇文化及杀害。

【译文】

贞观二年（628），唐太宗问魏徵："什么样的君主是圣明的君主？什么样的君主叫庸暗的君主？"魏徵回答说："君主之所以圣明，在于同时听取各方意见；其之所以庸暗，则是因为偏信某一方。《诗经》有言：'古人曾说过，要咨询割草打柴之人的意见。'过去尧、舜在位时期，广开四方之门，明察四方之事，远闻四方之言。因此圣明的他们无所不知，共工、鲧这种奸人不能蒙蔽他们的视听，花言巧语、阳奉阴违的小人也不能迷惑他们。秦二世高居深宫，远离百姓，偏信赵高，以至于天下分崩离析，他都没听到消息。梁武帝偏信朱异，到侯景兴兵作乱围攻都城时，他竟然还不知道。隋炀帝偏信虞世基，到群盗并起、攻城略地的时候，他也浑然不知。因此，为人君主应当兼听广纳，如此则贵臣不能蒙蔽欺上，而下情必能上达天听。"唐太宗十分认可他的话。

【评析】

立志做一个"明君"并不是容易的事情，唐太宗也因此而焦虑，魏徵给了他一个简捷有效的办法，那就是广开言路，使得下情通达于上，不至于被蒙蔽。开舆论监督之门，行民主执政之道，是成为明君的必要条件。而要真正做到广开言路，兼听则明，就要敢于让人说话，任人针砭时弊，甚至不留情面地说到痛处。这种胸怀和雅量，本身是非常不容易的修炼。在这方面，唐太宗确实堪称模范。

历史的教科书里面，都盛赞唐太宗善于纳谏。这个说法至少是不准确的，为什么呢？翻开《贞观政要》，与进谏相关的两篇，分别名为《求谏》《纳谏》，其中《求谏》在前，《纳谏》在后。"求"这个字非常重要，是主动征求，而"纳"则是被动接受，唐太宗的开明不仅是被动地接受不同的意见，而在于他深知宝贵的治国建议不是你高高在上就有人主动献上来的。相反，作为皇帝，应该主动去寻求治国的建议和不同的意见，尤其是批评。为了最大限度地听取不同的意见，唐太宗可谓是费尽心血，他做了很多工作，以保证官员进谏没有后顾之忧。

第一，激励进谏。唐太宗善于抓住机会，督促大臣进谏。有一次，他让大臣们推荐人才，御史大夫杜淹推荐一位名叫邸怀道的官员，理由是隋炀帝巡幸江都的时候，召集百官询问意见，百官都唯唯诺诺，只有邸怀道一个人坚持说不妥,可见他敢于讲真话。唐太宗马上问杜淹:"你认为邸怀道做得对,那当时你为什么不劝谏呢?"杜淹回答说:"我当时位微言轻,又知道说了没用,白白送死,徒劳无益。"唐太宗便追问道:"如果你知道隋炀帝不可劝谏,你为什么还要当隋朝的官呢?既然当了隋朝的官,怎么可以不进谏?你在隋朝的时候,还可以用官小来推脱,那么,后来你在王世充手下当了大官,尊贵显赫,为什么不进谏呢?"杜淹自辩道:"我对王世充不是不进谏,而是他不听。"唐太宗说道:"王世充如果贤明,懂得纳谏,就不会灭亡。如果暴戾,拒绝谏言,你怎么能够逃得了灾祸呢?"杜淹答不上来了。于是,唐太宗对他说道:"现在你的官职可以说是很尊贵了,能够进谏了吗?"杜淹立下誓言:"我愿意以死进谏!"唐太宗十分满意,抚掌大笑。

第二,建立经常性的批评监督制度。靠人为激励,时间久了就容易松懈,或者人去政息,唐太宗非常可贵的是用制度来确保善政长期延续下去。对于朝政的批评建议,光是开言路还远远不够,很多政策实行以后才暴露出缺点来,这时候再来补救,已经造成损失了。而且,因为决策的封闭性、保密性,不参与其中,不知道其中的问题。能不能在决策的起始阶段就介入,对决策的全程以及后来实行的情况都进行监察,最大限度减少过失或者不周呢?对此,大臣王珪向唐太宗提出一条很好的建议,讨论政事时让谏官在旁侍候,随时谏诤。唐太宗听从了他的意见,下诏规定从今以后,宰相以及三品以上大官入朝商议国务,都必须带谏官随行,随时建言举正。

第三,开言路的保障。对于进谏的人来说,因言获罪是心头抹不去的阴影。要让大家敢说话,就一定要对谏诤者给予确实的保障,把政务批评同造谣污蔑严格区分开来,保护批评,让说话的人没有后顾之忧,才会把心里话说出来。唐太宗的可贵之处在于他能体谅臣下向君上进谏的风险,因而屡次表明不会因为谏言而迁怒于人。

朕历观自古人臣立忠之事,若值明主,便得尽诚规谏,至如龙逢、

比干，竟不免孥戮。为君不易，为臣极难。（《贞观政要·求谏》）

朕今志在君臣上下，各尽至公，共相切磋，以成理道。公等各宜务尽忠谠，匡救朕恶，终不以直言忤意，辄相责怒。（《贞观政要·求谏》）

公等但能正词直谏，裨益政教，终不以犯颜忤旨，妄有诛责。（《贞观政要·政体》）

唐太宗保证不会因谏言动怒，不会责罚进谏者，更不会伤害他们的性命。言者无罪的好传统，从唐朝沿袭到宋朝，宋朝甚至将之上升到法律层面，规定不杀士人和言官。对于犯颜直谏者，唐太宗非但不责怪问罪，相反，还会给予嘉奖，这一时期因进谏而受到嘉奖的事例屡见不鲜。

在唐太宗的大力提倡之下，贞观时代的批评风气很盛。大家勇于坚持原则，积极开展批评，全国上下，无论大臣或者小官，内臣或者外臣，文臣或者武将，汉臣或者胡臣，贤臣乃至前朝佞臣，甚至囿于深宫中的皇后嫔妃，都能够仗义执言。魏徵、王珪、马周、褚遂良等都以忠诚正直、犯颜直谏闻名，长孙皇后、徐贤妃的事迹亦为后世传颂。这一时期的进谏，不仅限于国家决策、政治弊病，甚至深入唐太宗个人的生活隐私，小到飞鹰走狗，大到宫闱选妃，都受到臣下的监督，真正做到了兼听广纳。

【原文】

太宗威仪严肃，百僚进见者，皆失其举措。太宗知其若此，每见人奏事，必假借颜色，冀闻谏诤，知政教得失。贞观初，尝谓公卿曰："人欲自照，必须明镜；主欲知过，必藉①忠臣。主若自贤，臣不匡正，欲不危败，岂可得也？故君失其国，臣亦不能独全其家。至如隋炀帝暴虐，臣下钳口②，卒令不闻其过，遂至灭亡。虞世基等，寻③亦诛死。前事不远，公等每看事有不利于人，必须直言规谏。"（《贞观政要·求谏》）

【注释】

① 藉：同"借"。

② 钳口：闭口不言。

③ 寻：随即，不久。

【译文】

唐太宗外表威武严肃，百官觐见，都会紧张得手足无措。唐太宗知道这一点后，每次见到奏事的人，都会故意表现得和颜悦色，希望能听到谏诤之言，以知晓自己治国理政、教化百姓的得失。贞观初年，唐太宗曾经对公卿大臣说："人想要照见自己的样子，必须要有清晰的镜子；君主想要知晓自己的过错，必须借助忠臣的谏言。君主如果自以为圣明，臣下也不纠正他，怎么能不败亡呢？如此一来，君主失掉国家，臣下也不能独自保全家族。就像隋炀帝残暴酷虐，臣下闭口不言，最终导致隋炀帝听不到自己的过错，以至于灭亡。虞世基等宠臣也随之被诛杀。这个前车之鉴尚未过去多久，你们每当看到不利于百姓的做法，务必直言进谏规劝我。"

【评析】

官场最讲究的是秩序和服从，从来都是唯上级马首是瞻，察言观色，学习和领会上级的意旨。要让部下敢于在上级面前说真话，不是一件容易的事。大家的官位都来之不易，本来当得好好的，有时就因为多说两句话触犯了领导，从此前程黯淡，甚至还有身家性命之忧。那又是何苦呢？唐太宗为了让臣下放弃这种包袱，除了像上文说的保障他们不因言获罪之外，还抑制自己，放下架子，努力营造让人能畅所欲言的良性环境。

如本段所说，唐太宗长得非常威猛，虎背熊腰，英武逼人，史书记载连瓦岗军首领李密这种号令三军的统帅见到唐太宗都心里暗惊，更不用说一般人了。许多人在唐太宗面前，完全被他的气势给震慑住了，话都说不出来。唐太宗就发现很多来向他汇报工作的官员经常结结巴巴，汗流浃背，甚至语无伦次。由此他想到，连正常的汇报尚且如此，如果要批评朝廷政策，甚至批评皇帝本人，岂不是更加畏惧？为此，他在坐朝的时候，时刻注意自己的神色，尽量和颜悦色，特别是大臣奏事的时候，更是和蔼，耐心倾听不同意见和对自己的劝谏，即使不合心意，也尽量对进谏者予以鼓励和嘉奖。让一位打天下的皇帝为了倾听下属意见而自我抑制，甚至给部下赔笑脸，这是许多皇帝做不到的事情。唐太宗不仅做到了，而且做得很好。他作为一位典型的军人，能和文士相处得如此融洽，诀窍就在于不耻下问，以礼待人。

唐太宗为了鼓励臣下畅所欲言，还努力抑制自己发表意见的冲动。唐太宗天资聪颖，又经历过打天下的大风大浪，再加上当皇帝之后，二十多年手不释卷，刻苦读书，自然见识过人。因此，听到大臣奏事的时候，自然会发表自己的看法，希望同大臣讨论。但是，他恐怕没有想到，在中国古代，皇上一言九鼎，谁敢随便和皇上讨论事情呢？有一次，唐太宗对大臣们说：我想知道自己的缺点，请大家说说我的过失。长孙无忌、李勣这些朝廷最高级别的官员都说皇上英明，天下太平，没有错误。而黄门侍郎刘洎却不附和，他直言道："陛下功高盖世，确实如长孙无忌他们所说。但是这段时间有臣下上书，不符合圣意的，陛下会当面辩驳，上书的人无不感到羞惭而退下，这不是鼓励大家直言进谏的做法。"刘洎的批评直截了当，唐太宗虚心接受，并当场表示："此言是也，当为卿改之。"（《贞观政要·纳谏》）

唐太宗学识渊博，性情直爽，或许他并非存心卖弄，只是单纯觉得臣下说得不对，想和臣下辩论。但是他没有想到，除了如魏徵一般的少数人有坚持己见、不惧逆鳞的勇气，一般的臣子只会看皇帝的脸色行事，皇帝一反驳，他们就战战兢兢，噤口不言了。唐太宗认识到这一点后，便时刻提醒自己多听少说。但还有一点他不明白，为什么孔子的高足曾子要说"以能问于不能，以多问于寡"（《论语·泰伯》）？知识多的人为何要向知识少的人请教？于是，唐太宗向著名学者孔颖达询问这个问题。孔颖达告诉他，帝王的聪慧应当内敛，外表不要张扬，自己虽然懂得多，但不能以此自傲，看不起见识不如自己的人。如果帝王恃才傲物，饰非拒谏，臣下唯恐犯错，就不敢跟你多说，下情不能上达，就容易酿成大祸。唐太宗深以为然。他不但自己身体力行，虚己求谏，还想带着整个官僚队伍一起行动。他曾经告诫宰相房玄龄说，我日夜希望你们能毫无顾虑地直言进谏，你们也需要接纳其他人的谏言，如果你们不能接受他人进谏，又怎么能向人进谏呢？"贞观之治"之所以如此成功，就在于执政的君臣团队始终怀着谦虚敬畏之心，勇于接受批评，形成了开放而民主的政治风气，以至于后人常常把纳谏作为这个时代的重要特点，唐太宗本人以人为镜、兼听广纳的形象也被后世传颂。

精简官吏，务在得人

【原文】

贞观元年，太宗谓房玄龄等曰："致理之本，惟在于审。量才授职，务省官员。故《书》称：'任官惟贤才。'①又云：'官不必备，惟其人。'②若得其善者，虽少亦足矣。其不善者，纵多亦奚为？古人亦以官不得其才，比于画地作饼，不可食也。③《诗》曰：'谋夫孔多，是用不就。'④又孔子曰：'官事不摄，焉得俭？'⑤且'千羊之皮，不如一狐之腋。'⑥此皆载在经典，不能具道。当须更并省官员，各当所任，则无为而理矣。卿宜详思此理，量定庶官员位。"玄龄等由是所置文武总六百四十员。太宗从之，因谓玄龄曰："自此倘有乐工杂类，假使术逾侪辈者，只可特赐钱帛以赏其能，必不可超授官爵，与夫朝臣君子比肩而立、同坐而食，遣诸衣冠以为耻累。"（《贞观政要·论择官》）

【注释】

① 任官惟贤才：典出《尚书·咸有一德》："任官惟贤材，左右惟其人。"意思是任用官吏一定要找贤能多才之人，左右辅政大臣更要德才兼备。

② 官不必备，惟其人：典出《尚书·周官》："官不必备，惟其人。"意

思是官员配置不一定要齐备，但一定要任用恰当的人。

③ 画地作饼，不可食也：典出《三国志·魏书·卢毓传》所载魏明帝诏书："选举莫取有名，名如画地作饼，不可啖也。"后引申出"画饼充饥"一词，比喻徒有虚名而无实用。

④ 谋夫孔多，是用不就：典出《诗经·小旻》："谋夫孔多，是用不集（亦作"就"）。"意思是出谋划策的人确实很多，就是没有有用的意见。

⑤ 官事不摄，焉得俭：典出《论语·八佾》："或曰：'管仲俭乎？'曰：'管氏有三归，官事不摄，焉得俭？'"意思是说，有人问："管仲节俭吗？"孔子说："管仲家有三归之台，家臣职务各不相兼，怎么能称得上节俭呢？"

⑥ 千羊之皮，不如一狐之腋：典出《史记·商君列传》："千羊之皮，不如一狐之腋。千人之诺诺，不如一士之谔谔。"意思是一千张羊皮不如一只狐狸腋下的皮毛，一千个人附和不如一位君子直言。

【译文】

贞观元年（627），唐太宗对房玄龄等说："治理国家的根本在于审察官吏。要根据其人才能大小授予适当的官职，务必精简员数。因此《尚书》中说：'委任官员务求德才兼备。'又说：'官不在多，而在得人。'如果选用的是好官，即使人数少也足够用。如果用的是昏官，纵然人再多又有什么用呢？古人也将选官不得人比作在地上画饼，中看不中吃。《诗经》有言：'出谋划策的人很多，却没什么有用的意见。'孔子也曾说过：'官员职务各不相兼，怎么能称得上节俭？'也有人说：'一千张羊皮不如一领狐腋。'这些记载在经书典籍中的名言，数不胜数。现在朝廷应当精简官员，令他们各司其职，这样国家就能无为而治了。你们要好好思量这个道理，拟定大小官员的员额。"房玄龄等于是拟设文武官员共六百四十员。唐太宗听从了他的意见，并对房玄龄说："自今之后，如果有在音乐、杂技等方面技艺超过一般人的，只能额外赐予他钱币布帛以奖赏他的才能，一定不能破例授予官爵，令之与朝中的大臣、士子并肩而站、同桌而食，以致各位士大夫引以为耻。"

【评析】

国家的大政方针确定之后,大家想到的是要将它转化为一个个具体的政策,加紧贯彻落实。实际上,在此之前还有一件更加重要的事情,那就是要组织起一支认同治国理念、怀有理想和情操、真心实意推进国家政策实施的坚强有力的官员队伍。中国历史上多次改革都不成功,其中一个非常重要的教训,就是用旧官僚来推行新政,旧官僚是通过利益关系形成的团体,他们不见得认同革新思想,往往把利国利民的改革扭曲为庸俗的利益关系,甚至借改革营私,让整个国家治理荒腔走板。所以,国家大政方针确定之后,当务之急是官吏队伍的建设,必须用新的思想和信念来教导、凝聚官员,这件事情关乎治国成败,唐太宗充分认识到其重要性,因而在选任官员方面投入最大的心血。

唐太宗所奉行的执政理念是君臣一体,君为首脑,臣为股肱,君主治国不能事必躬亲,因为再英明的君主也不可能面面俱到,而且一个杰出的领导者不应该整日沉湎于具体事物之中,而应该从琐碎的政务中抽离出来,高屋建瓴地把握国家前进的大方向。君主能敏锐地发现人才,提拔人才,把各色人才推到治国理政的第一线,令他们各尽其才,才是可持续的治国之道。唐太宗曾经留心观察宰相房玄龄和杜如晦的日常工作,很快就发现问题。于是对他们两人发出指示,说道:你们两人当宰相,应该为我分担忧劳,广开耳目,求访贤哲。听说你们成天忙于听取汇报,审理公务,一天批公文数百件。这么繁忙,看公文都来不及,怎么能够帮助我求贤呢?从这件事情中唐太宗发现了问题,立下新的规矩,负责国家行政工作的尚书省,日常事务交给副官左右丞去处理,只有重大事务以及有冤情的和难以推动的大事,才由宰相亲自处理。唐太宗要的是让宰相从繁杂的日常事务中解脱出来,以发现和提拔人才为第一要务,难怪贞观时代号称人才的黄金时代,济济多士,得人之盛。

唐太宗曾对魏徵说道:"用得正人,为善者皆劝;误用恶人,不善者竞进。"(《贞观政要·论择官》)就是说选拔官员一定要慎之又慎,因为君主每做一件事、说一句话都被天下人看着。朝廷用一个好官,能造福一方；用一个坏人，则会糟蹋一锅粥。官员的形象直接代表了政府的形象，并极大影响着社会风气的走向。因此在组建中央朝廷时，唐太宗特意指示房玄龄，选官不在员多，而在得人，要百里挑一，个个顶用才行。根据唐太宗的指示，房玄龄对中央朝廷的机构和官员进行精简裁并，总共只留下文武官员643人。唐初全国人口虽少，但也有两千万到三千万人，而朝官只有643人，朝官和总人口的比例之低，在历史上非常少见。然而，贞观时代朝廷办事的效率之高，也是历史上少有的。

另外，唐太宗对这些精心选择的官员给予充分的尊重。不仅自己平日对他们礼遇有加，还特意嘱咐房玄龄，对于出色的伎工乐人，只能赏财物而不能给官职，不能让他们与朝臣平起平坐，避免朝臣以此为耻。这种周到的礼遇不仅使得人人以参列朝堂为荣，也令朝臣们抱着"士为知己者死"的义气，真正为国家发展献策献力。太宗时期的重臣李勣，早年投身瓦岗军，后随李密降唐，历仕高祖、太宗、高宗三朝，一生侍奉数主，他在死前特意嘱咐弟弟，自己的丧礼从简，不用金玉，着常服下葬即可，但要在棺中放一套朝服，到了黄泉好穿着去见唐太宗。这等厚重的君臣恩义，实在令人感动。

提高官吏的文化素养

【原文】

贞观二年,太宗问王珪①曰:"近代②君臣理国,多劣于前古,何也?"对曰:"古之帝王为政,皆志尚清静,以百姓心为心。近代则惟损百姓以适其欲,所以任用大臣,复非经术之士。汉家宰相,无不精通一经,朝廷若有疑事,皆引经史决定,由是人识礼教,理致太平。近代重武轻儒,或参以法律,儒行既亏,淳风大坏。"太宗深然其言,自此百官中有学业优长、兼识政体者,多进其阶品,累加迁擢焉。(《贞观政要·政体》)

【注释】

① 王珪:字叔玠,太原祁(今山西祁县,《新唐书》记为陕西郿县)人。南朝梁太尉、尚书令王僧辩之孙。开皇末,为奉礼郎,后坐汉王杨谅谋反而亡命于南山十余年。唐高祖入关,引为世子府咨议参军,寻除太子中舍人,转中允。武德七年(624),庆州刺史杨文干兵变,王珪受牵连流放巂州。玄武门之变后,唐太宗将其召回,拜谏议大夫。因直言进谏深得唐太宗信重,累迁黄门侍郎、侍中、礼部尚书。贞观十三年(639)病卒,年六十九,赠吏部尚书,谥曰"懿"。

② 近代:指过去不远的时代,并非今日历史分期中的近代。

【译文】

贞观二年（628），唐太宗问王珪："近代的君主和大臣治理国家，大多不如古代，这是为什么？"王珪回答说："古代帝王理政都崇尚清静无为，以百姓的想法为自己的想法。近代君主都是损害百姓的利益来满足自己的欲望，所任用的大臣也不是擅长经学的士人。汉代的宰相没有一位不精通至少一部经典，朝廷如果有决定不了的事情，都引用经典史籍来下决定，由此人人知晓礼仪教化，国家就可以达到太平盛世。近代重视军功武艺，轻视儒学，又夹杂着法家作风。儒家的道德准则一旦欠缺，敦厚淳朴的风俗自然会遭到严重破坏。"唐太宗十分认同他的话，自此以后，百官中有擅长儒学、经业优异且通达政事大体的人，大都晋升其阶品，屡次予以拔擢。

【评析】

自汉朝崩溃之后，数百年间政权迭起，然而都未能统治好国家，唐太宗就此问题请教王珪。王珪认为，治乱的分水岭有三：第一，是以百姓之心为心，还是损害百姓以满足私欲；第二，是任用有文化的官员，实行文治，还是重武轻文，以权术治国；第三，盛世必定依赖于道德水平的极大提高。如果淳朴善良之风被破坏，物欲横流，想要天下大治，不啻南辕北辙。即要求唐太宗克制自我，清静无为，不要动辄劳役百姓。同时任用儒家文化精英，以儒家经典的治世道为处理政务的依据，在全社会构建崇尚文化、崇尚道德的良好社会风气。

儒家所讲的文化精英，指的不是知识渊博的人，而是把学习到的道德礼教身体力行的品行高洁的人，这种人才配当官。从这个意义上说，文化精英首先是道德楷模。所谓"修身齐家治国平天下"，最关键的第一步是"修身"。道德如果不用来自律而专门用来律人，那就是伪善。

为什么要重用道德楷模的精英来治国呢？因为儒家通过长期的社会实践，已经认识到光靠行政命令和刑罚等强制性手段是不能治理好国家的。孔子《论语·为政》有言："道之以政，齐之以刑，民免而无耻。道之以德，齐之以礼，有耻且格。"意思是，用行政禁令和刑罚去管理社会,其结果是老百姓懂得不触犯刑律,避免刑罚,却变得不知羞耻。如果用道德和礼义去管理,则老百姓知耻而自律。从人心入手,崇尚道德,整个社会因为有文化教养而礼让顺美,这是治本。只懂得用高压和刑罚去制止犯罪,那只是治标,民众虽然表面服从,内心却想着怎么钻空子,会越变越无耻。

对于文德治国,唐人有着切身的体会,因为在他们前面的几个世纪,每个王朝总是倚仗武力,实行高压统治,结果社会道德沦丧,政权像走马灯似的转换,这是什么道理呢?唐朝史官在总结隋朝教训时指出:因为摧残文化,把书籍束之高阁,或者付之一炬,听不到朗诵《诗经》《尚书》的声音,结果人人怀着争夺之心,相互构陷于不义。所以说,有文化的政权将兴盛,没有文化的政权将衰落。文化是盛衰的关键,是国家兴亡所系。(《隋书·儒林传序》)唐朝之前,多少次的文化大扫荡,每一次不仅没有促进社会的进步,而且把民生推入黑暗的深渊。然而,这样的惨剧却一再重复,后来者能不深思吗?

对于王珪的分析,唐太宗非常赞同,他以军人雷厉风行的作风将这种理念落实为国家政策。从此以后,百官中学业优秀而且懂得治国道理的人获得晋升,唐太宗提拔了大批精英,从人才选拔和培养上建设了一支具有国家和民族责任心与使命感、德才兼备、人文素养出众的官吏队伍,依靠他们贯彻落实"以文德治国"的国策。

以分权体现民主
——政治制度建设

【题旨】

在中国的历史上,唐朝之所以备受瞩目,一个很重要的原因在于它拥有一整套先进的制度体系,这套制度体系最突出的先进性就在于,在古代专制体制下,以分散权力的方式贯彻良治理念,最大限度地保证科学决策的运行。

唐朝以分权体现民主的政治理念是自上而下、一以贯之的。中国历史上一直存在君权与相权的矛盾与斗争,当相权崇重威胁君权时,皇帝往往会采用以近侍内臣代替外朝大臣掌管机要的方式,使权力向皇帝个人集中。而在中国古代君主专制体制下,朝臣却没有有效的手段来遏制君权的扩张,因而斗争的结果往往是君权强化而相权式微,国家制度因皇帝个人喜好而遭到破坏。而唐太宗的可贵之处在于他主动遏制个人的权力欲,将君主个人专权让渡给朝臣集体决策,带头倡导君臣分权以保证科学决策。

为保证朝臣集体决策的科学性,唐朝继承了魏晋南北朝以来形成、隋朝确立的"三省六部制",并加以完善。三省即尚书省、中书省和门下省。尚书省负责国家行政,中书省负责制定国家最高政令和政策,门下省负责审议修订国家政令和政策。这三个省的级别相当,共同构成朝廷的中枢,向皇帝负责。尚书省下面设立吏、户、礼、兵、刑、工六个部,各司其职,掌管国家各方面政令的制定。同时,唐朝又设立了九卿等政务执行部门,负责政策的落实。这套制度不仅让决策、审议和行政权各自独立,且在国家行政中,将政策的制定与执行相分离,防止政策制定受到利益的驱动。另外,唐朝还分别在决策部门门下省和中书省设置"言官",将监督贯彻在朝廷政策制定和执行的各个环节。唐朝的这套制度使得权力分配均衡合理且在有效监督下运行,决策科学理性,而且切实可行。

唐朝不仅在中央朝廷的制度设计上贯彻分权的原则,同时注重中央和地方的分权,防止权力过度向中央集中,导致地方缺乏主观能动性和积极性,从而影响民生。为了做到这一点,唐朝首先提高了地方官的品级和待遇,用高官厚禄吸引人才在地方任职。其次采取京官外放、地方官入京的双向流转机制,提高地方的行政水平。另外,还建立了行之有效的地方巡视制度,不仅有效遏制了地方官腐败伤民,同时有利于中央与地方的信息沟通,促进国家的全面治理。

以身作则，倡导分权理念

【原文】

贞观四年，太宗问萧瑀①曰："隋文帝②何如主也？"对曰："克己复礼③，勤劳思政，每一坐朝，或至日昃④，五品以上，引坐论事，宿卫之士，传飧而食，虽性非仁明，亦是励精之主。"上曰："公知其一，未知其二。此人性至察而心不明。夫心暗则照有不通，至察则多疑于物。又欺孤儿寡妇⑤以得天下，恒恐群臣内怀不服，不肯信任百司，每事皆自决断，虽即劳神苦形，未能尽合于理。朝臣既知其意，亦不敢直言。宰相以下，惟承顺而已。朕意不然，以天下之广，海内之众，千端万绪，须合变通，皆委百司商量、宰相筹画，于事稳便，方可奏行。岂得以一日万机，独断一人之虑也。且日断十事而五条不中，中者信善，如其不中者何？以日继月，乃至累年，乖谬既多，不亡何待？岂如广任贤良，高居深视，法令严肃，谁敢为非？"因令诸司，若诏敕颁下有未稳便者，必须执奏，不得顺旨便即施行，务尽臣下之意。（《贞观政要·政体》）

【注释】

① 萧瑀：字时文，出身兰陵萧氏，南朝梁明帝萧岿第七子。年九岁，封新安郡王。因姐姐为隋晋王妃而随之入长安。隋炀帝入东宫，授太子

右千牛，及践祚，迁尚衣奉御，检校左翊卫鹰扬郎将。累加银青光禄大夫、内史侍郎。后因直言忤旨，为隋炀帝所疏远，累贬河池郡守。高祖入关后，以郡归国，授光禄大夫，封宋国公，拜民部尚书。武德元年（618），迁内史令，掌管机要，又拜尚书右仆射。唐太宗即位后，迁尚书左仆射。之后因心地偏狭，与房玄龄等大臣不合等原因仕途坎坷，屡次升迁贬谪。贞观二十年（646），诬奏房玄龄结党，为唐太宗所斥。随后又自请出家而食言不行，被唐太宗手诏夺爵，贬商州刺史。次年征还，授金紫光禄大夫，复封宋国公。同年因疾卒，年七十四，册赠司空、荆州都督，谥曰"贞褊公"。

② 隋文帝：隋朝开国君主。姓杨，名坚，父杨忠从周太祖宇文泰起兵，赐姓普六茹氏，位至柱国、大司空、隋国公。杨坚自幼由比丘尼抚养，年十四被京兆尹薛善辟为功曹。十五岁因父勋授散骑常侍、车骑大将军、仪同三司，封成纪县公，次年迁骠骑大将军，加开府。周武帝宇文邕即位后迁左小宫伯。出为隋州刺史，进位大将军，随后征还。天和三年（568），父亡，袭爵隋国公。建德五年（576），从周武帝平齐，进位柱国。宣政元年（578），周武帝崩，周宣帝宇文赟即位，长女杨丽华被封为皇后，以后父故晋升柱国大将军、大司马。大象二年（580）五月，周宣帝病危，郑译、刘昉矫诏引杨坚入朝总政，都督内外诸军事。大定元年（581）二月，杨坚受外孙周静帝禅让，建立隋朝，改元开皇。隋文帝在位期间，灭南朝末代王朝陈朝，统一全国；改革北周官制，建立以三省六部制为核心的中央官制；裁汰冗官，改州郡县三级地方行政区划为州县两级制；大索貌阅，重新编定国家户籍；废除苛法，命苏威等人编纂《开皇律》；等等。取得了极为显赫的政绩。但因为社会资源过度向朝廷倾斜，导致国富民贫，给隋朝埋下了覆亡的隐患。

③ 克己复礼：儒家重要的修行思想之一。典出《论语·颜渊》："颜渊问仁。子曰：'克己复礼为仁'。"即约束自己的欲望，克制自己的不良习性，使自己的行为举止符合礼的规范。

④ 日昃：太阳偏西，指地支中的未时，即今日24时制的13时至15时之间。

⑤ 孤儿寡妇：指隋文帝的外孙周静帝和隋文帝的女儿杨丽华。

【译文】

贞观四年（630），唐太宗问萧瑀："隋文帝是什么样的皇帝？"萧瑀回答说："克制自己的私欲，举止遵从礼仪，处理政事勤勤恳恳，每每坐朝至太阳西斜，五品以上的官员都被他拉着坐在一起讨论政事，负责宿卫的士兵当堂传膳而食，虽然他的天性并非仁爱圣明，但也算是励精图治的皇帝。"唐太宗说："你只知其一，不知其二。这个人性格过于精明苛察而内心却不明达。内心庸暗就不能处处明辨是非，过于苛察就很容易疑神疑鬼。而且，他的天下是欺负孤儿寡母得来的，一直害怕臣子们内心不服，不愿意信任百官，所有的事情都自己下决定，即便劳心劳力，也不能做到全部正确。朝臣们既然知道他的心思，也就不敢直言进谏。宰相之下的官员，都只是逢迎顺从他的旨意罢了。我不愿意像他那样，天下那么广阔，四海百姓众多，事情千头万绪又变化多端，把这些委托给朝廷的各个机构商议处置，宰相领头筹划，都觉得稳妥合适再奏请我来颁行。国家每天要处理的事情成千上万，怎么能根据一个人的想法乾纲独断呢？再说若一日决定十件事而五件处理得不正确，正确的那五件确实很好，不正确的那五件又该怎么办呢？如此日积月累，岁岁年年，错误越来越多，国家岂不要灭亡？不如广泛地委任贤才良臣，高居帝位，密切监视政务，严肃法纪，这样一来谁敢胡作非为？"于是，唐太宗给各机构下令，如果颁布的诏书敕令中有不稳妥不合适的，必须上奏指出，不能阿附旨意施行，务必尽到为人臣子的忠心。

【评析】

从唐朝建立以来，唐太宗就不断地从历史中学习治理国家的经验吸取教训，尤其是对于隋朝的历史，倾注了极大的心力，常有新见。当时的普遍意见是隋朝亡于隋炀帝，而唐太宗着意从更深处挖掘隋朝失败的原因，为此特意问隋炀帝曾经的妻弟宰相萧瑀如何评价被视为英主的隋文帝。萧瑀的回答基本代表了时人的一般看法。但唐太宗却不这么认为。唐太宗认为隋文帝生性多疑且不能明辨是非，又因为得位不正怕百官不服而不敢信任下属，只好万事亲力亲为，虽然看起来劳心劳力，实则执政水平低下，而朝臣为避祸一味逢迎皇帝，缺乏建设国家的主动性。整个朝廷是隋文帝的一言堂，这种君主高度集权的情况，恰恰是隋朝政治最大的弊病。

皇帝很忙，造成这种情况不外乎两种原因：一是缺乏一个有能力的精良团队；二是皇帝刚愎自用，既不信任下属，又不肯放权。相比之下，第二种情况更加致命。隋朝原本有一支坚强有力的朝廷高官队伍，如李德林、高颎、苏威等人，每一位都是难得的治国良才，然而却难以发挥应有的作用。高颎、苏威虽身居高位，却操劳于日常事务，在国家大政方针的决策上只能唯隋文帝马首是瞻。有政治远见的李德林则因为与隋文帝意见不合而遭到贬黜。大臣当小官使，皇帝当总管用，国家没有高瞻远瞩的领袖，上下深陷于繁杂事务之中，只求眼前利益，急功近利，政务乖谬，越错越厉害。领导人不任用专业官员，侵夺下属的职权，专制独裁，是隋朝灭亡的制度运作上的原因。唐太宗敏锐地看到了这一点。

皇帝日理万机，一般被歌颂为励精图治的表现。但唐太宗因为亲眼见到隋朝的失败，深刻体会到高度集权的危害性，所以，他对于皇帝事必躬亲并不以为然。皇帝高居庙堂之上，对于民间万事并不了解，却无所不管，发号施令，必定乖谬甚多。权力越大，影响也越大，皇帝一旦有错误，就会造成失之毫厘差之千里的效应。作为领导人不是越忙越显得勤政，这不足以为荣，而是要善于任用贤能一起来治理。《旧唐书·张行成传》记载：

> 太宗尝临轩谓侍臣曰："……我为人主，兼行将相之事，岂不是夺公等名？昔汉高祖得萧、曹、韩、彭，天下宁晏；舜、禹、汤、武有稷、契、伊、吕，四海乂安。此事朕并兼之。"

意思是说，我身为君主，如果亲自处理宰相和将军的事务，岂不是夺了你们这些大臣的功名？以前汉高祖刘邦得到萧何、曹参、韩信、彭越的辅佐，平定天下。舜、禹、商汤、周武王获得后稷、契、伊尹、吕望的辅佐，四海安宁。这些人才我现在都有啊！

皇帝乾纲独断，等于抢了文武将相的事情来做，绝非好皇帝，而应该像汉高祖刘邦和舜、禹、商汤和周武王那样，知人善任，令他们各司其职，皇帝只要在上头监督，在前面提点就好了。贞观时期文武名臣多如过江之鲫，与唐太宗这种高水平的政治觉悟及信任臣下的宽广胸怀有很大关系。

以制度分散权力，预防专制

【原文】

贞观元年，上谓黄门侍郎①王珪曰："中书所出诏敕，颇有意见不同，或兼错失而相正以否。元置中书、门下，本拟相防过误。人之意见，每或不同，有所是非，本为公事。或有护己之短，忌闻其失，有是有非，咸以为怨。或有苟避私隙，相惜颜面，知非正事，遂即施行。难违一官之小情，顿为万人之大弊，此实亡国之政，卿辈特须在意防也。隋日内外庶官，政以依违②而致祸乱，人多不能深思此理。当时皆谓祸不及身，面从背言，不以为患。后至大乱一起，家国俱丧，虽有脱身之人，纵不遭刑戮，皆辛苦仅免，甚为时论所贬黜。卿等须灭私徇公，坚守直道，庶③事相启沃，勿上下雷同也。"（《贞观政要·政体》）

贞观三年，上谓侍臣曰："中书、门下，机要之司。擢才而居，委任实重。诏敕如有不稳便，皆须执论。比来惟觉阿旨顺情，唯唯④苟过，遂无一言谏诤者，岂是道理？若惟署诏敕、行文书而已，人谁不堪？何烦简择，以相委付？自今诏敕疑有不稳便，须执言，无得妄有畏惧，知而寝默⑤。"（《贞观政要·政体》）

【注释】

① 黄门侍郎：官名。秦置黄门侍郎、给事黄门，掌侍从左右。汉因之，至后汉合并二官，名给事黄门侍郎。汉献帝时，与侍中各置六员，出入禁中，省尚书事；后改为侍中侍郎，寻复旧。曹魏置四人。东晋桓温奏省二人，后又复旧。晋沿置，品第五，秩六百石。南朝宋、齐因之，齐时又与侍中参典诏命，侍中称"门下"，给事黄门侍郎称"小门下"。梁时增秩二千石，品第五，后班第十，与侍中同掌侍从左右，傧相威仪。陈氏因梁。北魏初为正三品，太和末降为正四品上，阙其员。北齐置六员，品从北魏，职掌与侍中同。隋置四人，正四品上，隋炀帝减二人，去"给事"，曰黄门侍郎。唐朝因之，正四品上，为侍中之副，参议朝政。龙朔二年（662）改为东台侍郎，咸亨元年（670）复旧。光宅元年（684）改为鸾台侍郎，神龙元年（705）复旧。

② 依违：顺从或违背，不能作决断，模棱两可。

③ 庶：此处意为众多。庶事即诸事。

④ 唯唯：恭顺的应辞。

⑤ 寝默：止而不言，沉默。

【译文】

贞观元年（627），唐太宗对黄门侍郎王珪说："中书省所草拟颁布的诏书敕令，颇有不同意见，或存在错误，因此需要相互纠正。原本设置中书、门下二省，就是为了互相监督防止出现错误。人与人的意见每每有所不同，是非不一，这说到底都是为了公务。但有的人护己之短，忌讳听到批评，别人提出不同意见，就怀恨在心。有的人唯恐与他人产生嫌隙，顾及各自的脸面，明知政策有错，也照样付诸实施。因不好拒绝个别官员的私情，而酿成祸及万民的大过，这实在是亡国之政，你们需要特别小心提防。隋朝朝堂内外大小官员都顺旨施政，而酿成灾祸，导致大乱，多数人都不能深刻地认识到这层道理。当时人人都觉得祸不及自身，所以当面顺从，背后议论，全然不当回事。后来天下大乱，家与国全部沦丧，即使有脱身之人，纵然没有遭受刑戮，也是备尝艰辛，九死一生，而且受到社会舆论的谴责。所以你们一定要摈弃私欲，诚心奉公，秉持正直的原则，遇事相互批评帮助，不要上上下下一个调子。"

贞观三年（629），唐太宗对身边的侍臣说："中书、门下二省，是掌管机密要政的部门。朝廷选拔人才担任这些职位，所托付的责任实在重大。诏书敕令如果有不稳妥不恰当的，都必须指出来。而我最近发现他们只是阿附敕旨，逢迎上意，唯唯诺诺，得过且过，没有一个人直言进谏，这怎么能行呢？如果只是在诏敕上署名，传达文书，这种事谁不能做？何必还要千辛万苦地挑选官员，委以重任？从今以后，若怀疑诏敕文书有不稳妥不恰当之处，必须指出，不得胡乱畏惧，明明知道却闭口不言。"

【评析】

以民为本、以德治国不仅靠统治者的自觉，更需要变成制度，才能真正贯彻落实。因此，朝廷有必要对权力进行适当的分割，既能防止专制，又能保障效率，使政治权力稳定良好地运行。本段文字即从一个侧面体现了唐朝在制度设计上的这种优越性和政治智慧。要理解这一点，首先需要对唐朝的政治体制有所了解。

唐朝中央政务机构的核心是"三省六部"。这套制度起源于汉，在南北朝时期进一步发展，至隋文帝时正式确立下来，但是真正良性运转、发挥应有的作用和效率，则是唐太宗的贡献。

什么是"三省六部"呢？简单地说，就是在皇帝下面设立三个省，分别是尚书省、中书省和门下省。尚书省负责国家行政，中书省负责制定国家最高政令和政策，门下省负责审议、修订国家政令和政策。这三个省的级别相当，共同构成朝廷的中枢。另外，在负责国家行政的尚书省下面，设立吏、户、礼、兵、刑、工六个部，各司其职。这套制度就被称为"三省六部制"。该制度在政治运作中的特色就在于，追求体制内最大限度的民主，让决策、审议和行政权各自独立，政令与施政相分离，使得权力分配均衡合理且在有效监督下运行,做到理性决策,而且切实可行。

先说"体制内最大限度的民主,让决策、审议和行政权各自独立"。作为贯彻以德治国的国家中枢权力机构,最重要的是决策民主。在决策层面,不是由哪一个部门单独负责,而是由三个省共同进行,三省长官共同组成朝廷决策队伍。这三省是如何共同进行决策的呢?国家政策的制定,往往由负责日常行政的尚书省提出问题来,即使不是由行政部门提出的问题,由于决策后的贯彻落实由它承担,尚书省长官自然要参加决策。在古代王朝体制下,最高政令以皇帝的诏令形式颁布。中书省负责起草国家政令,其长官当然是决策者之一。最具有特色的是门下省,它是专门审议诏令的机构。国家颁布的政令,科学性和可行性十分重要。但是,每一个具体的行政部门,乃至制定政令的部门,都有其局限性,或者考虑不周,或者过于部门本位,甚至容易出现拍脑门决策的情况。国家政策一经发布,就会对社会造成很大的影响,等到具体实行以后才发现决策的失误,不得不更改甚至撤销,就造成了朝令夕改的现象,冲击国家的权威。因此,一项政策出台之前非常有必要进行严格的审议,特别是让没有具体利益瓜葛的人或者部门来审议,这对于提高决策的科学性有着莫大的好处。有鉴于此,隋唐两代设立门下省,专门负责审议中书省草拟的诏令。门下省高级官员从不同的角度提出自己的意见,根据存在问题的轻重,可能出现两种结果:一是退回中书省修改,重新起草诏令;二是完全否决。这就是门下省拥有的"封驳"权。经过反复审议修改之后形成的正式诏令,交由尚书省负责实施。让不同的部门站在不同的立场上,反复讨论修改甚至驳回重议,才最后拍板,通过决策的民主来保证政策的科学性。

再说"权力分配均衡合理且在有效监督下运行"。把朝廷的决策分成三个部分,分别由尚书、中书和门下三省来承担,它们既是草拟政令、审议和执行三个环节有机构成的协作体系,能够合理地分散权力。同时,这三省又相互制衡,从而达到有效的监督。在中央集权体制内,这个顶层设计颇具新意,它通过合理分散权力来加强民主决策,并对权力运作形成监督和制约。这种制度设计有两重目的:第一是避免重蹈前代王朝将权力集中于一人的覆辙；第二是注重决策的科学性和可行性，力求最大限度地避免国家的政策性失误。

从上述引文中可以看到，唐太宗即位之初就反复告诫大臣，国家设置中书省和门下省的制度用意，在于相互监督纠正，防止上下欺蒙，政乱国亡，因此身居中枢不可唯唯诺诺，苟且顺情，必须勇于谏诤，在政令源头避免决策失误。唐太宗对此十分用心，相同意思的话，常常挂在嘴边，在唐朝历史中留下很多记载，仅在《贞观政要·政体》这一篇中就有以上两段。

隋朝确立"三省六部制"的目的在于分散宰相的权力，以强化君权。而唐朝继承这一制度，看到的却是分散决策权力的好处。这样做可以尽量扩大制度内的民主，让不同部门相互监督，从制度上确保国家决策的民主与科学，避免政策失误和朝令夕改。

"三省六部制"的第二大优点，在于改变以往的个人施政，成为集体施政。自从秦始皇建立中央集权的专制体制以来，国家行政制度的顶端是统领百官的宰相，由他对国家行政负总责，亦即各个政府部门都接受宰相的领导，而宰相个人向皇帝负责。如果对此权力结构用简单的图来表示的话，国家权力金字塔的顶端是宰相，皇帝就像是金字塔上的避雷针，皇帝和宰相几乎是个人对个人的关系。汉武帝设立内朝，通过身边的秘书机构，直接向朝廷各个部门发号施令，要求政府部门同时向皇帝和宰相汇报，这就侵夺了相当部分的宰相权力。而隋唐的"三省六部制"在制度上规定皇帝才是金字塔的顶端，那么宰相如何重新定位呢？

第一点，宰相由行政和决策部门的最高长官共同组成，成为制度性规定的高级官吏队伍。换言之，唐朝行政部门的尚书令，以及决策部门的中书令、门下省侍中，自然成为宰相，是职务性、制度性规定的，不再是皇帝对某个人的提拔任免。第二点，宰相不再是个人，而是一个高级官吏队伍，由此构成宰相共同辅佐皇帝治理国家的政治结构。

唐朝国家制度的改革远不止于此。除了决策的民主、理性的追求之外，还要在制度上尽量保证公正。不公正的根源是权力的腐败。权力的腐败既有官员个人的腐败，也有制度的腐败，后者是人们谈论较少却危害最大的方面。制度腐败源于利益分配的不公正、不公平。为此，必须尽可能让具体的利益关系同国家政策的制定分割开来，防止国家政策的制定受到具体利益的影响，甚至被利益所驱动。唐朝是这样做的，让决策和行政分离，让政令和执行分离。这实际上就是让行政与利益相分离。

第一个分离体现在宰相制度上。宰相负责朝廷最高决策，在这个队伍里尽量降低行政部门的分量，上面已经作了介绍，不再多说。第二个分离表现在尚书省六部与九卿的关系上。

宰相队伍做出的决策，交由尚书省来落实。尚书省下设六个部，分别是吏部、户部、礼部、兵部、刑部、工部。吏部负责组织人事，从官员选拔到考核黜陟，都归它管。户部负责财政税收、户籍田地等。礼部负责礼仪、文化、教育等。兵部负责军队政令和武官选拔等。刑部负责司法、刑狱、关津等。工部负责手工业、屯田和山泽水利管理。然而，尚书省的六部并不是政策的执行部门，而是根据国家政策制定各个领域的政令的机构。也就是说，六部是掌管政令的机构。那么由谁来具体执行政令呢？那就是所谓的"九卿"。九卿设置由来已久，相传夏朝就已经设立，这些传闻不必过于当真，汉朝有九卿则是确实的，也就是有九个朝廷的政务执行部门。沿袭到唐朝，九卿分别是：

太常卿，负责礼仪、祭祀、乐律、医疾等。

光禄卿，负责宫廷膳食等。

卫尉卿，负责兵器等军需物资，以及宫内事务和日用物资等。

宗正卿，负责皇族及外戚的宗籍及管理陵寝宗庙等。

太仆卿，负责宫内车马及天下牧监等。

大理卿，负责审判案件等。

鸿胪卿，负责四方宾客使者接待交往。

司农卿，负责农业、仓储等。

太府卿，负责两京市场及物价。

以往的研究者常常以为九卿的职能和六部重复甚多，怀疑是房上架屋的机构重叠。其实，两者之间的最大区别在于六部是制定政令的发令机构，而九卿则是具体贯彻落实的执行机构。这样的朝廷机构设置并非重叠，而是为了把具体的政策制定同执行分离开来，防止政策受到利益的驱动，或者造成偏差失误，或者出现腐败。让负责决策的官员从具体利益中尽可能超脱出来，站在全局的高度，客观、公正地制定政策，这是唐朝下气力狠抓的方面。因此，在整个朝廷行政的制度设计上，出现两个层次的分权：第一个层次，在朝廷决策面（宰相集体队伍），决策部门（中书、门下省）和政务部门（尚书省）分权。第二个层次，在制定具体政策上，政令部门（尚书省六部）和执行部门（九卿）分权。两个层次的分权，目的都是为了确保朝廷决策的公正和科学。

确立言官的监察权

【原文】

贞观元年,太宗谓侍臣曰:"正主任邪臣,不能致理;正臣事邪主,亦不能致理。惟君臣相遇,有同鱼水,则海内可安。朕虽不明,幸诸公数相匡救,冀凭直言鲠议,致天下于太平。"谏议大夫王珪对曰:"臣闻木从绳则正,君从谏则圣。故古者圣主必有争臣七人①,言而不用,则相继以死。陛下开圣虑,纳刍荛,愚臣处不讳之朝,实愿罄其狂瞽②。"太宗称善。诏令自是宰相入内平章③国计,必使谏官随入,预闻政事。有所开说,必虚己纳之。(《贞观政要·求谏》)

【注释】

① 故古者圣主必有争臣七人:典出《孝经·谏诤》:"昔者天子有争臣七人,虽无道不失其天下。"郑玄注曰:"七人者,谓太师、太保、太傅、左辅、右弼、前后疑丞,维持王者,使不危殆。"此七人为辅佐君主处理政事的七位大臣。

② 狂瞽(gǔ):愚妄无知的看法。多作自谦之辞。

③ 平章:原为评论、商酌之意。唐代因三省长官位高权重,不常置,而以他官加"同中书门下平章事",以为宰相,同参国事。后引申为官名。

【译文】

贞观元年（627），唐太宗对身边的臣子说："圣明的君主任用奸佞之臣，不可能治理好国家；正直的臣子奉仕昏庸的君主，也不可能治理好国家。只有圣明的君主与正直的臣子携手共治，如鱼得水，国家才能安定。我虽然不算圣明，所幸有在座诸位匡正我的过失，希望凭借各位的直言鲠论，将天下治理得太平。"谏议大夫王珪回答道："我听说木头有标线做准绳就能锯得直，君主能听从谏言就会变得圣明。所以古代的君主身边一定会跟着七位谏诤之臣，如果良言不被采纳，就前赴后继地以死进谏。如今陛下广开言路，采纳臣民的谏言，愚钝的我能在这个无须忌讳的圣明朝代做官，真心愿意将自己的无知狂言都讲出来。"唐太宗很赞赏王珪的话。并下令从今以后，宰相入内殿讨论国家大事时，要让谏官也随之入殿，参与听政。谏官每进良言，唐太宗都会谦虚地接纳。

【评析】

虚心纳谏是唐太宗治国理政的一个重要特征和先进经验。唐太宗倡导以人为镜，兼听则明，《贞观政要》中与纳谏相关的条目甚多，可见当时君臣互动之活跃。唐太宗屡次向臣下表明纳谏的决心，为鼓励他们进谏，甚至刻意掩饰自己的表情，在面见群臣时特意表现得和颜悦色。在唐太宗的努力下，贞观时期由此形成了良好的民主政治风气。但是，要保证国家政策的科学合理，仅唐太宗本人虚心纳谏还不够，更重要的是保证政治运作中人人都能受谏，这就需要引入第三者的监督。为了达到这个目的，唐朝在制度上设置了"言官"，让他们专门对政策制定与执行提出建议和批评。

"言官"的设置早已有之。三代传闻之制暂且不说，早在春秋时期，一些诸侯国为了提高理政水平就设置了专门负责进谏的言官，如齐国的"大谏"、赵国的"司过"、楚国的"箴尹"。之后自秦置谏议大夫以来，历代在此基础上不断对言官制度加以完善。但在古代专制体制下，言官能切实发挥作用的时代并不多。在让言官切切实实发挥作用这一点上，唐太宗做得十分突出。

在制度上,唐朝分别在决策部门的门下省和中书省设置"言官",其具体设置如下:

门下省设置谏议大夫四人,官品为正五品上,属于中高级官僚。上文中王珪即为谏议大夫。还设置左补阙二人,从七品上;左拾遗二人,从八品上。言官的编制和具体审定诏令的官员相等,可见重视程度之高。言官参加政务会议,跟随皇帝出行,随时随事进谏。唐朝将谏议细分为五种:讽谏、顺谏、规谏、致谏和直谏。制度上规定:"凡发令奉事有不便于时,不合于道,大则廷议,小则上封。若贤良之遗滞于下,忠孝之不闻于上,则条其事状而荐言之。"(《唐六典·门下省》)言官的权力不小,认为朝廷政令不合时宜,或者违背原则,既可以提出来要求在朝廷上讨论,也可以直接给皇帝上书指陈。

中书省也设置右补阙二人,右拾遗二人,其职掌和门下省言官相同。如果说门下省是审定诏令的部门,有必要加强审议监督,那么,起草诏令的中书省也设置言官,则表明唐朝从制定政策之初,就非常注重决策是否合乎原则和时宜。言官的监督贯彻在朝廷政策制定和执行的每一个环节,即从制度上广开言路,征求批评,以保证决策的科学性。

中央与地方分权

【原文】

贞观二年，太宗谓侍臣曰："朕每夜恒思百姓间事，或至夜半不寐，惟恐都督①、刺史②堪养百姓以否。故于屏风上录其姓名，坐卧恒看。在官如有善事，亦具列于名下。朕居深宫之中，视听不能及远，所委者惟都督、刺史，此辈实理乱所系，尤须得人。"（《贞观政要·论择官》）

贞观十一年，侍御史③马周④上疏曰："理天下者，以人为本。欲令百姓安乐，在刺史、县令⑤。县令既众，不可皆贤。若每州得良刺史，则合境苏息。天下刺史，悉称圣意，则陛下可端拱岩廊之上，百姓不虑不安。自古郡守⑥、县令，皆妙选贤德。欲有迁擢为将相者，必先试以临民，或从二千石⑦入为丞相⑧及司徒⑨、太尉⑩者，朝廷必不可独重内臣，外刺史、县令，遂轻其选。所以百姓未安，殆由于此。"太宗因谓侍臣曰："刺史，朕当自简择。县令，诏京官五品已上，各举一人。"（《贞观政要·论择官》）

【注释】

① 都督：官名。曹魏黄初二年（221），始置都督诸州军事，或领刺史。至司马懿征蜀，加号大都督。自此之后，历代沿置，常以州刺史、郡

太守充，渐冗滥。北周改都督诸军事为总管，其下又设大都督、帅都督、都督等统军。隋炀帝时改大都督为校尉，帅都督为旅帅，都督为队正。唐武德四年，改总管府为都督府。贞观中，始改为上、中、下都督府。大都督府设都督一人，从二品；中都督府设都督一人，正三品；下都督府设都督一人，从三品。掌督诸州兵马、镇戍、甲械、钱粮等，总判府事。此外，唐在边境少数民族聚居区设羁縻府州，由少数民族首领世袭都督，与内地异制。

② 刺史：官名。秦立郡县，御史监郡，汉初省之，后丞相遣史分刺诸郡，非常置。汉武帝元封五年（前106）始置部（州）刺史十三人，掌奉诏巡查诸州，以"六条"问事，秩六百石。汉成帝更名刺史为州牧，秩二千石，后或为刺史，或为州牧，更易无常。至汉末，刺史、州牧已成为凌驾于郡之上的地方行政长官。魏、晋以后以州统郡，常以都督兼刺史，加将军号，掌一方军政大权。若不加将军号，则称单车刺史。隋罢郡为州县两级制，除雍州置州牧其余皆置刺史，仅为州行政长官。唐承隋制，三等诸州皆置刺史，中期以后多为藩镇所统。

③ 侍御史：官名。秦置，汉因之，员十五人，秩六百石，掌纠察官吏，受理词讼。至东汉掌有五曹，分别是令曹（掌律令），印曹（掌刻印），供曹（掌斋祠），尉马曹（掌廄马），乘曹（掌护驾）。此后历代相沿，执掌与员数略异。北魏、北齐尤重御史，选御史必以高第，分掌诸曹内外督令史。隋置八人，从七品下，隋炀帝时改为正七品。唐朝置四人，从六品下，领台院，掌纠举百僚，推鞫狱讼。

④ 马周：字宾王，博州茌平（今山东聊城市茌平区）人。少孤贫好学，武德中补博州助教，后离职西游长安，为中郎将常何门客。贞观三年（629），因替常何上书言事受到唐太宗青睐，令直门下省。贞观六年（632），授监察御史，寻除侍御史，加朝散大夫。因直言进谏、匡正时政屡次升迁，历任给事中、中书舍人、治书侍御史、谏议大夫、中书侍郎等，累拜中书令、兼太子右庶子，为两宫所重。贞观二十二年（648）卒，年四十八。赠幽州都督，陪葬昭陵。高宗即位后追赠尚书

右仆射、高唐县公，配享高宗庙庭。

⑤ 县令：官名。秦制：县置令、长，万户以上为令，不及万户者为长。为一县之行政长官。历代相沿置。唐代县有赤、畿、望、紧、上、中、下七等，各置县令，掌宣导风化，受理诉讼、综管诸曹之事。

⑥ 郡守：官名。战国时期诸国于边境地区置郡，设长官曰"守"。秦在全国范围内设郡县，郡长官称郡守，掌一郡之行政。汉因之，汉景帝时更名为太守，亦习称郡守，秩二千石。历代相沿。南北朝时期太守职权渐为州刺史所夺。至隋文帝罢郡，以州刺史代太守之任。

⑦ 二千石：指地方郡守。汉代以俸禄多寡作为百官等级的标识，郡守秩二千石（月俸一百二十斛），遂以为称。

⑧ 丞相：官名。先秦时期即有相、相邦等名。秦灭六国后，于中央实行三公九卿制，以丞相、太尉、御史大夫为三公，协助皇帝处理全国军政事务，丞相为百官之长。汉承秦制，初称相国，后复称丞相，有开府设官之权。汉末改称大司徒，东汉末复称丞相。此后历代丞相、大司徒、相国等，名称各易，废置无常。至隋朝正式确立三省六部制，不置丞相，而以三省长官为集体宰相，唐因之。

⑨ 司徒：官名。西周始置，主管民事。秦省司徒而置丞相。汉因之。至汉哀帝时更名大司徒，与大司马、大司空为三公。汉光武帝时，省"大"字，称司徒，与太尉、司空为三公。东汉末罢三公，置丞相。魏罢丞相，置三公，以华歆为司徒。之后历代丞相、司徒或单置，或两置，废易无常。隋废丞相，置太尉、司徒、司空为三公，正一品，置府僚，后省府僚，置于尚书省上，多不视事，为荣誉虚职。唐朝因之。

⑩ 太尉：官名。秦置太尉，为三公之一，协助皇帝掌全国军事。汉初或置或省，汉武帝时改置大司马，当太尉之职。东汉光武帝时省大司马，复置太尉，与司徒、司空为三公。至东汉灵帝末年，刘虞为大司马，而太尉如故，二职始并置。汉献帝建安十三年（208），省三公，置丞相。魏初又置太尉，兼置大司马。之后历代太尉与大司马或单置，或并置。隋置太尉、司徒、司空为三公，正一品，置府僚，后省

府僚，置于尚书省上，多不视事，为荣誉虚职。唐朝因之。

【译文】

贞观二年（628），唐太宗对身边的侍臣说："我每天晚上都在思考百姓的事情，经常到半夜还睡不着，担忧各地的都督、刺史是否堪当存恤百姓的大任。因此，我把他们的名字写在屏风上，无论坐卧行止都会看一看。如果他们在任期间做了好事，我也会一一写在各人名字下面。我住在深宫之中，看不到也听不到远方的事情，能够依靠的只有都督、刺史，这些人实在是国家治乱所系，尤其要选任得力的人。"

贞观十一年（637），侍御史马周上书说："治理天下的根本在于人。想让百姓安居乐业，关键在于刺史、县令。县令人员众多，不可能都是贤能之人。如果每州都能有一个贤德的刺史，那么整个州都能得到安宁。如果天下各州的刺史都能合陛下的圣意，那么陛下就可以端居朝堂之上，无须忧心百姓不能安居乐业。自古以来，郡守、县令都要精心简择贤德之人。在古代如果要晋升某人为将军、丞相，一定会先让他去做一段时间与百姓相接触的地方官，以此来考察他，或者就从地方郡守中选拔进入中央做丞相、司徒、太尉的人。朝廷一定不能只重视中央的官员而忽视刺史、县令，以及因此轻忽这些人的选拔。百姓之所以未能安居乐业，恐怕就是因为这一点。"于是，唐太宗对身边的大臣说："刺史当由我亲自选拔。县令就令京城五品以上的官员各自推举一位。"

【评析】

在集权体制下，官场的规律一定是人才都往京城集中，因为高官厚禄都集中在中央朝廷。这会造成两个破坏性结果，一是地方缺乏人才而治理得越来越差，伤到国家的根基。二是官员在朝中当大官，不容易客观地考察他们的政绩和品行。针对这一情况，唐朝君臣主要采取了两方面的措施，一是提高地方官的品级和待遇，二是京官和地方官轮转。第一点很好理解，下面主要解释第二点。

一般来说，京城是人才最集中的地方，因为朝廷所在容易受到提拔青云直上而被官员视为终南捷径。然而，朝廷最高级职务如果大多来自朝官，很容易造成朝廷与基层脱节。马周对此十分忧虑，因而给唐太宗上奏章强调此事。他最重要的观点有二：一是重视地方官的选拔；二是形成京官外放、地方官入京的官员流动机制。

把优秀的官员派到地方任职，将具有全局领导能力的官员选入朝廷，这是非常重要的培养官员和治理国家的机制。先说京官外放的好处。首先，因为京官对于朝廷的治国方针和精神掌握得比较好，信息也比较畅通，可以把国家的大政方针具体贯彻落实下去。其次，京官经过层层严格的选拔，行政能力很强，有利于提升地方管理的水平和加快地方的发展。而外放后的京官再度作为地方官入京的话，地方工作的经验，使他们了解基层的情况，积累了宝贵的工作经验。特别是地方工作往往不像朝廷职务那么专，需要统筹兼顾。这样的工作经历，对于培养高层官员是非常必要的。唐朝非常注意官员的管理和培养，在官员的提升方面，往往对优秀官员多一些不同岗位的历练，少一些因为一时一地政绩的快速提升。因为，唐太宗担心官员提拔的都是些急功近利者会导致社会风气浮躁，而且这些官员被提拔到高位后才发现不胜任，甚至腐败堕落，问题就严重了。官员的管理是国家治理中极为重要的一环，需要领导人倾注心血。有了好的领袖和官吏队伍，才会形成良好的政治风气。

另外，为了加强对地方的管理，唐太宗还建立了行之有效的巡视制度。古代的交通不便，信息难达，哪怕是官方驿站加急快递，也颇费时日，这就凸显了地方和中央沟通、下情上传的重要性。唐太宗很早就注意到这个问题。贞观七年（633），他向历史吸取经验，筹划加强对地方官的法制监管。

在这方面，汉朝有比较成功的经验。汉朝人口稀少，特别是广大南方地区，一个县没有多少人，还分散在各处，交通和信息不发达，基层甚至只知道管理他们的地方官，而不知道皇帝是何人。地方官的权力很大，甚至有些人敢于无视法纪，作威作福。汉武帝想出一个办法来，把全国分成若干个监察区,由朝廷派遣官员进行巡视,称作"刺史"。"刺"是检核的意思,"刺史"就是中央派到地方上监察地方行政的监察官员,是中央监察部门御史职权的强化和延伸。刺史并不固定,可以定期巡视,也可以随时随地派遣。汉武帝给他们的任务非常明确,着重检核地方官的六个方面,史称"六条问事"。

一条,强宗豪右田宅逾制,以强凌弱,以众暴寡。二条,二千石不奉诏书遵承典制,倍公向私,旁诏守利,侵渔百姓,聚敛为奸。三条,二千石不恤疑狱,风厉杀人,怒则任刑,喜则淫赏,烦扰刻暴,剥截黎元,为百姓所疾,山崩石裂,祅祥讹言。四条,二千石选署不平,苟阿所爱,蔽贤宠顽。五条,二千石子弟恃怙荣势,请托所监。六条,二千石违公下比,阿附豪强,通行货赂,割损正令。(《汉书·百官公卿表》)

这六条是刺史经常性的监察内容,至于地方大员的犯罪行为,则随时都可以监察纠弹。派遣刺史巡视地方,强化政令的统一,提高政纪政风,打击了官员违法乱纪、无视中央、官员同地方豪强势力勾结欺压百姓、牟取非法暴利、公刑私用、选举不公、压抑人才、家属仗势横行等种种行为,通过巡查对违反官员给予严厉的惩处,取得了很好的效果。

唐太宗借鉴汉朝的优良经验,在贞观八年(634)考虑派遣朝廷使者巡视地方。这是唐朝建立以来的第一次巡视,意义重大,所以必须由公正廉洁且威信高的高级官员来担当这项重任,首战必胜,才能坚持下去,形成强有力的制度。唐太宗反复掂量,选来选去,最后敲定由李靖以及曾经担任过宰相的萧瑀负责,派出十三人分头到地方巡视。当时唐朝建立不久,政风好,官员违法乱纪的情况不多,但是,不能真正领会朝廷以文德治国的精神的情况比较突出,所以,唐太宗有所针对,指出这次巡视的主要任务是:"察长吏贤不肖,问民间疾苦,礼高年,赈穷乏,起久淹,俾使者所至,如朕亲睹。"(《资治通鉴》"唐贞观八年正月"条)

巡察的内容主要就三个方面,第一是地方官贤良与否,第二是救恤贫苦,第三是发现人才。要求朝廷使者到地方后尊老、扶贫,以及处理民间得不到解决的问题。这次巡视提高了朝廷在老百姓心中的形象，加强了中央的权威，取得很好的效果和经验，巡视成为中央监察地方行政的重要手段，逐渐固定下来，成为制度。

到贞观二十年（646），天下大治，歌舞升平，不少官员松懈了，政风政纪不如贞观初，有些官员享受权力，以公谋私。所以，唐太宗再次进行全国性的大巡视，巡视的内容也随着形势的变化而不同，重点突出打击违法乱纪，采用的是上述汉武帝的"六条问事"标准。这次巡视由大理卿孙伏伽负责，派出二十二名专使，分头巡视全国各地。大理寺是国家最高审判机构，相当于今日的最高人民法院，显而易见，这次巡视的点是检察地方官是否胡作非为。孙伏伽以刚正廉洁著称，这一年的巡视，各地有许多官员受到处分。有些官员不服，跑到京城申诉。唐太宗让褚遂良受理，记录案情，由他本人亲自审理。就从这一点也能够看出唐太宗对于巡视的高度重视，当巡视触动官僚阶层而出现反对声音的时候，他迎难而上，承担起领导责任，调查处理。最后，经唐太宗亲自审定，这次全国性的大巡视，有二十名官员因为考核成绩优异，获得晋升嘉奖；查处严重犯罪的官员七人，判处死刑；其余犯法而受到处罚的有千人以上。这个数字表明，这次巡视的面非常广，几乎没有死角。

唐太宗一方面提高地方官的品级和待遇，给他们高官厚禄和晋升中央朝廷的渠道，另一方面采用巡视制度，检察官员违法乱纪，监督地方官员行政。恩威并施，成效显著。尤其是京官与地方官的轮转，既提高了地方的行政水平，也为国家培养了众多可堪大任的全方位人才，同时也是中央体察民情、联系地方的重要管道，对国家的全面治理起到了很大的作用。

把权力关进制度的笼子里
——法治建设

【题旨】

前面已经讲到,唐朝拥有一整套先进的制度体系,这套制度体系不仅为后代王朝所继承,也使得周边心悦诚服地学习它。但是,国家通过行政权力管理社会,一定要制定一套让全社会都共同遵守的规则,这套规则就是国家的法律。制度的稳定和延续,必须通过法律来保障。因此,唐朝制定了一系列严密的法律,其系统性和先进性,在东方无与伦比,代表着中国古代法制的最高成就。人们常说的古代的"中华法系",指的就是以唐朝为代表的中国古代法系。那么,唐朝的法律体系都有哪些内容呢?它分为律、令、格、式四个部分。"律以正刑定罪,令以设范立制,格以禁违正邪,式以轨物程事。"(《唐六典·刑部》)简单来说,"律"是成文法典,内容涉及国家和社会生活的方方面面,颁布之后长期有效。"令"是朝廷随时发布的政令,有时效性,内容亦十分广泛。"格"和"式"都是对官府行政的规定。律、令、格、式相辅相成,共同组成唐朝的法律体系,整个社会生活都由法律规定,形成一个法制的社会。不过,建立如此系统配套且严密的法律体系就一定能保证管理好社会吗?恐怕也未必。法律能否落实到实处,主要还在于统治者能否依法办事。为此,唐太宗采取了两方面的措施,一是自己带头守法,维护法律的权威;二是从严治吏,让百官依法办事。

首先,法律是君主制定的,自己定下来的规矩,当然自己首先要遵守,这是言而有信的起码要求,同时也是对全社会的庄严承诺。但是法律一经颁布,就会对君主超出限度的权力产生制约作用,因此两者常常发生冲突。对于大权独揽的君主而言，无视法律滥用权力的情况不时出现，如果这种情况成为常态，甚至因此而修改法律，那就会出现暴君。君主带头违法，必然上行下效，最终变成系统性的暴政，使国家陷入危机之中。因此，唐太宗亲为表率，承认法大于权，君主带头守法，将国家治理纳入法制轨道的进程就顺畅多了。

其次，法律再如何完备也是死的，而人是活的，官吏的执政能力和水平，以及其廉洁度直接关系王朝的兴衰成败。唐太宗对此深有体会，因此在我们所能见到的唐朝法律文件中，大部分条文都是对官吏的规定，只有官吏管好了，才有可能通过他们去管理社会。而唐朝对官吏的管理也是用法律来进行的。每个官员、每个官府都有其职责权利的法的规定，乃至办事的程序。通过规范官员与官府，做到依法管理社会。

建设完备的法律体系

【原文】

贞观元年,诏以犯大辟①罪者,令断其右趾。因谓侍臣曰:"前代不行肉刑久矣,今断人右趾,意不忍为。"谏议王珪对曰:"古行肉刑以为轻罪,今陛下矜死之多,故设断趾之法,损一足以全其大命,于犯者甚益矣。且见之足为惩诫。"侍中陈叔达②又曰:"古之肉刑,在死刑之外。陛下于死刑之内降从断趾,便是以生易死,足为宽法。"(《贞观政要·论刑法》)

【注释】

① 大辟:古代五刑之一,即死刑。《尚书·吕刑》记五刑为墨、劓、剕、宫、大辟。后历代刑罚各有更易,至隋定为笞、杖、徒、流、死。唐因之。辟,罪也,大辟即罪之大者,为死刑。

② 陈叔达:字子聪,吴兴(今浙江湖州)人,出身陈朝皇室,为陈宣帝第十七子,在陈封义阳王,历侍中、丹阳尹、都官尚书。陈灭入隋,久不为用,大业中,拜内史舍人,寻出为绛郡通守。后以郡归唐,授丞相府主簿,封汉东郡公,与记室温大雅同掌机密。武德元年(618),授黄门侍郎,寻兼纳言。武德四年(621),拜侍中,次年进封江国公。贞观初,加授光禄大夫,坐与萧瑀当庭忿争而免官。后因

治家无方被弹劾，以散秩归第。贞观九年（635）卒，先谥曰"缪"，后赠户部尚书，改谥曰"忠"。

【译文】

贞观元年（627），唐太宗下诏将死刑犯的刑罚改为斩断其右脚趾，又对身边的侍臣说："前代王朝早就废除了肉刑，如今我让人斩断犯人的右脚趾，实在是于心不忍。"谏议大夫王珪回答说："古代的肉刑是为轻罪而设，如今陛下怜悯死刑犯众多，因而设置断趾的刑罚，通过伤一只脚来保全其性命，对犯人来说大有好处。而且其他人看到犯人断趾也能引以为戒。"侍中陈叔达也说："古代的肉刑是死刑之外的刑罚。陛下在死刑之内将对犯人的处罚降为断趾，这是用活命来代替死亡，可以称得上宽仁之法。"

【评析】

这段文字是唐太宗即位之初修订律法的记录。首先来介绍一下唐代的立法事业。唐律承袭自隋朝的《开皇律》。隋文帝开皇元年（581）甫一即位就命高颎等删减前代酷法，修订新律。开皇三年（583），隋文帝仍嫌律文严密，又命苏威、牛弘等大臣更定新律，删繁就简，这就是垂范后世的《开皇律》。隋炀帝即位后，鉴于《开皇律》在实际贯彻中刑网日渐严密，命牛弘等予以重修，于大业三年（607）修成，史称《大业律》。《大业律》虽在名义上较《开皇律》有所宽简，但在司法实践中往往与律文不符，至大业后期刑法更是苛酷。因此，唐高祖初入关中时即下令废除大业苛法，武德元年（618），诏以《开皇律》为基础制定新律，悉从宽简。武德七年（624），又命臣下加以修订，共计十二卷，五百条，称《武德律》。唐太宗即位后又对《武德律》加以修订，于贞观十一年（637）修成，称《贞观律》。唐高宗永徽二年（651），又对《贞观律》加以修订，成《永徽律》。为了方便执法，唐高宗又命长孙无忌等人对律文逐条进行解释，成《律疏》三十卷，于永徽四年（653）颁行全国。这就是保存至今的《唐律疏议》。该部法典之后在武则天、唐高宗等在位期间尚有一些小修订，但基本保存了本来面目。

《唐律疏议》分十二篇，一曰《名例律》；二曰《卫禁律》；三曰《职制律》；四曰《户婚律》；五曰《厩库律》；六曰《擅兴律》；七曰《贼盗律》；八曰《斗讼律》；九曰《诈伪律》；十曰《杂律》；十一曰《捕亡律》；十二曰《断狱律》。有人说中国古代的法律不成体系，只有刑法而没有其他的法典。果真如此吗？事实上，这得从东西方认识世界的方法说起。西方人一般喜欢把事物分成一个个具体的部分来认识，具体的总和就是整体。在法律方面，他们也分为刑法、民法、行政法、商法等。然而中国人喜欢从总体上把握事物，认为只有在总体上的相互联系才有个体的意义，在法律上也是如此。《唐律疏议》的十二篇实际上涉及各个方面的法，包括行政法、刑法、民法、商法、经济法、刑事诉讼法、民事诉讼法、军法等，因而不能用西方的法律分类来套中国古代的法典。

唐律的制定贯彻了唐朝以文德治国的思想，坚持"德礼为政教之本，刑罚为政教之用"的原则，强调伦理道德的社会作用。和隋律相比，唐朝的刑罚有大幅度的减轻，上文中唐太宗将部分死刑改为断趾即是一例。量刑宜轻不宜重，其主导思想是刑罚是教化的辅助手段，目的在于导人向善，社会有伦理道德的基础，人有廉耻之心，哪怕轻微的刑罚都足以惩戒，使人弃恶从善。所以，唐朝制定法律的原则是"法贵简而能禁，罚贵轻而必行"。（《资治通鉴》"唐开元元年三月"条）亦即法律条文应该简明，但能够切实禁止奸邪；处罚要轻，重在有违法必追究。

唐律中的"律"是比较稳定的，颁布之后长期行用。可是社会生活和官府机构却随时都在变化，这就出现律同社会脱节的现象。对此唐朝是如何处理的呢？唐朝采取了"令"的形式。令即朝廷的政令，名义上由皇帝发布。令可以随时发布，因此能够适时地规范官府和民间的各种活动。令的规定涉及社会生活的方方面面，且时有增补，因此数量非常庞大。唐太宗时刊定政令，有条文一千五百九十条，分为三十卷。令是律的三倍多，由此可以知道令在现实生活中的重要性。

朝廷对于社会的管理，虽说是用律令来规范，实际上还是要靠官吏来贯彻。因此，唐太宗主张从严治吏。为了达到严格管理官吏的目标，唐朝建立了"格"和"式"两种法律形式。"格"规定了官府的职责权限，以及具体办事的环节，十分具体而详细，其时效性更加突出，所以唐朝一面重视用法的形式规范官府，同时也注意经常清理这些有时限的规定，防止法条规定前后抵触，让官吏上下其手，对于同一件事情使用不同的朝廷文件，产生截然相反的结果。所以，唐朝每隔一段时期就要重新整理编撰《格》，如《贞观格》《开元格》等，让依然有效的规定积淀成为经常性的法规，及时淘汰过时的法。"式"是官府执行律令的细则和官府的办事章程，所以它是按照朝廷各个机构编纂的，同样要根据不同的事务和时代经常修订。

  唐朝制度的先进性通过律、令、格、式四种法律形式固定下来，成为周边国家的楷模，东亚各国纷纷仿效学习，唐朝的法律文明成为东方文明的基础之一。

带头守法，建立法律尊严

【原文】

是时，朝廷盛开选举，或有诈伪阶资者，太宗令其自首，不首，罪至于死。俄有诈伪者事泄，胄①据法断流②以奏之。太宗曰："朕初下敕，不首者死，今断从流，是示天下以不信矣。"胄曰："陛下当即杀之，非臣所及，既付所司，臣不敢亏法。"太宗曰："卿自守法，而令朕失信耶？"胄曰："法者，国家所以布大信于天下；言者，当时喜怒之所发耳。陛下发一朝之忿而欲杀之，既知不可而置之于法，此乃忍小忿而存大信，臣窃为陛下惜之。"太宗曰："朕法有所失，卿能正之，朕复何忧也！"（《贞观政要·论公平》）

【注释】

① 胄：即戴胄。字玄胤，谯郡谯县（今安徽亳州）人。为人正直，明习律令。隋大业末，为门下录事，越王侗以之为给事郎，因反对王世充加九锡出为郑州长史，与侄戴行本镇守武牢。唐太宗克武牢，引为秦府士曹参军。及唐太宗践祚，除兵部郎中，封武昌县男。贞观元年（627），迁大理少卿，寻转尚书右丞、尚书左丞。贞观三年（629），进拜民部尚书，兼检校太子左庶子，兼摄吏部尚书。次年罢吏部尚书，以本官参与朝政，进爵为郡公。贞观七年（633）卒，赠尚书右

仆射，追封道国公，谥曰"忠"。

② 流：五刑之一，即将犯人遣送到边远地区服劳役的惩罚。

【译文】

当时（贞观元年），朝廷大力推行选官工作，有人伪造自己的官阶资历，唐太宗下令让这些人自首，若不自首，一旦发现将判处死刑。不久，有伪造者事情败露，戴胄根据法律判其流刑并上奏朝廷。唐太宗说："我当初颁布敕令说不自首的人要判处死罪，如今你判他流刑，是向天下表示朝廷不守信用。"戴胄说："陛下要是立刻杀掉他，那不是我能干涉的，既然交给了司法部门，我就不敢不遵照法律。"唐太宗说："你自己守法，却要我失信吗？"戴胄说："所谓法律，是国家向天下表明其大信所在，而言论只是一时喜怒的表现。陛下因一时的愤怒而声称要杀掉这些人，心知不可行而将之付于法，这是忍一时的小激愤而留住大信，臣为陛下珍视这份胸怀。"唐太宗说："我在守法方面有所过失，而你能纠正我，我还有什么可忧虑的呢？"

【评析】

在古代的君主集权体制下，基本上不可能形成对君主权力的有效制约。开明的君主唐太宗也不例外，时不时也会凌驾于法律之上。但为什么这一时期皇帝违法之后，国家的政治风气和法制没有遭到破坏呢？这个案件给我们提供了很好的参考。

古代王朝选拔官员时，常常优待高官的后代和名门子弟，尤其在残留着士族社会遗风的贞观时代更是如此。有特权就有人钻空子，因此当时社会上假冒高官和望族后裔混入官员选拔的情况十分严重，屡禁不止。于是唐太宗下令让这些假冒的人限期自首，否则就要处以极刑。有人想蒙混过关，没在期限内自首，被发现之后唐太宗就下令将他处死。但当时的大理少卿，即相当于今天最高法院的副院长戴胄根据律条认为此人罪不至死，只能判流刑。面对唐太宗怒气冲冲的质问，戴胄毫不畏惧地指出，皇帝的敕令只是出于一时喜怒，法律才是国家取信于天下的东西。也就是说他认为法律在君权之上,在天下至尊的皇帝面前说这种话,戴胄何其大胆!好在唐太宗见识卓越,在私权和国法面前坚定地选择维护国法的权威,做了良好的守法表率。

更难得的是,唐朝统治者还将此类在实践中得到的经验教训筛选后变成国家法律,用法律来规范执政。《唐律疏议》第四百八十六条明文规定:

> 诸制敕断罪,临时处分,不为永格者,不得引为后比。若辄引,致罪有出入者,以故失论。(《唐律疏议·断狱》)

也就是说,皇帝发布的判案定罪的敕令及临时的处置,没有被立为常法的就不能作为后面判案的依据。如果援引敕令判案,导致定罪过重或过轻,以故意过失论处。这就是在法律上明文规定国法大于君权,不能用皇帝的敕令来改变法律规定。唐太宗带头将法律的权威树立起来,就是要把魏晋南北朝以来数百年间权力横行滥用的怪兽关进法治的笼子里。

顺便一提,上述引文中"罪有出入"涉及唐朝法律中颇具特色的关于"出罪"和"入罪"的规定,在此稍作解释。《唐律疏议》第四百八十七条规定,审理案件的官员篡改案情,作虚假证据,或者有意偏袒而从轻发落,或者故意加重处罚,和律文的处罚规定相差别的部分,从轻的称作"出罪",从重的称作"入罪"。打个比方说,某人犯了盗窃罪,按律应该判刑二年,法官故意枉法,或者从轻判一年,或者从重判三年,这就犯了"出罪"或者"入罪",轻重各是一年,这部分刑罚就由判案的官吏自己去承担。这是对徇私舞弊、贪赃枉法官员的责任追究。有了这条律文,恐怕官员判案之前就得掂量掂量,有效避免了官员因个人私欲随意量刑。

【原文】

贞观五年,张蕴古①为大理丞②。相州人李好德素有风疾③,言涉妖妄,诏令鞫④其狱。蕴古言:"好德癫病有征,法不当坐。"太宗许将宽宥，蕴古密报其旨，仍引与博戏⑤。治书侍御史⑥权万纪⑦劾奏之，太宗大怒，令斩于东市⑧。既而悔之，谓房玄龄曰："公等食君之禄，须忧人之忧，事无巨细，咸当留意。今不问则不言，见事都不谏争，何所辅弼？如蕴古身为法官，与囚博戏，漏泄朕言，此亦罪状甚重，若据常律，未至极刑。朕当时盛怒，即令处置，公等竟无一言，所司又不覆奏⑨，遂即决之。岂是道理？"因诏曰："凡有死刑，虽令即决，皆须五覆奏。"五覆奏，自蕴古始也。（《贞观政要·论刑法》）

贞观五年，诏曰："在京诸司比来奏决死囚，虽云五复，一日即了，都未暇审思，五奏何益？纵有追悔，又无所及。自今在京诸司奏决死囚，宜三日中五复奏，天下诸州三复奏。"又手诏敕曰："比来有司断狱，多据律文，虽情在可矜而不敢违法，守文定罪，或恐有冤。自今门下省复，有据法合死而情在可矜者，宜录状奏闻。"（《贞观政要·论刑法》）

【注释】

① 张蕴古：相州洹水（今河北魏县）人。唐初自幽州总管府记室直中书省。贞观元年（627）上《大宝箴》以讽谏，为唐太宗所嘉奖，除大理丞。寻因包庇李好德事被斩于东市。

② 大理丞：官名。大理寺长官大理卿的属官。晋武帝咸宁中于廷尉置丞，北齐改廷尉为大理寺，设卿、少卿、丞、正等官，隋唐因之，为国家最高司法审判机关。唐大理丞从六品上，员六人。

③ 风疾：古代的一种常见病，尤多见于唐朝史籍。症状集中表现在两方面，一是神志昏聩、惊悸狂颠等精神方面的错乱，二是喑哑口噤、身体麻痹、五官障碍等，类似今日之"中风"。

④ 鞫（jū）：审讯。

⑤ 博戏：本指古代的一种棋类游戏，共十二棋，六黑六白，两人相博，又名六博。后引申为各类赌输赢游戏的泛称。

⑥ 治书侍御史：官名。汉置，汉宣帝时斋居决事，令侍御史二人持书，

因而得名，秩六百石。东汉时掌依据法律审理疑狱，与符节郎共平廷尉奏事，多选御史高第明晓法令者充任，地位高于一般御史。魏晋以后地位提高，分领侍御史所掌诸曹，监察、弹劾较高级官员，亦奉命出使，收捕犯官等。隋代避杨忠讳，不置御史中丞，以御史大夫为御史台长官，治书侍御史为御史台次官，实际主持台务。唐高宗时因避讳，改置御史中丞，员二人，从五品上。

⑦ 权万纪：隋匡州刺史权琢玠之子。贞观中，为治书侍御史，性情刚直，不避权贵，甚为唐太宗所礼重。迁尚书左丞，转齐王李祐府长史。齐王失德，权万纪因屡次匡正而得罪齐王。后唐太宗召齐王入朝，权万纪先行，于途中被齐王遣人射杀。赠齐州都督、武都公，谥曰"敬"。

⑧ 东市：唐长安城的两座商贸集市之一。唐代实行坊市制度，不允许在坊内开办商店和作坊，而于皇城以南，朱雀大街东、西各置一大型集市，名东市、西市，作为长安城中手工业生产与商业贸易的中心地。

⑨ 覆奏：古代死刑案件要交由皇帝复核的制度，始于魏明帝时。

【译文】

贞观五年（631），张蕴古担任大理丞。相州人李好德长期有精神病，发表了一些疯癫荒诞的言论，唐太宗下令治他的罪。张蕴古说："李好德患疯病证据确凿，按照律法不应加罪。"唐太宗答应宽恕他，张蕴古偷偷将唐太宗的旨意告诉李好德，并和他一起玩博戏。治书侍御史权万纪上奏弹劾张蕴古，唐太宗非常愤怒，下令在东市处斩张蕴古。不久，唐太宗对自己的行为感到后悔，对房玄龄说："你们拿君主的俸禄，就要为君主分忧，无论大事小事都应当留心。如今君主不问你们就不说，遇到事情也不谏诤，这怎么能算辅佐君王呢？比如说张蕴古身为司法部门的长官，和犯人玩博戏，还泄露我的话，其罪状确实很重，但如果根据一般的律法来判，罪过尚不至死。我当时十分愤怒，令人立刻将他处死，你们竟然一言不发，有关部门也不覆奏，致使他立刻被处决了。这难道合理吗？"于是唐太宗下诏："但凡涉及死刑，即使我下令立刻处死，也必须反复上奏五次。"五覆奏的规定就是自张蕴古案开始的。

贞观五年（631），唐太宗下诏说："京城的各个部门最近上奏处决死囚，虽说规定要五次覆奏，却是在一天之内就走完该程序，都没有时间审核思考，这样的五次覆奏有什么用呢？即使之后后悔也来不及挽救了。从今以后，京师各部门奏请死刑，需在三日内覆奏五次，其余地方各州覆奏三次。"唐太宗又亲自下手诏谕令说："近来有关部门裁决案件，大都仅照律令行事，有时虽情有可原却不敢违背法令，如果死守条文而给人定罪恐怕会酿成冤案。从今以后门下省若发现有依照律条当处死但情有可原的，应写明案件经过上奏，由我来裁决。"

【评析】

在古代君主集权的体制下，很难对君主权力进行有效制约，甚至可以说对君权的制约很大程度上建立在君主个人的自省自抑上。即使是带头表明守法立场的开明君主唐太宗，也时不时有独断专行的事情发生。

李好德编造妖言，四处散播，搞得人心惶惶。官府将他抓起来，问成重罪，上报到中央审判机构大理寺。大理寺副长官张蕴古亲自审理这个案子后，向唐太宗汇报说李好德有精神病。唐朝法律上有残疾人豁免的规定，所以不应给李好德治罪。唐太宗私底下同意宽大处理，张蕴古很高兴，跑到监牢里和李好德下棋玩耍。而唐朝对官员的监督甚严，随即就有监察部门的官员弹劾张蕴古，揭发张蕴古的家乡在相州，而李好德的哥哥李厚德正好是相州刺史，所以张蕴古是有意为李好德开脱。司法官员徇私枉法，唐太宗自然大怒，立刻将张蕴古押往东市处斩，以正法律尊严。不久，唐太宗回想此事，觉得张蕴古罪不至死，处罚过重，懊悔不已。他由此想得很多，在皇帝用权突破法律规定的时候，竟然没有大臣站出来劝阻，制度就这样轻而易举地被破坏了，这怎么可以呢？必须从制度上加以弥补。为此，唐太宗采取了以下两个措施来补救。

第一，唐太宗把房玄龄等大臣召集起来，严厉批评他们见到皇帝犯错误而不谏诤，相关部门也不覆奏，这是失职，以后再不允许。同时设立新规定，以后凡是死刑，于情可原的必须具录案情上奏，从制度上防止刑罚过重。

第二，规定从今以后所有的死刑犯，即使有命令立即处决的，也必须覆奏。京城判死刑的必须五次覆奏。地方判的死刑要三次覆奏，并且将此写入法令之中。唐朝的死刑多次复核规定，就是因为张蕴古的案子而建立的。

唐太宗知错能改，十分可贵。更难得的是他没有停留于就事论事，或者追究个人责任，而是马上想到健全制度，亡羊补牢，这是他高于众多皇帝的地方。不仅如此，唐太宗还进一步关心自己所建立的新制度是否落到实处。唐太宗下达死刑复核命令之后，发现相关部门虽履行了规定，却只是流于表面，一日之内即完成了五次复核。如此速度恐怕连看完案卷都来不及，别说思考量刑是否合理了。于是，唐太宗进一步规定，五次复核要在三日内完成，三日说长不长，说短不短，既给了官员充分考虑的时间，又没有过于拖缓行政效率。同时，为了进一步减少冤案的发生，唐太宗下令在判案的时候，不能死守法律条文，还应该斟酌人情，若遇到依法应判处死刑而情有可原的，门下省要写明案情上奏给皇帝裁决。这体现了唐太宗对人民生命权的珍视，以及唐朝律法不以惩罚而以教化为目的的立法思想。

公正执法

【原文】

臣闻道德之厚，莫尚于轩、唐；仁义之隆，莫彰于舜、禹。君欲继轩、唐之风，将追舜、禹之迹，必镇之以道德，弘之以仁义，举善而任之，择善而从之。不择善任能，而委之俗吏，既无远度，必失大体。唯奉三尺之律①，以绳四海之人，欲求垂拱无为，不可得也。故圣哲君临，移风易俗，不资严刑峻法，在仁义而已。故非仁无以广施，非义无以正身。惠下以仁，正身以义，则其政不严而理，其教不肃而成矣。然则仁义，理之本也；刑罚，理之末也。为理之有刑罚，犹执御之有鞭策也。人皆从化，而刑罚无所施；马尽其力，则鞭策无所用。由此言之，刑罚不可致理，亦已明矣。故《潜夫论》②曰："人君之理，莫大于道德教化也。民有性、有情、有化、有俗。情性者，心也，本也；俗化者，行也，末也。是以上君抚世，先其本而后其末，顺其心而履其行。心情苟正，则奸慝③无所生，邪意无所载矣。是故上圣无不务理民心，故曰：'听讼，吾犹人也，必也使无讼乎。'④导之以礼，务厚其性而明其情。民相爱，则无相害伤之意；动思义，则无畜奸邪之心。若此，非律令之所理也，此乃教化之所致也。圣人甚尊德礼而卑刑罚，故舜先敕契⑤以敬敷五教⑥，而后任咎繇⑦以五刑也。凡立法者，非以司民短而诛过误也。乃以防奸恶而救祸患，检淫邪而内正道。

民蒙善化，则人有士君子之心；被恶政，则人有怀奸乱之虑。故善化之养民，犹工之为曲豉⑧也。六合⑨之民，犹一阴⑩也。黔首之属，犹豆麦也。变化云为，在将者耳。遭良吏，则怀忠信而履仁厚；遇恶吏，则怀奸邪而行浅薄。忠厚积，则致太平；浅薄积，则致危亡。是以圣帝明王，皆敦德化而薄威刑也。德者，所以修己也，威者，所以理人也。民之生，由铄金⑪在炉，方圆薄厚，随镕⑫制耳。是故世之善恶，俗之薄厚，皆在于君。世主诚能使六合之内、举世之人，感方厚之情而无浅薄之恶，各奉公正之心，而无奸险之虑，则醇酽之俗，复见于兹矣。"后王虽未能遵古，专尚仁义，当慎刑恤典，哀敬无私，故管子曰："圣君任法不任智，任公不任私。"⑬故王天下，理国家。(《贞观政要·论公平》)

【注释】

① 三尺之律：因古代将法律条文写在三尺长的竹简上而得名，亦将法律简称为"三尺"。

②《潜夫论》：东汉著名思想家王符所作，凡十卷三十六篇，其中尖锐地批评了东汉后期的政治，历数了当时社会各个方面本末倒置、名实相违的黑暗现实，把社会衰败的根源归结于统治者的昏聩，并引经据典讨论正确的治国之道，是一部重要的政论性专著。

③ 奸慝（tè）：邪恶的心思或行为。

④ 听讼，吾犹人也，必也使无讼乎：典出《论语·颜渊》："子曰：'听讼，吾犹人也，必也使无讼乎！'"孔子说："听理诉讼，我和其他人没什么区别，最重要的是让诉讼案件不发生！"

⑤ 契：传说中商朝的始祖。母为有娀氏之女简狄，为帝喾次妃，因误食玄鸟蛋而感孕生契。契长大后因辅佐禹治水有功，被舜封为司徒，教导百姓五教伦理和农业生产，封于商，赐姓子氏。

⑥ 五教：五种道德标准，有不同说法。一说父子有亲，君臣有义，夫妇有别，长幼有序，朋友有信；一说父义、母慈、兄友、弟恭、子孝。

⑦ 咎繇：一名皋陶。在尧、舜时期长期担任掌管刑罚的"士师"，作五刑以辅佐五教的推行，主张德法并用，重视司法公正，被后世尊为司法始祖。

⑧ 曲豉：用曲发酵的豆豉。

⑨ 六合：天、地和东、西、南、北四方，泛指天下。

⑩ 阴：通"窨（yìn）"，地窖。

⑪ 铄金：熔化的金属。

⑫ 镕：铸造器物的模型。

⑬ 圣君任法不任智，任公不任私：典出《管子·任法》："圣君任法而不任智，任数而不任说，任公而不任私，任大道而不任小物，然后身佚而天下治。"圣明的君主治国依靠法度而不依靠智识，依靠策略而不依靠言语，依靠公义而不依靠私情，依靠大的原则而不依靠小的细节，所以垂拱无为而天下大治。

【译文】

我听闻若论道德涵养的深厚，没有人可以超越黄帝、唐尧；若论仁义之道的隆盛，没有人比得上虞舜和大禹。陛下想要承继黄帝、唐尧的风范，追寻虞舜、大禹的足迹，就只有以道德安定社会，弘扬仁义之风，选择贤才委以重任，采纳正确的建议而付诸实施。如果不选择德才兼备的能臣，而将政务委托给平庸的小吏，他们没有深谋远虑，必会有损国家大体。若只是信奉严刑峻法，以控制全天下的百姓，想追求垂袖拱手、无为而治的境界是不可能的。所以圣君哲王治理天下，移风易俗都不靠严刑峻法，而是推行仁义。没有仁就无法广泛地将教化推行到全天下，没有义就无法端正自身。以仁施恩惠于下民，以义端正己身，则处理政事不必严苛就能天下太平，推行教化不必强制而能有所成效。仁义是治国的根本，刑罚是治国的辅助手段，为了治理才有的刑罚，就像是赶马车要用鞭子。人人皆听从教化，那么刑罚就无处施行了；马儿自觉尽力，那么鞭子就没什么用处了。由此而言，刑法不能让国家太平的道理就很清楚了。所以《潜夫论》说："人君治国，最重要的是道德教化。百姓有自己的本性、情感、教化、习俗。本性和情感，是心，是根本；教化和风俗，是行为，是枝节。因而圣明的君主治国，先本而后末，顺应民心，教化民行。只要百姓的本心正直，就不会有奸邪之人，邪恶之念也失去了载体。因此圣明的君主无一不是教化民心，所以说：'听理诉讼，我与其他人也没什么不同，最重要的是让诉讼案件不要发生！'君主用礼仪来引导百姓，使他们本性淳厚，性情明达。百姓相互爱护，就没有互相伤害的心思，百姓一举一动都想到义，就不会生奸邪之心。这样的情形不是靠法律能够达到的，只能靠教化来促成。圣人非常崇尚道德礼仪而轻视刑罚，所以舜先下令让契推行五教，而后才让皋陶设立五刑。大凡立法的目的，都不是为了惩罚百姓的短处和错误，而是为了防范邪恶，补救祸患，约束奸邪而将之纳入正道。民众受到好的教化，则怀有士人君子之心；遇到不好的统治，则生出违法作乱的想法。所以好的教化对于抚恤百姓的作用，就像酿酒工匠用曲发酵豆豉。全天下的百姓就像地窖里有待发酵的豆麦，如何变化全看统治者如何对待他们。百姓遇到好官，就心怀忠信而言行忠厚；遇到坏官，就心怀奸邪而言行浇薄。百姓人人忠厚，国家就会太平；人人浇薄，国家将陷于危亡。因此，圣明的君主都致力于道德教化而轻视严刑峻法。德，是用来要求自己的；威，是用来管理百姓的。民众就像炉子里熔化的金属，方圆薄厚全看铸模的样子。所以世情善恶，民俗厚薄，全在于君主。君主倘若能使全天下的百姓都怀有忠厚之心而没有浇薄之恶，各自怀有奉公之心而没有奸邪之意，那么淳厚朴素的民风就又可以出现了。"后世的君王纵然不能遵从古代的做法，一心崇尚仁义，也应当慎重地运用刑律法典，力求公正无私，所以管子说："圣明的君主治国依靠法度而非智识，依赖公义而非私情。"所以能够取得天下，治理好国家。

【评析】

以上段落节选自魏徵进谏唐太宗的表文，明确表现出唐朝"德礼为本，刑罚为用"的立法原则。在唐朝，法治不是最终目的，而是治理国家不可缺少的刚性规范手段。创建和谐的文明社会，一是靠大力弘扬道德文化，二是靠法治约束。这两者不是截然分开的，而是同一事物的两个方面。法治的目的同样在于引导社会向善，执法不是为了处罚，而是通过刑罚来减少犯法。这就是上文所说的："凡立法者，非以司民短而诛过误也，乃以防奸恶而救祸患，检淫邪而内正道。"立法的目的不是揭老百姓的短，惩罚他们的过错，而是为了防止奸邪罪恶，补救祸患，检举淫邪，规范人们走正道。

要达到这个目的，执法公正是极其必要的。司法腐败是导致国家诚信破产的大问题，其危害性远远大于经济腐败。百姓一旦对国家失望，必会引起大乱。在这个战略高度上，司法公正关系依法治国的成败。而司法公正不能仅依靠前文所提到的关于"出罪""入罪"的规定之类的律条约束，更要靠道德建设。不相信道德的力量，光靠严格执法，大家充其量只是慑于法律的权威而不敢犯法，等而下之的就是不顾廉耻千方百计地钻法律的空子，统治者只好不断立法来堵塞漏洞，结果是法越立越繁杂，漏洞也越来越多，陷入恶性循环。在这样的竞赛中，执法者以一人之聪明去对付万民之狡黠，必败无疑。魏徵从一开始就看到了这一点，他告诫唐太宗说："惟奉三尺之律，以绳四海之人，欲求垂拱无为，不可得也。"即仅依靠法律条文来管理天下百姓，想要垂拱清净、无为而治，是做不到的。必须加强全社会的道德建设，以仁义治理国家，教化百姓。

君主高居深宫，要想将仁德善政施于天下万民，必须"举善而任之，择善而从之"，即选取、委任好的官吏。通过法的刚性规范来引导社会向上升华，执法官员扮演着关键的角色。一个好的执法官员可以教化一方民众，一个坏的执法官员则像一粒老鼠屎坏了一锅粥。儒家认为人之初，性本善，而人之所以善恶有别，最主要的原因在于后天所受的教化和周围环境的影响。正所谓："民蒙善化，则人有士君子之心；被恶政，则人有怀奸乱之虑。""遭良吏，则怀忠信而履仁厚；遇恶吏，则怀奸邪而行浅薄。"百姓如果遇到好的教化，就会怀有士人君子之心；如果蒙受恶政，就会起奸邪暴乱之念。百姓如果遇到好的官员，就会心怀忠信，做仁厚之事；如果遇到坏官，就会心怀奸邪而行为刻薄。贪官污吏依仗朝廷的权威做坏事，百姓受到不公正的对待，那么人人都会学着使奸用诈，绝不肯吃亏，人与人之间整日相互猜忌、争斗，社会充满戾气和怨气。因此，国家若想拥有良好的社会风气和井井有条的社会秩序，就必须用秉公执法的官员，严守司法公正，以法劝善，让百姓感觉有依靠，有信心，大家就能放心做好事、做好人。为什么我们看到发达的文明社会似乎老百姓都很纯朴天真？道理就在于此。人人彼此信任，相互关怀，社会风气越变越仁厚，世道就太平了。

【原文】

贞观元年，吏部尚书①长孙无忌②尝被召，不解佩刀入东上阁门，出阁后，监门校尉③始觉。尚书右仆射封德彝议，以监门校尉不觉，罪当死；无忌误带刀入，徒④二年，罚铜二十斤。太宗从之。大理少卿⑤戴胄驳曰："校尉不觉，无忌带刀入内，同为误耳。夫臣子之于尊极，不得称误，准律云：'供御汤药、饮食、舟船，误不如法者，皆死。'陛下若录其功，非宪司⑥所决；若当据法，罚铜未为得中。"太宗曰："法者，非朕一人之法，乃天下之法，何得以无忌国之亲戚，更欲挠法耶？"更令定议。德彝执议如初，太宗将从其议，胄又驳奏曰："校尉缘无忌以致罪，于法当轻。若论其过误，则为情一也，而生死顿殊，敢以固请。"太宗乃免校尉之死。（《贞观政要·论公平》）

【注释】

① 吏部尚书：官名。汉置尚书四人，分管四曹：常侍曹、二千石曹、民曹、客曹。汉成帝增置三公曹，为五曹，其中常侍曹主丞相、御史、公卿事。东汉光武帝分为六曹，改常侍曹为吏部曹，主选举、斋祀事。东汉末又改吏部为选部，专掌选举。魏改选部为吏部，长官称吏部尚书，主铨选，居各部尚书之首。之后历代大体相沿。唐吏部尚书一人，正三品，掌全国文官选授、勋封、考课之政令。龙朔二年（662）改为司列太常伯，咸亨元年（670）复为吏部尚书。光宅元年

（684）改为天官尚书，神龙元年（705）复故。

② 长孙无忌：字辅机，河南洛阳（今河南洛阳）人，隋右骁卫将军长孙晟之子，唐太宗长孙皇后同母兄。其先为北魏宗室，原姓拓跋氏，因功高世袭大人之号，为宗室之长，改姓长孙氏。唐高祖起兵后前来投奔，追随唐太宗东征西讨，并参与策划玄武门之变。唐太宗入东宫，授太子左庶子，即位后，迁左武侯大将军。贞观元年（627），转吏部尚书，进封齐国公，同年拜尚书右仆射，固辞，乃拜开府仪同三司。贞观七年（633），册拜司空，贞观十六年（642），册拜司徒。贞观十七年（643），晋王李治被立为太子，加授太子太师，后辞罢。贞观二十三年（649），受唐太宗遗令辅政。高宗即位后进拜太尉，加同中书门下三品，兼扬州都督，位极人臣。后因反对武则天为后而遭到忌恨，显庆四年（659），被许敬宗诬告与监察御史李巢勾结谋反，流黔州，寻被许敬宗等逼令自缢，家口籍没。上元元年（674），唐高宗优诏追复官爵。

③ 监门校尉：掌叙宫门出入之职，隶属左右监门卫。

④ 徒：五刑之一。强制罪犯在一定期限内从事劳役的处罚。

⑤ 大理少卿：北魏置，初为第三品上，太和以后，降为第四品上。北齐时为第四品，隋因之。唐置二人，降为从四品上。为大理寺长官大理卿之副，协助大理卿掌司法诉讼审判等事。

⑥ 宪司：汉以来御史台的别称，也引申为司法部门的统称。

【译文】

贞观元年（627），吏部尚书长孙无忌受召入宫，没有解下佩刀就从东面入阁门，出阁之后监门校尉才发现。尚书右仆射封德彝认为，监门校尉没有发觉无忌带刀入阁，应当判死罪；无忌不小心将刀带入阁，应判处徒二年，罚铜二十斤。唐太宗听从了他的意见。大理少卿戴胄反驳道："校尉没有发觉与无忌带刀入阁，同样都是失误。但臣子在君主的事情上不能以失误为借口。按照律法规定：'凡是供应皇上的汤药、饮食、舟船，失误不遵法令者，皆当死罪。'陛下如果要考虑无忌的功劳以赎其罪，这不是司法部门所能干涉的；但如果仅据国法，罚铜是不合适的。"唐太宗说："法，并不是我一个人的法，而是天下万民的法。怎么能因为无忌是国舅而扰乱法律呢？"于是让他们重新商量处理意见。封德彝坚持自己原来的看法，唐太宗正准备听从他的意见时，戴胄又上奏反驳道："监门校尉因为无忌而犯罪，按照法律他的罪过应当轻于无忌。如果就他们的过错而言，两人的情况是一致的，但是对他们的处罚却一生一死，大为不同，所以我才坚决斗胆请陛下三思。"唐太宗于是赦免了监门校尉的死罪。

【评析】

建立法治，选用好官，落到实处就是公正执法。这件事说起来天经地义，想做到却很不容易，尤其是在等级森严的古代社会。

长孙无忌带刀进宫，按照法律，这是威胁皇帝安危的重大错误，罪当死刑。可是长孙无忌是唐太宗的妻子长孙皇后的亲兄长，不仅和唐太宗从小一起长大，而且跟随唐太宗一起打天下、夺天下，立下赫赫功劳，属于皇亲国戚兼功勋政要，可谓唐太宗最信任的人。朝堂的大臣们也心知这一点，因此谁都想为他开脱。宰相封德彝提出判监门校尉失职，处以死刑；判长孙无忌为失误，处徒刑二年、罚铜二十斤。唐太宗同意了。但是朝廷审判机构的副长官戴胄不同意。戴胄的清正守法和不畏权贵是出了名的，所以才被唐太宗看中，委任为国家审判机构的副长官，在这件案子上，戴胄不管是谁批的，于法不合，他就要抗争。他认为监门校尉和长孙无忌的错误属于同一类型，应当一视同仁，不应该一个处死，一个罚铜，这是明显的不公平。唐太宗觉得戴胄说的在理，尤其此时唐太宗刚刚即位，正是要建立社会公平正义的时候，不能因为长孙无忌一个人而乱了法度。于是，唐太宗命令大臣们再议。封德彝还是坚持原来的意见，戴胄依然据法力争，认为监门校尉是因为长孙无忌才犯法的，其罪更轻，若是判长孙无忌生而监门校尉死，是明显的司法不公。最终唐太宗认同戴胄的意见，免去了监门校尉的死刑。

在这个事件中，身为法官的戴胄不顾个人得失，明知可能因此得罪重臣国舅长孙无忌，依然坚持据理力争，不仅救下了监门校尉的性命，更是维护了法律的权威和司法的尊严。唐太宗从个人的情感和立场来说，必定是希望赦免长孙无忌，因此他两度同意封德彝的意见，但是在戴胄的坚持下，他还是抑制了个人的情感，维护法律的尊严。连戴胄都承认，若是唐太宗执意以君权庇护长孙无忌，王者有生杀大权，司法机关也无可奈何，但是唐太宗却未动君威，而是将此事交给有关机构商议，主动将君权私情置于国法之下，守住了司法公正的底线。正是因为唐太宗君臣在维护法律尊严和司法公正方面的一致性，唐代法治建设才得以顺利推进，构成唐朝长期稳定和繁荣的基石。

慎赦

【原文】

贞观七年，太宗谓侍臣曰："天下愚人者多，智人者少，智者不肯为恶，愚人好犯宪章。凡赦宥之恩，唯及不轨之辈。古语云：'小人之幸，君子之不幸'，'一岁再赦，善人喑哑'。凡养稂莠①者伤禾稼，惠奸宄②者贼良人。昔'文王作罚，刑兹无赦。'③又蜀先主④尝谓诸葛亮⑤曰：'吾周旋陈元方⑥、郑康成⑦之间，每见启告，理乱之道备矣，曾不语赦。'⑧故诸葛亮理蜀十年不赦，而蜀大化。梁武帝每年数赦，卒至倾败。夫谋小仁者，大仁之贼，故我有天下已来，绝不放赦。今四海安宁，礼义兴行，非常之恩，弥不可数。将恐愚人常冀侥幸，唯欲犯法，不能改过。"（《贞观政要·论赦令》）

【注释】

① 稂莠（láng yǒu）：稂和莠都是形状像禾苗而妨碍禾苗生长的杂草。

② 奸宄（guǐ）：违法作乱之人。

③ 文王作罚，刑兹无赦：典出《尚书·康诰》："乃其速由文王作罚，刑兹无赦。"意思是应当迅速使用文王所做的违教之罚，处罚这扰乱伦常之人，不得赦免。

④ 蜀先主：指蜀汉开国君主刘备。字玄德，涿郡涿县（今河北涿州）

人，西汉中山靖王刘胜之后。少年孤贫，以织席贩履为业。年十五，拜同郡卢植为师，之后参与镇压黄巾起义、讨伐董卓等活动，先后依附公孙瓒、陶谦、曹操、袁绍、刘表等多个诸侯，终于在诸葛亮、关羽等人的辅佐下，于建安十三年（208）联合孙权，在赤壁大败曹操，先后拿下荆州、益州，并将势力拓展到汉中，取得三分天下之势。然而占领汉中后不久，孙吴大将吕蒙趁关羽北伐之机袭取荆州，擒杀关羽。建安二十五年（220）曹丕篡汉，刘备乃为汉献帝发丧，并于次年四月正式继皇帝位，建立蜀国，年号"章武"。同年，刘备以为关羽报仇的名义，发动对吴国的战争，却兵败夷陵，最终于章武三年（223）四月病逝于白帝城，终年六十三岁，谥号昭烈皇帝，葬惠陵。

⑤ 诸葛亮：字孔明，琅邪阳都（今山东沂南）人。早年随叔父诸葛玄至荆州投靠刘表，叔父死后躬耕陇亩，隐居隆中。建安十二年（207）因刘备三顾茅庐而出山辅佐，策划了蜀汉三分天下格局的建立。章武元年（221），刘备正式称帝，诸葛亮以丞相录尚书事，假节。同年张飞卒后，又领司隶校尉。章武三年（223）春，受刘备临终托孤。后主刘禅继位，受封武乡侯，开府治事，又领益州牧，全权掌管蜀汉国政。诸葛亮对内安境保民，发展生产，对外联合孙吴，共抗曹操，稳定了刘备死后风雨飘摇的蜀汉政权。之后南征南中，讨伐雍闿、孟获，为蜀汉争取了稳定的大后方。继而趁曹丕病死之机，出兵北伐，六出祁山，最终积劳成疾，于建兴十二年（234），卒于军中，时年五十四岁，谥号忠武侯。

⑥ 陈元方：名纪，字元方，颍川许昌（今河南许昌）人，汉末名士陈寔之子，魏司空陈群之父。与弟陈谌（字季方）皆有贤名。汉末遭党锢，发愤著书数万言，号曰《陈子》。董卓入洛阳，拜五官中郎将，不得已就职，累拜尚书令。建安初，袁绍为太尉，拜大鸿胪，年七十一，卒于官。

⑦ 郑康成：郑玄，字康成，北海高密（今山东高密）人。少为乡啬夫，后入太学，师从第五元先学习《京氏易》《公羊春秋》及《三统历》

《九章算术》，又从张恭祖学《古文尚书》《周礼》和《左传》等，又游学关中，从马融学古文经。归乡之后客耕东莱，聚徒授课，弟子达数千人。党锢之祸后，杜门著书，以古文经学为主，兼采今文经学，遍注儒家经典，成数百万言，堪称汉代经学集大成者，为后世所宗，号为"郑学"。党锢解禁后，郑玄屡为诸侯权臣所聘，皆守节不仕，一心为学。建安五年（200），袁绍与曹操战于官渡，为争取民心逼迫郑玄随军，途中郑玄因老病卒于元城，享年七十四岁。

⑧ 每见启告，理乱之道备矣，曾不语赦：典出《三国志·蜀书·后主传》裴注引《华阳国志》曰："丞相亮时，有言公惜赦者，亮答曰：'治世以大德，不以小惠，故匡衡、吴汉不愿为赦。先帝亦言：'吾周旋陈元方、郑康成间，每见启告，治乱之道悉矣，曾不语赦也。若刘景升、季玉父子，岁岁赦宥，何益于治！'"诸葛亮做丞相时，有人说他吝惜赦令，诸葛亮回答说："治理国家靠的是大的德行，而不是小的恩惠，因此匡衡、吴汉不愿意发布赦令。先帝也曾说过：'我跟随陈元方、郑康成学习时，每见布告，所谈的都是治理乱世的策略，从不曾提到大赦。像刘表、刘璋父子那样，年年发布赦令，又对治国有什么益处呢？'"

【译文】

贞观七年（633），唐太宗对身边的侍臣说："天底下愚昧的人多，聪明的人少，聪明的人都不愿意做坏事，愚昧的人则经常触犯律法。但凡宽宥的赦令，都是惠及那些不轨之徒。古话说道：'小人的幸运就是君子的不幸'，'一年之内发布两次赦令，好人就会闭口不言'。但凡养护稂莠之类的杂草就会损伤禾苗，给违法作乱之人施恩就会伤害好人。过去有话说：'对于触犯伦常的人，应当立刻用周文王定下的刑罚处置他，不得赦免。'另外，蜀国先主刘备曾对诸葛亮说：'我过去跟随陈元方、郑康成学习，听他们讲过许多治理乱世的道理，但从不曾说到颁布赦令。'所以诸葛亮治理蜀国十年，从未颁行赦令，而蜀国大治。梁武帝每年都颁布数次赦令，最终国家却倾覆了。这种谋小仁的做法，实际上是对大仁的损害，所以我自掌天下以来，从不颁布赦令。如今天下安定，礼义盛行，特殊的恩典数不胜数。我担心愚昧之人因此常寄希望于侥幸，只想着犯法遇赦，而不能改正错误。"

【评析】

在中国古代，颁布赦令是皇帝彰显皇恩浩荡，争取人心的重要手段。唐代赦令按照赦免的对象和范围，分为大赦、曲赦、别赦、降、录囚、德音等多种类别，其中赦免范围最广、影响最大的莫过于面向全天下的大赦。据统计，唐朝二十一位（包含武则天）皇帝在两百九十余年的统治时期内，共大赦一百八十余次，平均下来，每代皇帝宣布大赦九次左右，不足两年即有一赦。但唐太宗在位二十三年间，除玄武门之变、即位及立皇太子这三个重要的统治节点宣布大赦外，只在国家遇到重大自然灾害时发布过三次大赦，与之后各代相比，宣布大赦的频率明显较低。并且，贞观时期大赦的赦书中，多有"常赦不免者，不在赦限"的表述，赦例较为严格。这种慎赦的做法与唐太宗对法律权威的维护是一脉相承的。唐太宗认为法是天下之法，而非君主一人之法，君主不能因为个人喜怒就任意赏罚，而颁布赦令本质上是将君权置于国法之上，由君主个人来操纵生杀大权。

赦宥与刑罚可以说是法治的一体两面。赦免作为非常之恩，若是频繁施行，必然会破坏司法公正，对社会发展反而弊大于利。对于赦宥的这一危害古代先贤早有认识，春秋时期齐国的宰相管仲就有"赦者先易后难，久而不胜其祸。法者先难后易，久而不胜其福"的思想。（《管子·法法》）唐太宗也持这种看法。贞观九年（635），一个叫高甑生的人犯罪被判徙边，有人进言说这个高甑生原是秦王府旧臣，于国有功，应当宽宥他的过错。唐太宗回答说："我当然没忘记他是藩邸旧臣，但是理国守法必须一视同仁，今天如果赦免他，就会让其他人产生侥幸心理。而且国家从太原起兵，元从功臣甚多，如果高甑生被豁免，其他有功之人也会产生觊觎之心，而去触犯法律。我之所以坚持不赦免他，正是因为这一点。"唐太宗并非不念旧情，而是不愿因为私情破坏国法，他担心赦免高甑生会使其他人产生侥幸心理，从而滋生犯罪。就如同上文所提到的长孙无忌带刀入阁事，唐太宗不是不可以行使君权赦免长孙无忌，但为了维护国法的权威，他还是选择听从法官戴胄的判决。唐太宗对于颁布赦令的慎重，也影响了身边人。贞观十年（636），长孙皇后病重，当时的皇太子李承乾想奏请大赦来为母亲祈福，长孙皇后却反对道："发布赦令是国家大政，怎么能因为我一个妇人而扰乱国法？"唐太宗知道此事后虽哀怜皇后，但在皇后的坚持下最终还是没有发布赦令。

为了控制赦宥对司法公正的破坏，贞观时期还进一步完善了唐律中有关赦免的具体规定，包括赦免的范围、赦令的执行等，这些规定在一定程度上减轻了赦宥对法制的破坏，同时对君主的赦免权也有一定的限制作用。唐太宗的慎赦观也为之后的唐朝皇帝定下了赦宥的基调，除武则天在位时期为了拉拢民心几乎每岁必赦甚至一岁两赦外，唐朝其他皇帝在发布赦令时大多较为慎重，若是发布了不在常例的大赦，大多都会在赦书中辩解一番，向百姓说明大赦的缘由。另外，唐朝还会采取在大赦之前先审理积压的案件，对囚犯进行判决的方式来减轻赦宥对司法的破坏，这些都是慎赦观的体现。

从富国强兵到富民强国
——经济建设

【题旨】

唐朝的经济政策同样是在吸取历史教训的基础上探索出来的。东汉灭亡以后，群雄并起，各自征战，汉朝长期实行的低税养民、安定社会的政策已经无法支撑起庞大的军事费用，而集中资源、强兵立国的思路逐渐占了上风。最早登场的强力治国人物是曹操，面对地方割据的动乱局面，他将军事体制转用于社会行政，对生产实行军事化管理，广泛推行屯田制度。屯田就是军队大规模垦田，耕种粮食，解决自身的给养问题。曹操将它推广到民间，在全国各地设立屯田，收成按照五五分成，国家和垦田主各拿一半。如果向官府借耕牛，租税还要提高到六成。也就是说，在曹魏政权下，屯田的租税率为50%，甚至达到60%。刘邦建立汉朝，规定租税为十五税一，具体执行时再折半征收，也就是三十税一，算下来主税率只有3%多一点。当然，还有其他税收，但是全部赋税加起来，也比曹魏低得多。

屯田政策在短时期内将因为战乱和官僚兼并土地而背井离乡的农民同土地强制性结合在一起，迅速恢复了社会经济，可以救一时之急。但是它是难以持续的，长期执行便暴露出制度设计上的致命缺陷，最大的弊端有两个：其一，严重牺牲了劳动者的利益，劳动者承担的租税太重，难以为继。其二，军事化的管理容易产生腐败。不少屯田官员公然把耕种者占为己有，或者克扣应该上缴的租税、霸占田地等。结果是朝廷有重税之名，未得重税之实，还付出了很大的代价。

这种体制在和平时期，更是弊端百出，民不堪命。西晋王朝的实际缔造者司马懿看清了这一点，致力于回归正常体制，果断废除了屯田制，减轻租税。不幸的是，西晋通过政变夺取政权，根基很浅，加之官僚腐败，奢靡成风，很快就灭亡了。接踵而来的是五胡十六国，以及更加漫长的南北朝对立时代，不停的战争，征服式的统治，官府处处需要大量用钱，更不可能谈什么减税。就这样，国家重税体制长期维持下来，造成百姓贫弱不堪，社会一片凋敝。

好不容易熬到隋朝统一中国，大家都盼望有个清平世界，隋朝统治者也做足了表面文章，在法定的税赋上有了很多的减轻。然而隋朝最大的问题不是没有法，它制定的法律足可夸耀；也不是没有制度，它创建的制度堪称模范。它的失败在于说一套做一套。隋朝将一切资源集中于国家、大力开展物质建设的国策方向注定需要巨大的财力、物力、人力投入，法律规定的赋税徭役完全不能满足需求，只能巧立名目，横征暴敛，全然不顾百姓死活。最终导致各地狼烟四起，国家转瞬即亡。唐太宗亲眼看到隋朝的惨痛失败，全面吸收反思隋朝的教训，最终为唐朝开创了一条民富国强的双赢道路。

反思隋朝国富之祸

【原文】

贞观二年,太宗谓黄门侍郎王珪曰:"隋开皇十四年大旱,人多饥乏。是时仓库盈溢,竟不许赈给,乃令百姓逐粮。隋文不怜百姓而惜仓库,比至末年,计天下储积,得供五六十年。炀帝恃此富饶,所以奢华无道,遂至亡灭。炀帝失国,亦由其父。凡理国者,务积于人,不在盈其仓库。古人云:'百姓不足,君孰与足?'①但使仓库可备凶年②,此外何烦储蓄!后嗣若贤,能自保其天下;如其不肖,多积仓库,徒益其奢侈,危亡之本也。"(《贞观政要·论奢纵》)

【注释】

① 百姓不足,君孰与足:典出《论语·颜渊》:"哀公问于有若曰:'年饥,用不足,如之何?'有若对曰:'盍彻乎?'曰:'二,吾犹不足,如之何其彻也?'对曰:'百姓足,君孰与不足?百姓不足,君孰与足?'"意思是说,鲁哀公问有若:"饥荒的年岁国家用度不足,应该怎么办?"有若回答:"何不实行彻法,抽十分之一的田税呢?"鲁哀公说:"我抽十分之二的田税尚且不足用,怎么还能用彻法?"有若回答说:"若百姓足够用,君主怎么会不够用呢?百姓若不够用,君主又怎么会够用呢?"这段对话深刻体现了儒家的富民思想。

② 凶年：收成很坏或没有收成的年份。

【译文】

贞观二年（628），唐太宗对黄门侍郎王珪说："隋朝开皇十四年（594）时发生大旱灾，百姓大都饥馑乏食。当时朝廷的仓库里粮食满得都溢出来了，隋文帝竟然不允许开仓赈济，而是让百姓自己去外地找粮食。隋文帝不怜惜百姓而吝惜仓库，等到隋文帝末年，计算各地仓库的储蓄，还能供养五六十年。隋炀帝依仗朝廷如此富饶，所以奢侈无道，最终导致败亡。隋炀帝失掉国家，也与父亲隋文帝有关系。治理国家一定要存恤百姓，而不是充盈仓库。古人说：'百姓不富足，君主哪来的富足呢？'仓库只要足够荒年备用即可，除此之外何必储存那么多！后面的子孙如果贤德，自然就能够保住他的天下；如果子孙不肖，仓库储蓄多，只会徒增他的奢侈，而奢侈正是国家败亡的根源。"

【评析】

从这一段首先可以看出隋朝国库的积蓄是十分惊人的。隋朝总共统治了三十八年，除去国家的日常花销，和开运河、修长城等大型国家工程开支以及三征高句丽等战争的军费等，至其灭亡仍剩余可供五六十年的仓储。国家财政富裕至如此地步在中国古代历史上可谓绝无仅有。这一点在考古上也得到了证明。1970年，洛阳博物馆对隋朝含嘉仓遗址进行钻探和重点发掘，确定了仓城的范围，东西长六百一十二米，南北宽七百一十米，总面积四十三万平方米，其中探出粮仓两百八十七座，发掘粮窖四十余座。据统计，含嘉仓共有圆形仓窖四百余个。大窖可储粮一万石以上，小窖也可储粮数千石，光是含嘉仓就可以储存几百万石粮食。考古工作者还在含嘉仓遗址发现了数十万斤碳化谷物。像这样的大型仓库，在洛阳附近就有七八座，可见当年隋朝仓储何等巨大！

如此庞大的财政收入隋朝是怎样取得的呢？大概有这样几件"法宝"：大索貌阅、析户及税外收费直至强征暴敛。后两者很容易理解，即在国家规定的赋税之外巧立名目征收各种费用，并依靠国家暴力机器强制征收。以下简单介绍一下前两件"法宝"。

首先是"大索貌阅"。中国古代的税收最主要的是人头税,也就是根据人头来征收。所以古代的统治者都把编制户籍作为管理社会的重中之重,从而建立起世界上最严格的户籍制度。户籍上登记每个家庭成员的性别、年龄、身份、地位、健康情况和财产。一旦被登记在官府的户籍上,税收就像绳索一样套了上去。反过来,老百姓想逃税,最彻底的办法就是从官府的户籍上逃脱,这叫作"脱籍""隐漏"等。脱籍的办法五花八门,最彻底的是逃离户籍所在地,流浪到外地,这类人被称作"逃户""流民""浮浪人口"等。另一个办法就是买通官吏,在户籍上做手脚,改变性别、年龄、财产状况等。

自从西晋灭亡以来,华北社会陷入长期动乱之中,民众纷纷逃亡,光是从华北逃到江南的人口就高达百万人,可见流民之多。人一流动,官府就掌握不住,户口数字变得寥寥无几。然而,这种情况并不表明广大民众都死于战乱,实际上大多数人以各种方式生活在各地的乡村里,只是官府掌握不了他们,更谈不上向他们收税了。这就是为什么中国古代一定要实行严格的户籍管理,并且禁止随意迁徙。只有把社会人口都强制性固定下来,官府才掌控得住。所以,古代的社会管理都是静态的,和现代社会的高度流动性完全不同。同时,我们还知道,只要实行人头税,人口的数字都不真实,这是朝廷和民众之间的利益博弈。一直到清朝实行"摊丁入亩",也就是将人头税转变为根据资产收税,这种情况才出现根本性的变化。因为,户籍不再是收税的依据了,人们也就敢报户口,于是清朝出现了人口的爆发性增长。

在人头税时代,每一个朝代的建立,都要想办法查户口,扩大收税面。这件事直接关系到民众实实在在的利益,自然引起各式各样的抵制,甚至反抗,往往虎头蛇尾,雷声大雨点小。隋朝建立以后遇到的是同样问题。但隋文帝和隋炀帝都是铁腕治国的皇帝,查户口也是动真格的。特别是隋文帝,把大批官员派到乡下,挨家挨户查验,还发明了"貌阅"的办法,"貌"是相貌,"阅"是当面看清,"貌阅"即用文字描述相貌特征。"大索貌阅"就是把山野乡村翻个遍,把人都找出来,逐个清查,将他们的相貌特征记录在户籍上，以后难以逃匿。当时没有照相技术，"貌阅"的发明相当于文字"照相"。

隋朝采用"大索貌阅"的措施编制户籍，成效非常显著。隋朝刚建立的时候，全国人口大约有四百万户，两千多万人。开皇三年（583），也就是建国第三年清查户口后，立刻上升至将近七百万户，四千多万人。二十年后，进一步增长到九百万户，五千多万人。总的来看，隋朝在大约三十年的时间内，使得人口增加一倍以上。如此快速的人口增长不是通过人口繁衍实现的，而是在全国彻查户口的成果。人口快速增加，支持了朝廷税收的爆发性增长，才有了我们在前面介绍的官仓粮食堆积如山的光景。

其次是"析户"。因为，人头税分成两块，一块按照个人人头，另一块则按户来计算。要增加税收，除了人口数要增长，户数也要增长。隋朝规定，不许大家族聚居，必须分家，各自立户，这项措施使得户数快速增加，官府的赋税也跟着水涨船高。

原本国家的税收高低并不是善恶的标尺，关键在于税收支出用在何处。比如，今日的北欧各国，虽然税收极高，但多用于拉动经济发展，保障社会福利，所谓取之于民，用之于民，不仅不会增加社会矛盾，反而能提升普通民众的生活幸福感。但当年的隋朝并不是如此。

开皇十四年（594），国家发生严重的旱灾，千里赤地，家无炊烟。这时的隋朝国力正强，官府仓库里粮食多得都装不下。但是，隋文帝竟然舍不得粮食，不许开仓赈灾，而是命令百姓外出逃荒。粮食在仓库里腐坏，而饥民哀鸿遍野，这是怎样匪夷所思的场景！从这里就可以看出隋朝统治者有国无民、重物轻人的主导思想，才会在背离人民的道路上越走越远。

每个社会，生产的总量是确定的，大家一起切"蛋糕"，朝廷多了，百姓就少了，朝廷无限膨胀，老百姓就无限缩小，就是这么一个非常简单的道理，任何经济学家也变不出什么花头来。所以，隋朝的财富积累到无与伦比的丰富，民生必定是惨不忍睹。让隋朝统治者看得满心欢喜的府库，其实是冤魂堆砌而成，这种繁荣完全是镜中花水中月。这就是无比强大的隋朝为什么瞬间垮掉的经济原因。

一方面，朝廷有了过多的钱财，并不是一件好事。唐太宗手下的著名政治家马周曾经以隋朝的国库为例，向唐太宗进谏道：

自古以来，国之兴亡不由蓄积多少，唯在百姓苦乐。且以近事验之，隋家贮洛口仓，而李密因之；东京积布帛，王世充据之；西京府库，亦为国家之用，至今未尽。向使洛口、东都无粟帛，即世充、李密未必能聚大众。但贮积者固是国之常事，要当人有余力而后收之。若人劳而强敛之，竟以资寇，积之无益也。（《贞观政要·论奢纵》）

大意是说，自古以来，国家的兴盛与败亡，都不在储蓄的财货有多少，而在于百姓是安乐还是痛苦。就拿近代的事情来说，隋朝在洛口仓贮存粮食，却被李密所继承；在东都洛阳蓄积布帛，却被王世充所占有；西京长安府库中的财物，也被我大唐所用，至今都未用尽。假设当初洛口仓、东都没有粟米布帛，王世充和李密未必能聚集那么多民众。蓄积钱粮固然是国家的常务，但是要在百姓有余力的情况下征收。若百姓疲敝而国家强行征敛，最终不过是成为敌寇的物资，那样的蓄积毫无益处。

隋朝搜刮了那么多财富，肥得流油，花都花不完，结果怎么样呢？由于长安和洛阳是天下财富集中之地，便成为攻击的目标。唐高祖从太原起兵，长途奔袭，直取长安，因为夺取了西京府库，顿时鸟枪换炮，招兵买马成为一支劲旅；瓦岗军的李密也深明此理，所以他一当上统帅，马上集全军之力，围攻洛阳，夺取洛阳周围的仓库，开仓放粮，百姓云集而来，瓦岗军迅速成为百万雄师，睥睨天下。如果没有洛阳附近的巨型官仓，瓦岗军能够如此轻易成事吗？答案显然是否定的。隋朝拼死力聚敛财物，结果不但没能让国家稳固，反而招来造反的豪杰，帮助了敌人，埋葬了自己。

另一方面，国家财政过于宽裕还会滋生统治者的傲慢与腐败。唐太宗说隋炀帝之所以"奢华无道"，就是因为"恃此富饶"，仗着朝廷有钱就为所欲为。隋炀帝的"奢华无道"，最突出地表现在朝廷的巨大开支上。这里仅举两个例子。第一件事，开运河，从钱塘江开运河联通长江，再北上连接淮河，向西一路开凿到洛阳；再从洛阳向东北开到今天的河北涿州一带，呈现"之"字形，运河连通钱塘江、长江、淮河、海河和黄河五大水系，把中原同江南和华北紧密联系起来。大运河把关中、中原地区，华北地区，以及江南地区这三大区域联系在一起，成为一条有利于国家统一的纽带，具有重要的战略意义。问题出在哪里呢？我们一起来算一算，这条运河全长两千七百多公里，如此巨大的工程，用今日现代化机械来开凿，也需要好几年的时间吧。但是，今天的人很难想象，隋朝是在完全依靠人力肩挑手挖的条件下，竟然只用了六年的时间就修成了。两千七百多公里的总土方量，除以一个劳力一天手挖肩挑的土方，这项工程需要动用多少人力啊！所以，快不见得是好事，运河的快速完成，其代价就是不惜一切人力，光是这项工程就动用了五百多万人，占全国总人口的将近十分之一，男丁不够，连妇女也被征调去充当繁重的劳役。如此滥用人力，驱民于水火，不管运河有多重要的意义，都不足以抵偿其罪恶。当时百姓当然对此不满，隋炀帝便用高压手段镇压，规定凡是反抗者，不管罪行轻重，一律处斩，而且无须上报。这就是赤裸裸的暴政了。一项巨型工程导致朝廷和老百姓尖锐对立，我们能够称之为千秋伟业吗？

第二件事，运河修建完毕，老百姓像大旱盼雨一般希望朝廷能让他们歇口气，而就在这时候，隋炀帝下令大举征伐高句丽。不管征伐高句丽有多少理由，问题是这场战争，隋炀帝一开始就调集一百一十三万军队，远远超出国家常备军的总数，再加上两百多万民夫运送军用物资，已经活不下去的百姓再次被驱赶到生死线上。这一次隋炀帝再没有那么幸运了，民怨沸腾，众叛亲离，全国到处都是揭竿而起的饥民，无比强大的隋朝很快被推翻了，隋炀帝本人也被想念家乡的卫队杀死。

总结隋朝的教训，是为了唐朝不要重蹈覆辙。马周深刻指出，善于治理国家的人，一定要懂得藏富于民，而不要把财富都积累在国库里面。他引用古人的话说：百姓不足，国君怎会富足呢？国库的积蓄，只要能够防备凶年即可，不要超过这个限度。因为，假如后面的继承人好，自然能够保有天下，不需要为他多留财富。如果继承人不肖，为他积蓄越多，越刺激他奢侈傲慢，反而成为国家败亡的祸根。

藏富于民

【原文】

贞观八年，太宗谓侍臣曰："隋时百姓纵有财物，岂得自保？自朕有天下已来，存心抚养，无有所科差①，人人皆得营生，守其资财，即朕所赐。向使朕科唤不已，数虽赏赐，亦不如不得。"侍中魏徵对曰："尧、舜在上，百姓亦云'耕田而食，凿井而饮'，含哺鼓腹，而云'帝何力'于其间矣。②今陛下如此含养，百姓可谓日用而不知。"又奏称："晋文公③出田，逐兽于砀山，入大泽，迷不知所出。其中有渔者，文公谓曰：'我，若君也，道将安出？我且厚赐若。'渔者曰：'臣愿有献。'文公曰：'出泽而受之。'于是送出泽。文公曰：'今子之所欲教寡人者何？愿受之。'渔者曰：'鸿鹄保河海之中，厌心而移徙之小泽，则必有矰④丸之忧。鼋鼍保深泉，厌心而出之浅渚，则必有罗网钓射之忧。今君逐兽砀，入至此，何行之太远也？'文公曰：'善哉！'谓从者曰，记渔者名。渔者曰：'君何以名为？君尊天事地，敬社稷，保四国，慈爱万人，薄赋敛，轻租税者，臣亦与焉。君不尊天，不事地，不敬社稷，不固四海，外失礼于诸侯，内逆人心，一国流亡，渔者虽有厚赐，不得保也。'遂辞不受。"⑤太宗曰："卿言是也。"（《贞观政要·论忠义》）

【注释】

① 科差：古代对平民财物或劳役的征发，亦名"差科""差税"。

② "耕田而食，凿井而饮"，含哺鼓腹，而云"帝何力"于其间矣：典出先秦诗歌《击壤歌》："日出而作，日入而息。凿井而饮，耕田而食。帝力于我何有哉？"意思是，我在太阳出来时去工作，太阳落山时去休息，凿井而有饮水，耕田而得吃食，君主的力量对我有什么影响呢？这首诗歌描绘了尧在位时期百姓安居乐业的景象。

③ 晋文公：春秋时期晋国的君主。姬姓，名重耳，晋献公之子。因被晋献公的妃子骊姬陷害而被迫在外流亡十九年。公元前636年，重耳在秦穆公的支持下回到晋国，杀死晋怀公，登上王位。晋文公在位期间任用狐偃、赵衰等人改革内政，使晋国国力大增，同时对外联合秦、齐二国伐曹攻卫、救宋服郑，平定周室子带之乱。前632年，晋文公在城濮之战中以少胜多，大败楚军，并将俘虏献给周襄王，受到周襄王的封赏。同年冬，晋文公以周天子之命召集齐、鲁、宋、蔡、郑、卫等国诸侯在践土举行会盟，正式确立了继齐桓公之后的中原第二位霸主的地位。前628年卒。

④ 矰（zēng）：古代射鸟用的拴着丝绳的短箭。

⑤ 此故事最早见于西汉刘向编纂的《新序》一书，该书是一部以讽谏为目的编纂的先秦至汉初的历史故事集。原本三十卷，今存十卷。

【译文】

贞观八年（634），唐太宗对身边的侍臣说："隋朝那会百姓即使家有资财又怎能保得住呢？自从我登基以来，用心存恤百姓，没有什么差役摊派，每个人都能维持生计，守住自己的钱财，这些就等于是我所赐予的。假如我不停地加税征役，即使多次赏赐百姓，百姓也不如不得这份赏。"魏徵回答说："尧、舜在位的时候，百姓也说'我耕田以获得食物，凿井以取得饮水'。他们吃饱喝足，茶余饭后还会说'君主对我有什么帮助？'如今陛下如此存恤百姓，百姓可以说是日日享受陛下的爱护而不自知。"魏徵又向唐太宗上奏道:"晋文公某次打猎,在砀山追逐野兽,误入一片大泽,迷失了方向,不知如何出去。他在这儿遇到一位渔夫,晋文公对渔夫说:'我是你的国君,这里要怎么出去?你如果带我出去,我会重赏你。'渔夫说:'我只想对您说一句话。'晋文公说:'你把我带出这大泽我就听你说。'于是渔夫将晋文公送了出去。晋文公对他说:'你想教寡人什么呢?寡人洗耳恭听。'渔夫回答:'鸿鹄安居于大河大海之中,要是住腻了迁徙到小水池里,就定会有被箭矢弹弓射中的危险。鼋鼍安居于深泉之中,要是住腻了迁徙到浅滩,就定会有被罗网钓钩捕捉的危险。如今君王您在砀山打猎,跑到此处,未免走得太远了吧?'晋文公说:'你说得好啊!'于是让身边的随从记下渔夫的名字。渔夫说:'君王您何必要记下我的名字呢?君王要是尊奉天地,敬重社稷,保卫边疆,慈爱百姓,少征调,轻租税,我也就因此得到好处了。如果君王不尊奉天地,不敬重社稷,不巩固边防,对外不对诸侯国以礼相待,对内背离民心,一旦国家败亡,我这渔夫虽然得到厚赏,也保不住呀。'于是辞谢了晋文公的赏赐。"唐太宗听完魏徵的话,赞同道:"确如你所言啊!"

【评析】

　　唐初反思曹魏以来国家优先的重税政策的得失,特别是隋朝失败的历史教训,发现在财政经济方面最突出的问题是国家与民争利,把老百姓剥夺到挣扎于生死线上的地步。百姓毫无积蓄,就完全失去自救的能力。这时候哪怕有一点自然灾害,他们就会立刻面临生存危机,而民众的生存危机一旦点燃,就会快速演变为社会危机。从曹操确立社会军事化管理的政策以来,在国家优先发展和重税政策下,没有出现一个强大的王朝。五胡十六国以来,先后建立了二十多个政权,然而,它们长的不到百年,短的二十来年,就像吹起一个水泡,很快破灭,下一个人接着再吹,越使劲吹,破得越快,就像隋朝政绩做得很突出,灭亡也来得很突然,真是一个巨大的讽刺。统一且强盛的隋朝的灭亡让继任的唐朝统治者深刻意识到了必须改弦更张的时候。改弦更张就是要反其道而行之,要彻底转变观念,轻徭薄赋,减税让利,放水养鱼。说白了就四个字——藏富于民。

说到如何治国，其实并不是什么玄而又玄的理论。放之四海皆准的道理从来都是朴实而易懂的。马克思主义认为："人们首先必须吃、喝、住、穿，然后才能从事政治、科学、艺术、宗教等等。"（弗·恩格斯《在马克思墓前的讲话》，《马克思恩格斯选集》第3卷，人民出版社2012年版，第1002页）在中国，早在春秋时代就有类似的思想。前文提到的齐国宰相管仲，是春秋时代最早的改革家。国王齐桓公向他请教如何治国，他的办法很简单，就是先让老百姓富起来。管仲说了一句经典名言："仓廪实而知礼节，衣食足而知荣辱。"（《管子·牧民》）齐桓公听从管仲的意见，结果齐国很快就强大起来，成为春秋第一个霸主。这个事例告诉后人，治国首先要从经济基础做起，其关键在于要让老百姓先富裕起来，实行富民政策。管仲曾经对齐桓公说：治理衰败的国家，一定要意识到老百姓已经贫苦到难以自立的程度，因此国家首先要发展经济，救民为先。国家要向民众开放仓库以及国家控制的山川土地等资源，以恢复民生，让老百姓摆脱贫困，富裕起来。政策的着眼点是宽厚，而不是忙于如何去管制。管仲以恢复社会民生为首要任务的治国思想，对于唐初很有启发意义。

唐朝在隋朝苛政和动乱摧残的废墟上重建国家，当务之急只能是与民休息，只有让老百姓活下去、富起来，才谈得上国家的建设和发展。让老百姓休养生息，最直接也最有效的办法就是不要去骚扰他们。唐太宗亲眼见到炀帝奢侈纵欲，穷兵黩武而导致民怨沸腾，家国俱丧，以此为前车之鉴，坚决贯彻安境养民、君静民安的理念，尊重社会发展的客观规律，不干涉老百姓的生产生活，给凋残的社会喘息恢复的时间。

宋朝的历史学家在记述唐朝社会经济状况的时候称赞道：

古之善治其国而爱养斯民者，必立经常简易之法。（《新唐书·食货志》序）

其中的要点有两个：第一是要爱民，没有以民为本的思想，就不会有富民政策。第二是要采用简明易懂的政策，更重要的是必须坚持一贯，成为"经常"之法，而不能朝令夕改。那么，什么是简易之法呢？中国的古代国家形成很早，几千年来一直在探讨如何治理好国家的道理。早在西汉，也就是中国大一统国家形成后不太久，伟大的历史学家司马迁就对古代以来的治国思想作了精辟而深刻的总结，他说治国之道：

善者因之，其次利道之，其次教诲之，其次整齐之，最下者与之争。（《史记·货殖列传》）

意思是说，最高明的治国者懂得遵循社会经济发展的规律，次一级的治国者则懂得因势利导，再次一级的会去教导百姓，复次一级的则建立制度去规范经济，最差劲的治国者就是与民争利。

从这里我们可以发现，古代的贤人很早就懂得社会经济有其规律，就像是大自然中的地下暗河。我们并没有完全掌握它的情况，所以，最好的办法是顺势而流，如果水流不畅，就去疏浚它。有些人自以为懂得水流的规律，到处设限，试图让水流按照自己的意图走，有时候似乎马上就有成效，但是不久就发现河道淤积了，甚至大坝倒塌了。而最差劲的人，见利眼开，不顾一切地取水用水，把水都抽干，结果河断流了，一切都化作泡影。隋朝就是那个只顾取水用水的例子，水都抽干了，隋朝就也不见了。因此，好的领导人要像本文中的渔夫所说的那样，遵从天地间事物发展的自然规律，对治国怀有敬畏之心，爱惜百姓，对内减轻税收，对外与诸国保持友好关系。这样国家安定，百姓才能安居乐业。否则，百姓即使有一点财产也保不住。渔夫的话讲得十分朴实，却内涵深厚。隋朝的百姓正是像渔夫所说，即使原本有些财产，也在国家的横征暴敛之下疲敝不堪。唐太宗深切赞同这一思想，认为领导人不要施小恩小惠，那不过是作秀，博取廉价的喝彩。领导人真正应该做的是让老百姓人人有挣钱的营生，且守得住资财。社会财富流向千家万户，即是君主最慷慨的赏赐；反之，如果像隋朝那样，虽然时不时有临时性的减税或赏赐，但常年大规模征调赋役，百姓的钱财到手便化为泡影，甚至变得更加困苦，又怎么能真正得人心、安天下呢？

同时，立简易之法还暗含着另一种意思，即国家必须立法，而不能放任不管，任百姓自生自灭。国家应当确立合理的经济制度和政策，调节社会公平，保证百姓利益。这就像今天常说的，在市场经济这只看不见的手之外，还要有国家宏观调控这只有形的手。那么，唐朝是如何调治建国之初凋敝的社会经济呢？《新唐书·食货志》说：

> 量人之力而授之田，量地之产而取以给公上，量其入而出之以为用度之数。

这个药方看似简单，却包含了最基本的经济原理，那就是量力而行的三个相适应：

第一是个人占有自然资源要和劳动能力相适应；

第二是税收要和生产量相适应；

第三是国家开支要和财政收入相适应。

这三条基本原则是一个联动的有机整体，三者之间必须相互平衡，其中任何一条原则被破坏了，另外两条也跟着遭到破坏，这就是"三者常相须以济而不可失，失其一则不能守其二"的意思。做到这三条，就能够实现"上爱物以养其下，下勉力以事其上，上足而下不困"。朝廷节俭爱民，百姓努力耕作奉献国家，官府富足而老百姓不贫困，上下互利，社会繁荣。

唐朝是怎么贯彻这三条基本原则的呢？

首先说第一条。农业之本是土地，在古代小农社会，百姓占有的最重要的自然资源就是土地资源。唐朝实行均田制度，按照每个青壮年劳力的耕作能力，分配土地。法令上规定一夫一妻可以分得一百二十亩地，其中一百亩是国家给的，用来种粮食。这个标准有什么根据呢，那就是西周以来古老的传统观念"一夫百亩"。另外的二十亩地用来种桑树，用于养蚕织布。每户再分配宅基地，房前屋后，种瓜种豆。显然，唐朝想建立以男耕女织、自给自足的自耕农为广泛基础的社会。换成今天的思维，就是要培育广大的中等收入群体。古人早就认识到"有恒产者有恒心"（《孟子·滕文公章句上》），想要社会稳定，光靠国家强力约束是不可能的，放任市场导致贫富悬殊亦必然加深社会矛盾，只有最大限度地增加自耕农才是唯一正道。一夫百亩，男耕女织，如诗如画般的田园乡村，不管是儒家，还是道家、墨家，三教九流，直到近代农民也希望有二十亩地，老婆孩子热炕头，这是几千年来中国传统社会的梦想。推行广泛的富民政策，让每一个家庭能够衣食无忧，安居乐业，这就构筑起宽广的社会稳定基础。

唐朝均田令的规定，其实是国家分配土地的最高标准，或者是以此为限，虽然在现实中国家并没有这么多土地可以分配，但是设立这样的标准有利于限制土地集中占有，缓解贫富不均。现实中，农民拥有的土地一般是几十亩，虽然比法令规定的少，却是自耕农能力所能达到的限度，体现了上述第一条原则："量人之力而授之田"，也就是能力和占有资源的合理匹配。

在此基础上，国家向每户农民征收赋税，大致上是每户缴纳粮食两石，布帛两丈多一点，还要为国家服劳役二十天。如果一亩田打一石粮食，一百亩就是一百石，上交的粮食税为2%。加上其他两项，总的税率在6%左右。这是官府计算的税率。考虑到农民实际拥有的土地达不到一百亩，所以，实际税率应该是二至三倍。即使如此，这个税率还是比较低的，符合唐朝"量地之产而取以给公上"，以产量确定税率的第二条原则，体现了国家和老百姓共同发展的思想。

有人要问，隋朝也实行均田制，也差不多是这个税率，为什么兴亡两异呢？从表面上看，隋唐两朝的税率确实差不多。隋朝直至灭亡，仍保持着较低的税率。而其真正的问题，在于税外加征无度，用今天的话说就是乱收"费"。当权力凌驾于法律之上的时候，就可以随随便便开征法外之税，我们只能把它们统统归入"费"这一类。因为没有法定，官吏钻法律的空子，以费的形式强征暴敛，结果往往费大于税，而且种类多如牛毛，数额极其惊人。如《隋书·食货志》所言："租赋之外，一切征敛，趣以周备，不顾元元，吏因割剥，盗其太半。"隋朝盘剥百姓到了敲骨吸髓的地步，用低税来掩盖天文数字的费，其税收制度是真正的披着羊皮的狼。唐太宗亲身经历隋朝，这一切历历在目。所以，唐朝要坚决管住税外滥收，不给官吏上下其手的机会。怎么做呢？最重要的一条就是一切征收都必须有法律的依据，要把权力关进制度的笼子里，就要把收税严格纳入法律的框架内，做到无法不收税。

大家知道，唐太宗手下第一号宰相是房玄龄，他和杜如晦两个人号称"房杜"，是古代贤相的代表。房玄龄以多谋善断和知人善任著称，唐朝许多栋梁之材都是他发现并提携起来的。但是，人们往往没有注意到，房玄龄把很多权力交给其他大臣们，唯独紧紧抓牢财政大权。或许有人会说这是个肥缺，难怪他不肯撒手。其实不是这样的。在事务繁忙的机构中，有些官职社会地位不高，又尽是高官贵人不愿意干的苦差事，财政官就是其中之一。房玄龄以他首席宰相的身份兼管财政，真是委屈他了，可他一干就是十几年。因为，房玄龄认识到财政税收乃朝廷利害所在，不能随便交给其他官员处理。那么，他担心什么呢？是担心税收不足，不足以应付国家开支？不是的。房玄龄知道收税最能表现政绩，毕竟是钱帛财富，官员难免越收越上瘾。到了管理财政税收的官员一门心思想要增加税收的时候，藏富于民的政策就变成伪善的口号，朝廷背离了百姓，隋朝灭亡的覆辙就在眼前。所以，他一定要亲自管理，把朝廷以民为本的政策真正落到实处，而决不能交给聚敛之人。只有官府不为政绩而躁进，社会才能获得安定。魏徵曾经将隋朝和唐朝做过对比，说："隋氏以富强而丧败，动之也；我以贫穷而安宁，静之也。静之则安，动之则乱。"隋朝尽管国家富强，却迅速丧亡，原因就在于朝廷好大喜功，躁进妄动。唐朝虽然贫穷，却十分安宁，就因为朝廷使社会静下来。静则安，动则乱。

当年隋朝为了增加国税而雷厉风行地查验户籍，全国上下全力以赴查验户口，把人都给找出来，实现人口的快速增长。隋末动乱，唐朝崛起，这期间只有短短的几年而已。但是，到唐朝统一全国的时候，户籍一下子掉到两百万户，唐太宗即位时也不过三百万户，比隋朝初年还少。按照古代平均每户五口来计算，隋末几年的动乱竟然损失三千多万人口，这可信吗？三千多万人，几乎等于第二次世界大战损失的人口，可能吗？实际上还是老问题,大批百姓趁着动乱之机从官府户籍上挣脱了,也就是说人还在,但是官府掌握不了。唐太宗接手隋朝留下的烂摊子,认下了这笔户口的糊涂账,他心里很清楚这些人都在,真要下手也能抓出来,但是他更知道,大乱之后百姓生计艰难,此时大动干戈查账只会丧失民心,弊大于利。

我们可以看到,唐朝的户口从唐太宗即位的三百万户,到唐玄宗鼎盛时期才增长到一千一百多万户,人口从两千万人增长到六千万人。这期间户籍人口的增长率是13.5‰,属于人口的自然增长。如果同隋朝作比较,大致相同的人口数值,隋朝仅仅用了二十多年就实现了,哪怕全民动员拼命生孩子也生不出来,毫无疑问属于非自然增长型。隋朝用二十年办到的事情,唐朝用了一百年。这说明什么呢?说明唐朝藏富于民的政策坚定不移,不管有过多少政治风浪,一百年不曾动摇。要算账的话,光是户籍这笔账,唐太宗就让出了三分之二的赋税。可见为政以德不但要花大气力,而且要付出真金白银,真抓实干,而不是不要本钱的空喊。历史上有许多统治者仿佛也懂得以德治国的道理,他们发布的诏书,常常都说得煞有介事,到了真正实行的时候,却都缩了回去,成了叶公好龙。为什么呢?最大的原因就是割舍不了利益,且不用说减税让利,隋文帝在大灾荒发生时竟然连老百姓平日储存的义仓都舍不得打开来赈灾,就是非常说明问题的事例。

君主如果光算经济账,就实在太小家子气了。聪明人从来不精明。你说唐太宗不会算账吗?他算的是最大的账。他深知国家的力量在于民众,百姓安则天下安,百姓富了,国家才能真正强大。国家的长治久安和繁荣昌盛,光靠钱买得来吗?隋朝末年,有人振臂一呼,王朝迅速崩溃。而唐朝"安史之乱"以后,发生了多次动乱和变故,首都几次陷落,但是,和造反者相比,老百姓觉得还是唐朝好,他们感念唐太宗,这才让唐朝屡屡死里逃生,有惊无险,最后东山再起。道理何在?恩在人心。

再来说财政管理的第三条基本原则,"量其入而出之以为用度之数",即根据财政收入来决定支出。这是中国古代国家财政支出的基本原则——

量入制出。也就是说,朝廷每年开支的盘子有多大,不能根据想做多少事情来决定,而是用财政收入来规定开支,先把总的支出盘子确定下来,再根据各个项目的轻重缓急来决定开支的取舍。

这个原则说起来简单,真正做到并不容易。一方面,因为执政者以及各级官府都会想多做些事情,皇帝经常也会想给自己添这添那,他们在考虑兴建项目的时候,基本上是考虑这些名目的政治或者社会的价值,很少考虑费用的问题,一旦项目确定下来后,发现钱不够,就会花心思去找钱。怎么找呢?不是加税就是收费。如此一来,就增加了财政收入的总量,而国家规定的税率就被突破了。另一方面,官吏尝到这个甜头,就会越来越大胆,超征和超支越来越大,陷入恶性循环。结果是财政收入没有限制,支出也没有节制,国家财政就乱掉了,而这一切后果最终都会落在老百姓身上。隋朝就是一个惨痛的教训。开运河、修长城等,朝廷只考虑项目的必要性,而完全不考虑老百姓的承受能力,财政收入完全不受制约,朝廷权力也跟着恶性膨胀,直至灭亡。唐朝严格强调"量入制出",正是看到了隋朝前车之鉴的惨痛教训。严格控制财政支出也是从经济角度把权力关进笼子里。

有些人向西方看齐,说西方现代财政是倒过来的"量出制入",是先进的财政思想,而中国的"量入制出"则是小农时代的产物,落伍了。好像咱们什么都得仿效西方不可,这是误导。西方有一套限制支出的制度,政府花一分钱都得编制预算,由议会来审批,所以可以采取开支决定收入的模式。中国古代没有人能制约朝廷的开支,所以要用收入来决定开支。从根本上说,这两种模式的内核是相通的,都是为了防止乱收税费。而控制国家对社会资源的攫取、消耗,即是把"蛋糕"多给百姓分一些,让社会财富流入千家万户,藏富于民。

节约开支,反对奢侈

【原文】

贞观元年,太宗谓侍臣曰:"自古帝王凡有兴造,必须贵顺物情。昔大禹凿九山,通九江,用人力极广而无怨讟者,物情所欲,共众所有故也。秦始皇营建宫室而人多谤议者,为徇其私欲,不与众共故也。朕今欲造一殿,材木已具,远想秦皇之事,遂不复作也。又古人云:'不作无益害有益'①,'不见可欲,使心不乱'②,固知见可欲,其心必乱矣。至如雕镂器物、珠玉服玩,若恣其骄奢,则危亡之期可立待也。自王公已下,第宅、车服、婚娶、丧葬,准品秩不合服用者,一切禁断。"由是二十年间,风俗简朴,衣无锦绣,财帛富饶,无饥寒之弊。(《贞观政要·论俭约》)

【注释】

① 不作无益害有益:典出《尚书·旅獒》:"不作无益害有益,功乃成;不贵异物贱用物,民乃足。"意思是:君主不做无益的事情而损害有益的事情,功业就能建成;不看重奇珍异宝而轻视有用之物,百姓就会富足。

② 不见可欲,使心不乱:典出《道德经》第三章:"不尚贤,使民不争;不贵难得之货,使民不为盗;不见可欲,使民心不乱。"意思是,不

推崇贤能之人，百姓就不会争名夺利；不珍视难得的宝物，百姓就不会偷盗；不让百姓看到能诱发贪欲的东西，百姓的心就不会乱。这段文字反映了老子无为而治的思想。

【译文】

贞观元年（627），唐太宗对身边的侍臣说："自古以来帝王但凡兴建土木工事，必须顺应世态民心。过去大禹开凿九座大山，疏通九条江河，所役使的人力极多，却没有人怨恨他，这是因为民心所向，所作成果由全社会共享。秦始皇营建宫殿而百姓都埋怨他，因为他是为了满足自己的私欲，不与百姓共享成果。我现在想建造一座宫殿，所需的木材都已经备齐，然而遥想秦始皇之事，最终还是放弃了。古人也说过：'不做无益的事情而损害有益的事情'，'不看可以引起欲望的事物，心思就不会被扰乱'，可知若看到能够引起欲望的事物，则心思必会被扰乱。就像精雕细琢的器物、珠宝玉器、服饰玩具，如果放纵这些奢侈的欲望，那么败亡的危险就在眼前了。自王公以下，在宅邸、车马、服饰、婚丧嫁娶等方面，凡超越其品秩的东西，一律禁止行用。"自此以后二十年间，风俗简朴，人们都不穿锦绣华服，社会资财富饶，没有百姓饥寒的弊病。

【评析】

唐太宗既不大力检括逃户，又坚决推行轻徭薄赋的政策，朝廷的收入必定大大减少。税收少了，就必须厉行节俭，反对奢侈。这一条看起来好做，实际上触动了利益集团，似易实难。而唐太宗是难易都做，双管齐下。

首先是以身作则，厉行节约。前面已经提到，国家的税收高低并不是善恶的标尺，关键在于税收支出在何处。大禹开山治水，老百姓没有怨言，而秦始皇修建宫殿，天下群起而叛之。同样是大型工程，为什么效果完全不同呢？因为大禹做的事情利国利民，是国家与百姓的双赢。而秦始皇却是为了一己私欲，搜刮民脂民膏来维持自己奢靡的生活。因此，唐太宗要求朝廷每做一件事情，先要想想对老百姓有利否，避免大兴土木，劳民伤财。这一条算是比较容易做的，只要唐太宗把握住国家的大方向，限制官吏过度追求政绩，同时克制自己的私欲，少用纳税人的钱来享乐即可。

第二个办法难度就大多了，那就是精兵简政，限制特权。古代王朝不断增长的财政支出主要在三个方面，第一是官员俸禄，第二是军费，第三是不断壮大的贵族特权阶级。

先来说官员俸禄。古代王朝为了税收，必须严格管理社会，编制精密的户籍，这就需要增设官吏。增加官吏，就需要给待遇和免税等特权，同时官员为了升迁，也要出政绩，要出政绩就要花钱，钱不够，就要再加税，于是产生了一个恶性循环。税多增官，官多加税，官员和机构不断膨胀，而享受特权的官僚亲属增长得更快，到王朝末日的时候，都出现了因为特权而免交租税的人口多于缴纳税收的人口，也就是"不课户"大大超过"课户"。这个比例严重扭曲，十羊九牧，到了社会不能承受的地步，大致上国家的财政也就走向崩溃。经济一旦破产，便会导致社会动乱。为此，唐太宗裁撤冗余的机构，谨慎地选择官员，中央朝廷员额仅六百余。当时普通人想要做官，不仅要经过艰难的科举选拔，还必须通过严苛的吏部铨选，当官之后也有定期考核。精心选官，不仅能提高行政效率，还能避免国家养闲人，减少财政开支。

再来说军费。唐初军事上继续推行府兵制，府兵大都从均田户中选拔。府兵入伍后，军籍属折冲府，户籍和田地属州县管理，平日仍和家人住在一起，垦田务农，只在每年冬季十一月才由折冲府召集，到指定地点参加操练。所谓三时耕稼，一时治武。一般情况下，府兵训练、作战的食粮、武器均自备，目的就在于减少国家养军的费用。同时，为了避免军费加重百姓负担，唐太宗对于拓边和发动战争十分谨慎。贞观四年（630），有关机构上奏说林邑国所上表疏言语不敬，请唐太宗发兵征讨，而唐太宗拒绝了，理由是穷兵黩武，不仅劳役士兵，还增加百姓的负担。贞观五年（631），远在葱岭的康国请求内附，这种四夷归附的边功对于古代帝王而言求之不得，但唐太宗却也拒绝了。他对大臣说："以前的帝王喜欢招徕偏远的国家，以夸耀自己德被四海、万邦来朝的威望。实际上，这对国家没有实际的好处，对老百姓更是造成负担。接受康国内附，就有援救它的道义，可它离得那么远，发生急难之事，去救助则师行万里，疲惫困顿。劳损百姓来博取服远的虚名，我不做。"远国来附最能用来显示君主的威望，唐太宗却因为不愿意劳民伤财而克制不为，难能可贵。唐太宗在位中后期，虽然国家日渐富裕，仍然将府兵即国家常备军控制在六十万左右，没有随着国家强盛盲目扩充军队。虽迫于形势时有对外用兵，但"出征多不逾时，远不经岁，而能克捷"（《玉海》卷一三八引《邺侯家传》），没有给士兵及国家财政带来过于沉重的负担。

最后说一下贵族特权阶级。唐朝立国之初，唐高祖李渊认为西周之所以维持八百年，是因为实行分封制的功劳。所以，他大封宗室，亲王数十个，连孩童都封王。唐太宗即位后，征询大臣对于分封的意见。封德彝应对道："以前封王仅限于皇子和兄弟，此外的皇亲必须立下大功才能封王，但也没有像今天这么多的。王爵尊贵，待遇优厚，恐怕不公平。"唐太宗听后，马上表态道："我当皇帝是为了养育百姓，怎么可以侵扰百姓来养肥皇族呢？"于是下令皇亲封王者都连降好几级爵位，待遇也跟着减低，只有立功者除外。以皇族为代表的贵族特权阶级，不事生产，是寄生于皇权中的米虫，靠国家税收养活，且随着时日推进，开枝散叶，人员渐多，必将成为国家财政的巨大负担。唐太宗即位后，不仅降低他们的爵位和待遇，还规定他们吃穿用度不得逾制，不得使用过于精美的奢侈品。在唐太宗的提倡和严格管制下，贞观时期，贵族官僚生活都较为简朴，不仅为国家节省了大笔开支，同时形成了良好的社会风气。

天下英雄入吾彀中
——人才建设

【题旨】

再好的制度和政策，都需要有人来维护和贯彻，选拔和任用人才，直接关系治国的成败。用心去辨识几个人还好办，要维护整个国家机器的持续运转，必须确立考察人才的指导思想和原则，并将之变成普遍性的选拔任用官员的制度。要做到这一点，首先要解决一个基本问题，什么样的人才是国家需要的人才？

古人讲"德不配位，必有灾殃"，中国自古以来认为德才兼备是人才最基本的条件，其中又以德在才先。汉代选官察举孝廉，就是着重考察人的品行。但是，到曹操主政的时候，把这个观念给彻底颠覆了。他提出人要分成两个方面来看，一是才干能力，称之为"才"；二是品德，称之为"性"。向来选拔官吏都认为必须德才兼备，也就是说德和才应该是统一的。然而曹操彻底颠覆了传统的用人思想，提出德和才是对立的，有品德的人未必有才干，有才干的人未必有品德。他先后三次公开发布《求贤诏》，提出"唯才是举"的方针，宣扬选拔官吏只要有本事，哪怕身负污名，不仁不孝，都应当被重用。

宋朝宰辅，同时也是大学者的司马光在其不朽名著《资治通鉴》中指出："才者，德之资也；德者，才之帅也。"（《资治通鉴》"周威烈王二十三年"条）案德和才是本和末的关系。然而，曹操公开主张颠倒这层关系，重用有才无德之人。曹操作为实际领导人，通过国家政令的形式公然提倡反道德，对社会产生的冲击是非常大的，促使整个社会风气转向急功近利和不择手段。加之长期战乱，统治者在用人方面更加功利，大批使用有才无德的所谓"能人"。

那些惨痛年代发生的阴谋背叛、骨肉相残的缺德惨剧，一千零一夜都讲不完。大家在丛林法则中痛感重建道德的必要性和重要性。唐朝建立后，唐太宗君臣决心在用人方针上实现根本性转变，把个人品德放在第一位，用君子，远小人。这一理念转变清晰地体现在唐太宗君臣的一段对话中。

上谓魏徵曰："为官择人，不可造次。用一君子，则君子皆至，用一小人，则小人竞进矣。"对曰："然。天下未定，则专取其才，不考其行。丧乱既平，则非才行兼备，不可用也。"（《资治通鉴》"唐贞观六年"条）

唐太宗认为选拔官员的理念影响社会风气的走向，用君子则君子都来为你所用，用小人则小人纷纷钻营求进。魏徵不仅同意唐太宗的看法，还顺势指出另一个重要问题，即要彻底改变打天下时的用人思想。打天下的时候，敌我双方都不择手段，所以用人更加注重有专长的人，用其才，不问其德。可是，到了和平建设时期，就必须彻底抛弃这种用人路数。若想国家长治久安，就必须抛弃热衷于尔虞我诈、唯利是图、道德堕落的人，将组织路线扭回到德才兼备的正道上。

要选拔大批德才兼备的人，贯彻以文德治国的大政方针，首先要为国养士。人才不是凭空出现的，何况唐以前数百年都是轻视文化的社会，要改变这一现状，必须首先花大力气兴办教育，提高国民的整体文化素质。其次要建立一套好的选官制度，以制度代替伯乐，将卓越的人才挑选出来为国所用。最后还要建立一套公正严明的监督机制，保障所选拔的人才不会变色，长期保持官吏队伍的纯洁性。唐太宗时期得人之盛无与伦比，正是从以上三点着手进行人才建设的。

振兴教育，尊师重道

【原文】

太宗初践祚，即于正殿^①之左置弘文馆^②，精选天下文儒，令以本官兼直学士^③，给珍膳，更日直宿^④。以听朝之隙，引入内殿，讨论坟典^⑤，商略政事，或至夜分乃罢。又诏勋贤三品以上子孙为弘文学生。（《贞观政要·崇儒学》）

【注释】

① 正殿：贞观时期的正殿即皇城的主殿太极殿。至唐高宗时，大明宫建成，此后各代皇帝多在大明宫处理政事，其正殿名含元殿。

② 弘文馆：官署名。自东汉置东观以来，历代皆有文馆。唐武德四年（621），于门下省置修文馆。武德九年（626），唐太宗即位，更名弘文馆。唐太宗于馆内置图书二十万卷，招徕博学善文之士直弘文馆，名学士，于听朝间隙与之谈论经义，共商国政。又选高官勋戚子弟三十人左右于馆内学习，教授、考试一如国子监。弘文馆长官为学士，掌校正图籍，教授生徒。凡朝廷改革制度、礼仪，均可参议。另设校书郎二人，从九品上。令史二人，楷书手三十人，典书二人，搨书手三人，笔匠三人，熟纸装潢匠九人，亭长二人，掌固四人。神龙元年（705），弘文馆因避太子李弘名更名昭文馆，开元年间复旧。

③ 学士：官名。自南北朝以来历代多置学士，掌文学著述。唐自武德以来，皆妙选贤良文学为学士，五品以上，称学士，六品以下，为直学士，又有文学直馆学士，不定员数。唐太宗置弘文馆学士，除掌校定书籍、教授学生之外，亦可参议国政。自垂拱以后，皆以宰相兼领，号为馆主，常令给事中一人判馆事。

④ 直宿：唐代官员轮流在宫内值宿的制度。亦名"宿直"。

⑤ 坟典：三坟五典的简称。传言伏羲、神农、黄帝之书谓之三坟，少昊、颛顼、高辛、唐尧、虞舜之书谓之五典，是中国最古老的书籍。后世多以坟典泛指古籍。

【译文】

唐太宗刚登上帝位时，就在太极殿的左边置弘文馆，精心简择全国的文人儒士，让他们以原官兼任弘文馆学士，供应给他们丰盛的菜肴，让他们每日轮流在宫中值班。唐太宗在上朝的间隙，将他们召到内殿，讨论古代典籍，商量国家政务，有时到深夜才结束。唐太宗又下诏让三品以上勋贵贤臣的子孙做弘文馆的学生。

【评析】

要从急功近利的执政理念转变到以文德治国的航向上来，需要大批具有理想、充满热情且有能力的人才。有没有这样的人才，关系国家的兴废，对此，唐朝吸取了隋朝的前车之鉴，花大气力振兴教育，培养人才。

隋文帝建国当初，也曾经痛下决心要缔造空前的大帝国，兴办教育。常言道：十年树木，百年树人。教育是项长期的事业，它看不到立竿见影的效果，不仅不能表现为物质性的增长，还需要巨大的财政投入。而且隋文帝是从朝廷内部斗争中杀出来的人，骨子里看不起文化，《隋书》就记载他"素不悦学"。因此，在办了二十年学校还感觉不到办学对国库的增长有丝毫好处的情况下，隋文帝下诏指责中央到地方的各级学校"徒有名录，空度岁时"（《隋书·儒林传序》），干脆命令废除学校，只保留国子学一所，学生区区七十二人。堂堂大国，竟然废除学校，专制而愚蠢，难怪唐太宗君臣批评隋文帝是"天性沉猜，素无学术，好为小数，不达大体"（《隋书·文帝本纪》）。隋文帝轻视教育，践踏文化的结果，表面上看只是学校门可罗雀，社会上没人唱诵诗歌。其实，更加严重的后果是造成了人人急功近利，恶性竞争，为一点私利不择手段。唐朝史官描述隋朝后期的社会是"皆怀攘夺之心，相与陷于不义"（《隋书·儒林传序》）。这些短视的做法，根子就在于不尊重文化。官员没有文化，没有理想，没有见识，最重要的是没有善恶是非的人文情怀，这样的国家是绝对走不长远的。隋朝的教训，使唐朝君臣深刻认识到，学校的兴衰，关系国家的成败，"盛衰是系，兴亡攸在，有国有家者可不慎欤！"（《隋书·儒林传序》）因此，唐朝甫一建立，立刻恢复、扩建学校，充实师资，最高学府还被尊为朝廷的智囊。

唐高祖建国之初，在军事形势非常严峻、缺人少钱的情况下，毅然宣布在中央恢复国子学、太学、四门学，分别招生七十二人、一百四十人和一百三十人。在文化成本很高的古代，这个招生数量并不算少。同时，他命令所辖地方，由官方兴办学校，郡一级的学校，根据当地人口多少，招收四十名到六十名学生；郡下面的县也要官办学校，同样根据人口多少，招收二十名到四十名学生。也就是说，唐朝在夺取政权而天下未定的第一时间，就在全国恢复学校，向天下表明兴办教育的决心。李唐之所以能在隋末群雄中脱颖而出，就在于其眼光长远，早早树立起了仁义之师的形象，并实实在在地贯彻执行。

至唐太宗即位，学校事业更是取得长足的进展。如本段材料所显示，唐太宗在正殿左侧设立弘文馆，在全国精心挑选真正有学问的学者，担任"学士"，执掌教席，给他们五品官员的薪俸待遇。五品相当于今日司局级官员的级别，属于高干，这是很高的礼遇。更难得的是，弘文馆学士以及级别略低的"直学士"，都没有编制上的限制。要知道唐太宗时期严格控制官员编制，整个中央朝廷才六百四十三人，只有文化机构是不受编制限制的，充分反映出唐朝尽揽天下英才、文化治国的决心和诚意。那么，弘文馆学士要承担什么工作呢?

第一,他们要帮助皇帝学习,讲解经典。唐太宗处理政务,最显著的特色是特别重视从国家治理的宏伟战略,以及同中国传统治国思想相结合的理论高度,来指导和处理日常工作,既不陷入烦琐的事务,迷失方向,也不急于求成,浮夸躁进。要做到这一点,就需要不断地深入学习,始终站在时代的制高点上。唐太宗让学士们在皇宫正殿旁边值班,一下朝马上就开始学习。他甚至把学士们请入内殿,一起研究典籍,理论联系实际,探讨当前的治国方略,常常要讨论到深夜才结束。

第二,教授学生。弘文馆既是皇帝的智囊,同时也是最高层级的教育机构,招收皇亲国戚和部长以上官员的子弟,传授学问,为国家培养后备人才。

第三,参与决策。凡是朝廷有关制度沿革、礼仪轻重等重大事务,他们可以参加讨论和决策。

除弘文馆之外,国家的各种学校都得到很大的发展,唐朝把国家最高学府国子监的祭酒定为三品,几乎相当于宰相品级,成为非常荣耀的职位。国子监下面管理"六学",分别是国子学、太学、四门学、律学、书学和算学。至唐太宗时代,中央官学大规模扩建校舍,国子学达到一千二百间,太学、四门学等学校也都扩大招生,像书学、算学这类专科学校,学生达到三千二百六十人之多,在当时堪称空前。唐朝的中央学校还广泛招收外国学生,像高句丽、百济、新罗、日本,以及周边各个国家的酋长贵族,纷纷把自己的子弟送到唐朝留学。国家实力的竞争归根结底是人才的竞争,唐朝非常成功的经验,就是全力以赴办当时东亚最好的学校,吸引全世界的人才前来学习,其中有相当部分品学兼优的人才毕业后留在唐朝任职,使得唐朝能够得天下之英才为我所用,一直具有强大的竞争力。要办好高等学府,不仅要有物质资料的支持,更重要的是要有高度开放的精神,让思想和学术能够充分地展开,在交流和碰撞中不断完善和提高。唐朝学府的讲坛是非常开放的,《旧唐书·儒学传》中记载,来自五湖四海的学者都可以在这里登坛开讲,相互辩难,记录下来的讲演者多达八千多人,"济济洋洋焉，儒学之盛，古昔未之有也。"唐朝教育、学术之繁荣，足见一斑。

【原文】

贞观二年，诏停周公为先圣，始立孔子①庙堂于国学②，稽式旧典，以仲尼为先圣，颜子③为先师，而笾豆④干戚⑤之容，始备于兹矣。是岁，大收天下儒士，赐帛给传⑥，令诣京师，优以吏职，布廊庙者甚众。学生通一大经已上，咸得署吏。于国学造舍四百间，国子⑦、太学⑧、四门俊士⑨亦增置生员，其书⑩、算⑪各置博士、学生，以备众艺。自玄武门屯营飞骑，亦给博士，授以经业。有能通经者，听预贡举。而吐蕃及高昌、高丽、新罗等诸夷酋长，亦遣子弟请入于学以百数。国学之内，鼓箧而升讲筵者，几至万人。儒学之盛，前古未之闻也。太宗又数幸国学，令祭酒⑫、博士⑬讲论毕，各赐以束帛。学生能通经者，即擢以吏职。（《贞观政要·崇儒学》）

【注释】

① 孔子：中国古代著名思想家、教育家，儒家学派的创始人。名丘，字仲尼，鲁国陬邑（今山东曲阜）人。本为宋人，为宋国开国诸侯微子启弟微仲十四世孙。孔子学识渊博，传言有弟子三千，贤者七十二。早年曾在鲁国任官，后因与国内权臣不合被迫出走，带弟子周游列国宣传自己的思想主张。孔子政治思想的核心是"礼"和"仁"，主张"为政以德""克己复礼"，经济上主张"富民"，教育上主张"有教无类"。孔子所开创的儒家思想成为汉武帝以后两千年间中国古代王朝的官方意识形态，塑造了中国的历史与文化，影响至深。

② 国学：唐代的中央官学。唐代在国子监下设立国子学、太学、四门学、律学、书学、算学等六所官方学校，习称"六学"，因为是国家设立的最高教育机构，亦名"国学"。

③ 颜子：即孔子的弟子颜回。字渊，鲁国陬邑（今山东曲阜）人，以德行著称，是孔子最得意的弟子，一生师事孔子。《论语》中多次记载

孔子称赞颜回的事迹，故历代统治者多以颜回配享孔子。

④ 笾豆：古代祭祀时盛祭品的两种食器，竹制为笾，木制为豆。

⑤ 干戚：干，盾；戚，斧头。本为兵器，亦是古代祭祀乐舞中武舞所执的舞具。

⑥ 传：即过所，唐代过关津时所用的官方凭证。

⑦ 国子：指唐代中央官学之一的国子学。西晋因高门子弟耻于在太学与寒门子弟为伍，而于咸宁二年（276）于太学之外另立国子学，主要教授三品以上高官及国公子弟。之后南北朝各代或设国子学，或设太学，或二学并置。隋文帝时以国子寺统辖国子学、太学、四门学等，隋炀帝改国子寺为国子监，唐朝因之。国子学置博士二人，助教二人，典学四人，庙干二人，掌固四人。招收文武官三品以上、国公子孙及二品以上曾孙，员额三百人。

⑧ 太学：唐代中央官学之一。太学之名始于西周。汉武帝元朔五年（前124）于京师长安设太学，立五经博士教授弟子，以为中央最高学府。之后太学规模不断扩大，至东汉末年太学生达三万人，成为一股重要的政治力量，以"清议"干政。至西晋，在太学之外另立专门教授高门子弟的国子学，自此太学的最高学府地位让位于国子学。唐代太学设博士三人，助教三人，招收文武五品以上及郡县公子孙，从三品曾孙，员额五百人。

⑨ 四门俊士：北魏太和二十年（496）在洛阳始立四门学，隋唐沿置。唐代四门学设博士、助教各三人，直讲四人，招收五百人，分为"四门生""四门俊士"两类。四门生招收文武官员七品以上及侯、伯、子、男之子，四门俊士招收庶人子中为俊士生者，无出身品秩要求。唐代四门生以上生员有资荫限制，依据父祖官阶、门荫选补，而四门俊士由于无品秩限制则需经国子监考试选拔，一般由州县学生中通经或文辞出众者充。

⑩ 书：指唐代官学之一的书学，是专门教授书法的学校。晋武帝时，荀勖领秘书监，于监中立书博士，设弟子员，教习书法。隋开皇初，于

国子寺下设书学，有书博士二人，助教二人，招收书学生四十人。隋炀帝改国子寺名国子监。唐贞观二年（628）于国子监下设书学，设博士二人，招收文武官八品以下及庶人之子，员额三十人。课程进度安排为《三体石经》限学三年，《说文》二年，《字林》一年，总修习年限不得超过九年。

⑪ 算：指唐代中央官学之一的算学，是专门教授数学的学校，置博士二人，招收文武八品以下及庶人子，员额三十人。

⑫ 祭酒：中国古代学官名。本意是指祭祀或宴会时，由德高望重的长者一人举酒领祭。后汉武帝设五经博士，博士之首称博士仆射，东汉时改称博士祭酒，祭酒由此成为最高学官之名。西晋时于太学之上另立国子学，设国子祭酒。隋以后改称国子监祭酒，为国子监的主管。唐代因之，以为国家学校教育事业的最高领导者，主持国子监事务，下设司业为副，及丞（掌判监事）、主簿（掌印）、录事。

⑬ 博士：中国古代学官名。西汉文、景帝时期即设《诗》《书》博士，至汉武帝建元五年（前136），增置《诗》《书》《礼》《易》《春秋》五经博士，随后又于元朔五年（前124）为五经博士置弟子，自此博士由顾问之职改为教授生徒的学官。后世历代相沿，于官学皆设经学博士。唐代博士亦因各学名称不同而称呼国子博士、太学博士、四门博士等。

【译文】

贞观二年（628），唐太宗下诏停止在祭祀时以周公为先圣，而开始在国学中建立祭祀孔子的庙堂，借鉴先代的制度，以孔子为先圣，颜回为先师，以食物和乐舞祭祀他们的仪式也自此开始。这一年，朝廷大力招揽天下的儒士，赐给他们钱财和过所，让他们到京城来，从优授予他们官职，其中许多人得以班列朝廷。学生中通晓一部大经者都能得到官职。朝廷在国学建造了四百间房舍，国子学、太学、四门俊士等都增置生员，书学、算学亦分别安排博士授课，招收学生，以培养各种人才。玄武门屯营飞骑中亦安排博士教授经学，允许通晓经典的人参与贡举。吐蕃、高昌、高句丽及新罗等周边政权酋长也派遣子弟请求入学，数量过百。中央六学中，负笈求学及升堂讲课的人数几乎达到上万。儒学之兴旺，是自古以来从未听说过的。唐太宗也几度驾幸国学，令祭酒、博士讲论经典，待他们讲完之后给每个人都赏赐束帛。学校的学生中通晓经典者都授予吏职。

【评析】

贞观二年（628），唐太宗颁发诏令，在中央官学建立孔子庙，同时停止把周公作为学府礼拜的最高先圣人物，而改立孔子为先圣，以孔子最得意的学生颜回为先师。这道诏令表面看似乎不是那么重要，其实不然。周公不论他对兴学有多少贡献，总的来说，他是一位杰出的政治家，而孔子是一位纯粹的教育家、思想家。在学府里面，用孔子取代周公，是唐太宗给教育和学术重新定位的举措，让学术独立，教育高尚，文化挣脱了权力的牢笼而高昂屹立，孔子在中国古代教育和学术思想上至高无上的地位也从此建立起来。

至贞观十四年（640），唐太宗再次颁布诏令，表彰南北朝以来杰出的儒学思想家和教育家，优待这批儒学家的学生，让他们能够专心致志地传播学术，讲求学问。同时，命令各地官府访求这批儒学家的后人，上报朝廷，以体现国家奖励学术的精神。贞观二十一年（647），唐太宗又再次颁布诏令，选出自春秋时代的左丘明以来，历朝历代的杰出儒学家二十一人，将他们的著作选为教材，把他们的画像和牌位放在太学里面，作为孔子的陪祀。经过将近二十年坚持不懈的努力，唐太宗成功地重新建立起儒家的学统，确立学术的崇高地位，并将儒学确定为国家的主流文化，为树立全社会的核心价值观夯实基础。

这件事情的意义非常重要，而且影响深远。前面已经提到，东汉帝国的灭亡，是从国家信仰崩溃开始的，此后漫长的岁月里，玄学思想狂扫士林，主流意识形态被冲击得落花流水。然而一个国家、一个民族，没有大多数人认同的伦理道德和价值观念，是凝聚不了的。国家真正的统一，是在军事统一、政治统一、制度统一之后更加深层次的文化统一。没有文化统一，就没有凝聚力，是不可能走向繁荣昌盛的。五胡十六国以来，几十个政权犹如泡影，呼啸而起，转瞬破灭，其中非常重要的原因就是这些政权只重视实力，从来没有建立起与时代相适应的新文化。唐太宗从它们失败的教训中，深深懂得了文化的重要性，所以如此努力地进行文化事业的建设，继往开来。

【原文】

贞观四年，太宗以经籍去圣久远，文字讹谬，诏前中书侍郎颜师古①于秘书省②考定五经。及功毕，复诏尚书左仆射房玄龄集诸儒重加详议。时诸儒传习师说，舛谬已久，皆共非之，异端锋起。而师古辄引晋、宋已来古本，随方晓答，援据详明，皆出其意表，诸儒莫不叹伏。太宗称善者久之，赐帛五百段，加授通直散骑常侍，颁其所定书于天下，令学者习焉。

太宗又以儒家多门，章句繁杂，诏师古与国子祭酒孔颖达等诸儒撰定五经疏义，凡一百八十卷，名曰《五经正义》，付国学施行。（《贞观政要·崇儒学》）

【注释】

① 颜师古：名籀，字师古，京兆万年（今陕西西安）人，齐黄门侍郎颜之推之孙。父颜思鲁武德初为秦王府记室参军。颜师古少传家业，精通训诂。唐起兵入关，随父至长春宫谒见，授朝散大夫。及唐军平长安，拜敦煌公府文学，转起居舍人，再迁中书舍人，专掌机密。唐太宗践祚，擢拜中书侍郎。以母丧去职。后复为中书侍郎。一年后坐事被免职。随后受命于秘书省考定五经，又参与撰定五礼、校定国家图籍、注释《汉书》等工作，以功累迁秘书少监、秘书监、弘文馆学士。贞观十九年（645），从驾东巡，卒于途中，年六十五，谥曰"戴"。

② 秘书省：唐代管理国家藏书的机构。东汉桓帝始置，属太常，掌禁中图书秘记，故曰秘书。曹操为魏王时，置秘书令，典尚书奏事，兼掌图书秘记。魏文帝黄初中，分秘书立中书。魏初秘书属少府，晋武帝时，将秘书并入中书。至晋惠帝时别置秘书寺，掌中外三阁图书。南朝宋、齐相沿。梁朝改秘书寺为秘书省，与尚书、中书、门下、集书为五省。陈依梁。后魏亦以秘书省为五省之一。北齐依魏。后周春官府置外史下大夫，掌书籍，当秘书监之任。隋朝以秘书与尚书、门下、内史、殿内为五省，唐因之。秘书省置秘书监一人，少监二人，丞一人，掌国家图书经籍事。

【译文】

贞观四年（630），太宗因为现在距离古代圣人的时代已经很久远，所传的圣人撰写的儒家经典中文字多有讹误，下诏让前中书侍郎颜师古在秘书省考订五经。待其完成，又下诏让尚书左仆射房玄龄召集多位大儒详加讨论。当时各位大儒都承习讹误已久的旧说，因而皆反对颜师古的考订。一时之间，异说蜂起。但是颜师古引用晋、宋以来的古本，对他们的质疑一一予以解答，引经据典，考证详明，大大出乎他们的意料，使得各位大儒无不叹服。唐太宗也对颜师古大为称赞，赏赐他帛五百段，加授他通直散骑常侍，并将他所考订的五经颁行天下，令学生学习。

唐太宗又因为儒家内部学术系别众多，对章句的解释各有不同，下诏让颜师古和国子监祭酒孔颖达等多位大儒撰写五经疏义，所成书共计一百八十卷，名《五经正义》，颁下官学作教材使用。

【评析】

东汉灭亡以来，儒学遭遇严重的挑战，世人以标新立异为风尚，各种学说勃然兴起，一方面是思想的大解放，另一方面则是众说纷纭，无所适从。在这种局面下，儒家经典失去了往日的权威，或者散乱无章，或者传抄错讹，没有一个公认的标准文本。更严重的是对儒学经典的解释非常混乱，各家有各家的说法，师承不同，解说各异。南北朝时期，南北分裂进一步加剧了儒学的分裂，南北学风不同，面对的社会也不一样，加上北方多民族并存，不同的文化背景，导致对儒学的理解更是千差万别。唐朝重新把儒学作为朝廷的主导思想，这种儒学解释混乱的情况，显然不利于建构唐朝的意识形态。所以，唐太宗令原来的中书侍郎颜师古在秘书省内专心考定儒家最基本的五经。

颜师古是当时最为著名的经学家、历史学家，其祖父即著名的《颜氏家训》的作者颜之推。颜之推在南方和北方都当过官，熟知南北文化的异同，把这些学问传给儿子，成为家学。所以，颜师古有深厚的家学渊源，家中几代人都是名满天下的大学者，他自己也十分博学，精通经史，唐太宗选他来考订儒经，制定范本，极具慧眼。颜师古果然不负重托，顺利完成了这项工作。紧接着，唐太宗命令宰相房玄龄召集天下名儒，来讨论颜师古对经文的考订，没想到各位大儒纷纷对颜说提出反对，争论非常激烈。幸好颜师古学识精深，引经据典，讲清楚经文的源流脉络，一一解答众人的质疑，让大家深感佩服。最后，颜师古所编订的五经得到诸位大儒的一致认可，唐太宗将之颁行天下，令学者学习。

虽然有了标准的经文教材，但儒家经典读起来难度甚大，儒门各家对经文的解释也各不相同，从义理考据，到文字注释，众说纷纭。于是，唐太宗再次命令朝廷主管教育的最高学官孔颖达等人，会同颜师古一同为五经撰写疏义，即对经文作注解。孔颖达是孔子的后人，八岁时师从隋朝大儒刘焯，日诵千言，学问非常渊博。他与颜师古撰写的疏义，破除各家门户之见，融合南北学说，采选精审。最终成书一百八十卷，名《五经正义》。《五经正义》的完成结束了汉代以来各家的纷争，成为儒家五经最为规范而权威的解释，是儒学发展史上的一座纪念碑。颜师古、孔颖达等人的工作，不仅确定了全国学校学习及科举考试的教材，使万千学子有书可依，更重要的是确立了唐朝的主流意识形态，有利于建设全社会共同认同的核心价值观，增强国家的凝聚力。

【原文】

贞观六年，诏曰："朕比寻讨经史，明王圣帝，曷尝无师傅哉！前所进令，遂不睹三师①之位，意将未可。何以然？黄帝学太颠②，颛顼学禄图③，尧学尹寿④，舜学务成昭⑤，禹学西王国，汤学威子伯，文王⑥学子期⑦，武王学虢叔⑧。前代圣王，未遭此师，则功业不著乎天下，名誉不传乎载籍。况朕接百王之末，智不同圣人，其无师傅，安可以临兆民者哉？《诗》不云乎：'不愆不忘，率由旧章。'⑨夫不学则不明古道，而能政致太平者，未之有也！可即著令，置三师之位。"（《贞观政要·论尊敬师傅》）

【注释】

① 三师：太师、太傅、太保的合称。原为周官三公之名，位尊权重，相当于后世的宰相。后世或废或置，皆虚职。北魏始以太师、太傅、太保为三师，为辅导天子之官，位正一品上，非勋高德重者不居。北齐因之。后周依周官更名为三公，不置府僚。隋文帝时仍改为三师，亦不置府僚，炀帝大业三年（607）废。唐朝复置，正一品，无实职，与天子坐而论道。同时置太子太师、太子太傅、太子太保，位从一品，掌教导太子。

② 太颠：周文王、武王时期的大臣。据《史记》记载，武王伐纣时，太颠与散宜生、闳夭皆执剑以卫武王。

③ 禄图：相传为颛顼之师。典出汉代韩婴所作《韩诗外传》："颛顼学乎禄图。"

④ 尹寿：相传为尧之师，教授尧用仁义道德、清静无为来管理国家。

⑤ 务成昭：即道教神仙务成子。又名巫成，字昭。相传为上古诸侯国务国的国君，曾做过舜的老师。

⑥ 文王：即商末周部族的领袖周文王。姓姬，名昌。商纣王时振兴周族，与九侯、鄂侯一起任商朝三公，后因不满九侯、鄂侯被害而被纣王囚禁于羑里。得释后向商献出洛西之地，得任西方诸侯之长的西

伯，之后逐步攻灭多个部族，并在崇部落故地修建新都城丰。相传姬昌在位共五十年，其间大大扩张了周部族的势力，为周武王伐商奠定了基础。西周建立后，周武王追尊其为文王。

⑦子期：商第三十代君主帝乙之子。相传被帝乙封于太原郝乡，子孙以地为氏，被后人尊为郝氏先祖。

⑧虢叔：季历第三子，周文王之弟。和哥哥虢仲都是周文王的卿士。周武王伐纣灭商后，虢仲被封在制，称东虢；虢叔被封在雍，称西虢。

⑨不愆不忘，率由旧章：典出《诗经·大雅·假乐》："不愆不忘，率由旧章。"《假乐》是一首对周宣王表达赞美及提出期望的诗。这一句的意思是期望宣王不要犯错，不要违背自己的职责，遵循周代文、武、成、康等先王的祖制。

【译文】

贞观六年（632），唐太宗下诏说："我最近研读经史，圣明的帝王未尝有一人没有老师。前些日子进奏的官令中竟然没看到'三师'的职位，我认为不妥。为什么这么说？黄帝随太颠学习，颛顼随禄图学习，尧随尹寿学习，舜向务成昭学习，禹在西王国学习，汤向威子伯学习，周文王向子期学习，周武王随虢叔学习。前代圣明的帝王们，如果没有这些老师，那么他们的功业不可能泽被天下，名望不可能传载典籍。更何况我在这些圣明的帝王之后登基，才智比不上圣人，若是再没有老师，怎么能君临万民呢？《诗经》不是也说：'君主要不行错事、不忘职责，遵循原有的规章法度。'不学习则不能明白古时治国的道理，如此行事而能令天下太平是从来没有过的！应当立刻拟定法令，设置'三师'职位。"

【评析】

要振兴教育，必须尊师重道。教育的目标是培养独立而健全的人格和理性的批判精神，而不仅仅是进行知识的灌输。要达到这个目标，首先必须对学问怀有虔诚和敬畏，充满热情。学术的具体体现，往往就是老师。尊师不是要对老师顶礼膜拜，而是通过老师这个化身表现出对于学问的崇敬。说到底，尊师是为了打掉自己心中的傲气和无知，从而对世间万物充满好奇，虔诚地学习，思考领悟。尊不尊师对于老师并没有损失或者获得，对于学生就大不一样了。唐太宗本人对此有着深刻的领悟。因此，他在贞观六年（632）发布了上述诏令，专门讲到从黄帝以来，到尧、舜、禹、商汤、周文王、周武王，每一代圣君都是虚心拜师学习才学会治国之道的。唐太宗谦虚地说，自己才智不如古代圣君，如果再没有师傅，怎么能够实现天下大治呢？因此，要修改法令，在朝廷设立"三师"之位。

唐太宗不仅以身作则，还要把这个优良传统保持下去，要求太子必须尊敬老师。老师这个职业，在古代不是有知识就可以担当的。我们常说"为人师表"，所以，老师一定要挑选有道德的学者。唐太宗让大臣们访求正直忠信之人，每人推荐两三人，让他优中选优，作为太子的师傅。最终入选为太子师傅的人是李纲。他自隋朝就是德高望重之臣，学识渊博，为人刚正不阿。唐高祖用他主管文教，兼任儿子李元吉的师傅。李元吉任并州总管时，在太原作威作福，常常出来打猎，践踏庄稼，更可恶的是在街头拿弓箭射人，看百姓惶恐躲避，以为乐趣。由于他是皇子，太原的百姓敢怒不敢言。而李纲直接把状子告到唐高祖那里，硬是把李元吉给弹劾了。

唐太宗挑选李纲给太子当师傅，这时候李纲已经上了年纪，行走不便，唐太宗亲自下令给他配轿子，每次请他入宫讲学，或者讨论国家大事，都让三卫的卫士用轿子将他抬进来，这是多么大的礼遇啊！并且，唐太宗认为如果老师的地位低于太子，太子就不会真正将老师视作学习的榜样。因此，他给太子立规矩，要他亲自迎接李纲上殿，行拜师大礼，然后李纲才给太子讲课。贞观后期，唐太宗还把这套规矩制度化，专门让人编写了太子接三师仪注，明文规定上课之前太子要出殿迎接师傅，并主动向老师行礼，老师答礼之后，将老师迎入宫中，每进一道门都要让老师先行。上殿之后，老师坐下，太子才能坐，给老师写信，开头要用"惶恐"，结尾要写"惶恐再拜"。

　　为了推动崇尚文化的风气,唐太宗本人也多次驾临国子学。在庄严的学术殿堂里,唯有学问最为崇高。唐太宗毕恭毕敬地当起学生来,请国子学的校长、老师们上台讲解经典,发表高论。讲演之后,唐太宗给老师献上大礼,表示酬劳。在唐太宗的大力推动之下,唐代的学术风气迅速高涨起来,四面八方的儒生背着书籍前来求学,数以千计。唐朝在兴学育人方面的投入,不仅为国家培养了大批优秀人才,对于整个社会的精神文明建设亦影响深远。

建立规范的考试及铨选制度

【原文】

贞观二年,太宗谓侍臣曰:"为政之要,惟在得人,用非其才,必难致理。今所任用,必须以德行、学识为本。"谏议大夫王珪曰:"人臣若无学业,不能识前言往行,岂堪大任。汉昭帝①时,有诈称卫太子②,聚观者数万人,众皆致惑。隽不疑③断以蒯聩④之事,昭帝曰:'公卿大臣,当用经术明于古义者,此则固非刀笔俗吏所可比拟。'"太宗曰:"信如卿言。"(《贞观政要·崇儒学》)

【注释】

① 汉昭帝:西汉皇帝。姓刘,名弗陵。汉武帝刘彻少子,母为钩弋夫人。后元二年(前87)被立为太子,同年即位,霍光、上官桀、金日磾、桑弘羊受遗诏辅政。昭帝即位后委政霍光,采取轻徭薄赋、与民休息的政策,同时恢复与匈奴的和亲,为国内生产发展,创建和平的环境,使得武帝后期凋敝的社会民生迅速恢复,奠定了"昭宣中兴"的基础。元平元年(前74),因病驾崩,时年二十一岁,谥号"孝昭皇帝",葬于平陵。

② 卫太子:即汉武帝刘彻嫡长子刘据,母为皇后卫子夫。元狩元年(前122)被立为皇太子。武帝末,江充用事,诬陷卫太子行巫蛊,卫太

子恐惧之下捕杀江充,又发宾客士卒与丞相刘屈氂等战于长安,兵败逃亡,被吏围捕,被迫自杀。后车千秋为其讼冤,武帝悔悟,乃族灭江充家。后卫太子之孙汉宣帝刘询继位,追谥曰"戾"。

③ 隽不疑:字曼倩,渤海郡(今河北沧县)人。初为郡文学。汉武帝末年,任青州刺史。昭帝时,迁京兆尹。始元五年(前82),因识破冒充卫太子之人,得到汉昭帝和大将军霍光的称赞,名声大振。后因病辞官,逝于家中。

④ 蒯聩:春秋时期卫国第三十任国君卫庄公。姬姓卫氏,卫灵公之子,卫出公之父。前496年,蒯聩密谋杀父亲卫灵公的夫人南子,事泄逃奔宋国。前493年,卫灵公死,蒯聩之子姬辄即位,为卫出公。同年赵简子派阳虎等人送蒯聩回卫国,被卫人所拒,不得入。前480年,蒯聩的姐姐伯姬谋立蒯聩,卫出公被迫逃至齐国,蒯聩即位,为卫庄公,但在位仅三年就被杀掉。

【译文】

贞观二年(628),唐太宗对身边的侍臣说:"治国的关键,在于委任合适的人才,用人不当,必然难以治理好国家。如今任用人才必须以德行、学识为根本。"谏议大夫王珪说:"臣子如果没有学问,不通晓前人的做法,怎能担当大任呢?汉昭帝时,有人冒充卫太子,围观的人达好几万,大家都不知道该怎么办。最终是大臣隽不疑参照古代蒯聩的先例,将那个人逮捕了。对此,汉昭帝说:'公卿大臣,当由通晓经术、懂得古义的人来担任,这种人确实不是寻常的刀笔俗吏之辈比得上的。'"唐太宗说:"确如你所说。"

【评析】

唐朝将用人思想从急功近利的"唯才是举"转移到德才兼备上来,朝廷选官以德行、学识为本。其中,对学识的要求是通晓经术,即儒家经典。为此唐朝从中央到地方建立了一系列的学校,编纂了官方认证的五经教材,以教授学生。那么下一步便是将这些学生中的优秀者选拔出来为国所用了,为此，唐朝建立了一整套考试选官制度，即众所周知的"科举制"。

为了更好地了解科举制的优越性，有必要先来了解一下此前的选官制度。汉代选拔官员主要实行的是察举制度，按照政区，主官向朝廷推荐孝廉、茂才、察廉和光禄四行（质朴、敦厚、逊让、有行）这样四科人才，通过考试选拔任用。此外，朝廷还会按照特定的需要设立科目来选拔人才。这些科目选拔的是新入仕的人才，以及已经在编的官员，考察的对象虽然不同，但是，考察的内容却有很大的共通之处，那就是着重考察人的品行。这从孝廉、察廉之类的名称就可以充分看出来。道理很明白，古人认为做官首先是做人，要选拔堪为表率的优秀人才来当官，才能治理好国家。汉代考察的品行，也就是"德"，标准是儒家的伦理道德：仁、义、礼、智、信。

东汉后期政治腐败，在高度重视道德的社会，正直的人们自然纷纷站出来抨击，他们中间既有官员，也有士人，号称"清流"。他们的行动还得到青年学生的热情支持，公开评论官员成为一时的风气，造成强大的舆论，使得贪官污吏暴露原形，而刚正清廉的官员获得表彰，成为社会尊崇的楷模。这种风气称作"月旦评"。当时社会舆论对于官员以及希望入仕者的品评有很重的分量，影响着官方的人才选拔。

曹操当政之后，把这种风潮接了过去，变成制度性规定，选拔官员的时候必须有来自社会的评语。这比起官府关起门来自己评价，应该是一种进步。但曹魏的制度与之前相比，发生了两个变化。第一个变化是把评价的话语权收回。曹操之子曹丕在各个州郡设立大中正和小中正，由他们来品评人物，大小中正归朝廷的司徒府领导。这个制度设计是什么意思呢？就是在组织部门之外开辟了第二个官方控制的评价管道，仿佛吸收了东汉末年舆论监督的成果，表面上看是对于社会舆论的妥协，但实际上，朝廷通过任命负责品评人物的中正官，把社会舆论评价纳入官方轨道，最后演变成为在组织部门之外的官方人物评价机制。第二个变化是把人物的评价细分为三个部分，也就是个人的品行、才能和家世背景，分项打分，最后综合出一个总的评分。根据总分，再把人才分成上、中、下三大类别，每个类别内再分出上、中、下三等，这就有了九个等级，分别是上上、上中、上下；中上、中中、中下；下上、下中、下下。这九个等级就是人才的"九品"，也称作"乡品"。这两点都是不同以往的变革，归纳起来就是在组织部门之外，设立地方的大、小中正官，按照家世、品德和才能，品鉴人物，分成九等，再将这个评价送给组织部门，以此为基础决定一个人能不能当官，以及从哪一级的官当起。换句话说，就是根据"乡品"来决定"官品"。"乡品"是人物评价，"官品"是官职级别，两者不同，但是有一定的对应关系。这套制度即所谓的"九品中正制"。

根据这项制度设计，中正官要品评好人物，必须对考察对象有深入了解。所以，规定中正官必须是当地人，而且他的品德必须高尚，如本人要得到第二等以上的"乡品"。而一般能够得到这般高品级的人物，差不多都是当地的名门望族。一个中正官面对许多要当官的人，这些人大多有家世背景，不能随便得罪。先说品德，没有什么伤风败俗的事实把柄，能够轻易说某人道德有亏吗？品德评语自然成了套话。再说才能，还没当官的人有什么才能或者政绩？最多只是长得眉清目秀，似乎聪明，看得顺眼而已。这一条又落空了。末一条家世就好办了，皇族宰相的儿子不是最好，谁还敢位居第一品？哪一家敢不服气？于是皇亲国戚、宰相的儿子第一品，副宰相的儿子第二品，部长的儿子第三品，副部长的儿子第四品……很快就可以张榜公布，还没人敢有意见。曹氏父子亲手设计的"唯才是举"，转眼之间变成了"拼爹"。

这里再把曹操父子设计的制度仔细理一理，当地出身的中正官评价当地人，不管他用什么名目、起什么名字，实质上就是推荐制。历史一再证明，没有严格的、公开的、公正的监督，推荐制就是最大的黑洞。最要命的是曹操提出"唯才是举"的时候，公开号召全社会推荐没品的人才。反道德同营私舞弊相结合，"九品中正制"自然比汉朝的"察举制"还坏。于是，大家都起来反对这个制度，说它造成了"上品无寒门，下品无势族"（《晋书·刘毅传》）的结果。

因为"九品中正制"实在太过压制人才，至隋朝隋文帝痛下决心将它彻底革除，实行新的选拔制度——科举制。根据隋朝的记载，科举制度在隋文帝晚年已经实行了，到隋炀帝时期更受重视，成为主要的铨选制度。科举制度最大的优点在于放开了人才为国家服务的大门，让各个阶层的人都可以通过考试来当官。一个国家的政治是否稳定，就看支撑它的社会阶层是否广大，越广大就越稳固。九品中正制把人才上升的路都给堵死了，只有官僚的儿子才能当官，国家变成了官僚的宠物，变成压迫人民的虎狼，自然得不到人民的支持而走向垮台。唐太宗时代继承了隋朝科举制度，并进一步改进完善，以此作为人才上升的重要管道。那么，科举制和以往的考试不同在哪里呢？以往的考试主要考儒家经典，拿一句儒家名言，斩头去尾，作为考题。考生先要把整段经书上的话背诵写出，然后再阐释其意思，称作"帖经"。这种考试重在背诵，不容易发挥考生的个性，难以选拔出有个性和创造力的人才来。所以，隋唐在旧的考试之外，新设立了"进士"科，将考试内容从背诵经义转为诗赋文章。诗赋文章可以自由发挥，文章重在表现深邃的思想内涵，诗赋则展示音韵格律、词章典故的功底，既能够检查考生的文化基本功是否扎实，又能够充分反映出个性和才华。同时，为了防止选拔上来的都是空有绣口不会治国的人，科举考试还要考时务对策，叫作"策问"。主考部门往往会把国家遇到的一些棘手问题变成考题，让考生回答。考生必须分析问题，并依据法令规定和礼制道德、世俗民情拿出一个好的解决办法。等于换一种形式问政于民。这样的题目一般有五道，占到考题的一半。由此可以看出，唐代的科举考试在考题设计上既注意发挥考生的个性才能，又强调务实的解决问题的能力。

正因为进士科难度大，不容易考上，许多人都是久经考场磨炼，几年甚至十几年、二十年才考上，和考儒经的"明经科"相比，有云泥之别，所以，唐人比较这两种考试为"三十老明经，五十少进士"。也就是说，三十岁考上明经科都嫌晚，而五十岁能考上进士科，大家都要祝贺你年轻才俊，"登龙门"了。从长期艰难的科考跋涉中冲出来的人，那种绝境逢生的喜悦，化成长安城欢乐的盛景。夺得头名的称作"状元"，会同新科进士齐聚在杏园，谢师庆贺，觥筹交错，陶醉在探花筵中。宴会之后，大家乘着酒兴，来到长安慈恩寺大雁塔下题名，铭刻荣耀。长安市民争相观看，进士们意气风发，"春风得意马蹄疾，一朝看遍长安花"（孟郊《登第》），何其风光。但是金榜题名之后就能仕途畅通了吗？如果是这样的话，岂不变成一考定终生？事实上，唐朝的官吏选拔比想象的复杂得多，新科进士的科场得意很快就要变成重披战袍的艰辛。原来，上述考试都是由礼部主持的，属于资格考试而已。考试通过只证明你具有当官的基本资质，离当官还有好几道门槛要跨过。新的战场从负责文化教育的礼部转到选拔官吏的吏部了。从礼部转战而来的新科进士，来到森严的吏部，四只拦路虎就在眼前。哪四只拦路虎呢？身、言、书、判四道考试。

　　第一道考试是"身"，考察的是身材相貌。我们知道，魏晋玄学留下的遗产之一，是对于美的追求，这种风气也深深地影响了唐朝。在这种崇尚美好的世风中，官员作为国家的代表，必须是威仪堂堂，体貌丰伟，一身正气，可亲可敬。可能有人要批评这岂不是外貌协会吗？确实有这个意思。不过这不构成相貌歧视，只能说是职业要求，唐朝希望官员能给百姓带来公正、亲切和可靠的形象。第二道考试是"言"，也就是说话。官员一定要会讲道理，不但要说得通，还要讲到人们的心坎里，处理问题的时候，必须讲道理，讲法纪，让人服气。很多民事纠纷，只要做好调解工作就能够妥善解决。第三道考试是"书"，也就是书法。因为，政府行政最主要是通过文书、文件来运转的，所以无论哪一级的官吏，如果字写得不清楚，很容易造成误解、误判，这是必须坚决杜绝的。官吏的书法考试和书法竞赛不一样，它要求的是字迹端正，书写清楚，不能潦草，不追求书法上的龙飞凤舞。今天保存的一些唐代行政文书，上面的字，一笔一画都端端正正，谁都看得懂，哪怕相隔一千多年，我们读起来甚至比今人写的东西还容易辨认，可见当时要求之严格。身、言、书是对官员基本素质的要求，都是从日常事务的需要设定的。而第四道考试"判"就是对官员行政能力的综合考察了。"判"就是批公文、判案子。一篇好的公文，要写得有文采，而且要合法、合情、合理，还要合礼，言情并茂，让人看了深以为然。所以，写好公文需要官员熟悉掌握法律规定，具备很高的文化修养、清晰的逻辑思维和具有表现力的文笔。吏部这四道考试不比礼部的考试容易。我们知道唐朝的韩愈是古文运动的领袖，文章辞理俱佳，一直到今天都是作文的典范。但是他考上进士之后，就是过不了吏部的考试，三次考试，三次落榜，不敢再考了，只好去当幕僚。幸好他确实是个人才，最后还是出人头地，当上京兆尹，也就是首都的行政长官。

综上所述，唐朝的科举考试是一个多角度考察并选拔官员的系统，和后来被明朝阉割成为考八股文的科考不可相提并论。如果要抽取出这个制度的精神，那么可以归纳出三点：唐朝科举制度的目标是选拔具有高度文化修养和开拓精神的官员；选拔理论联系实际，既有理想情怀，又脚踏实地的务实人才；选拔既贯彻法治，又善于同礼制和社会传统相结合的高水平的管理人才。

科举考试是一个撬动社会的支点，它撬翻了家世门阀对官职的垄断，造成了全社会崇尚文化和尊重人才的风气。很多权贵高官的子弟，虽然可以通过特殊的通道当官，但是，许多人不愿意。因为在人们眼中"缙绅虽位极人臣，不由进士者，终不为美"。(《唐摭言·散序进士》)同时，全面的官员选拔制度，堵塞了溜须拍马、靠小伎俩和小手段侥幸成功的制度漏洞，选出以德为基础的德才兼备型人才，大大提高了官员的素质和形象。唐朝为什么成为盛世，就因为开辟了文明之风，锻造了一支有理想抱负且素质突出的干部队伍。当然，由于科举制造成的社会流动触动了既得利益集团，因此从打开人才报名的门，到完全实现自由投考，还有一段相当长的路。不过，以考试选拔人才的方式已经成为难以阻挡的历史潮流，中国再也不是旧门阀士族世世代代垄断的社会。同时，它还告诉世人，个人和社会的进步，靠的是读书明理，靠的是人的品德和才能的提升。

规范考核，赏罚严明

【原文】

贞观六年，上谓魏徵曰："古人云，王者须为官择人，不可造次即用。朕今行一事，则为天下所观；出一言，则为天下所听。用得正人，为善者皆劝；误用恶人，不善者竞进。赏当其劳，无功者自退；罚当其罪，为恶者戒惧。故知赏罚不可轻行，用人弥须慎择。"徵对曰："知人之事，自古为难，故考绩黜陟①，察其善恶。今欲求人，必须审访其行。若知其善，然后用之。设令此人不能济事，只是才力不及，不为大害。误用恶人，假令强干，为害极多。但乱代惟求其才，不顾其行。太平之时，必须才行俱兼，始可任用。"（《贞观政要·论择官》）

【注释】

① 黜陟：指官吏的进退升降。黜为罢免，陟为晋升。

【译文】

贞观六年（632），唐太宗对魏徵说："古人说，君王必须选择得力的人做官，不能仓促委任。我现在做的每一件事都被天下人看着，说的每一句话都被天下人听着。我若用了正直的人，那么做好事的人都会得到勉励；若误用了恶人,那么坏人就会争相营求。赏赐与功劳相当,没有功劳的人就会自行退去;惩罚与罪过相应,作恶的人就会畏惧警醒。由此可知赏赐和惩罚都不能轻易施行,用人更需要谨慎简择。"魏徵回答说:"知晓一个人的本性,自古以来就是困难之事。所以要通过考核官员政绩的办法来决定升降,以此观察其人好坏。要选拔人才,必须谨慎地察访他的品行。如果在知晓其人为善的基础上再行任用,假设此人办不成事,也只是能力不足,不会有太大的损失。若是误用了恶人,万一他精明强干,所造成的损害就会极大。天下大乱时,往往只在乎人的才能,顾不上他的品行,但太平之时,必须是才德兼备之人方可任用。"

【评析】

再好的东西缺乏日常的养护都会褪色,选官用人也是如此。很多人总想找到一劳永逸的途径,将用人门槛设得越来越高,意在从严把关,百里挑一。但从实践的经验来看,一定的门槛和严格把关是必要的,但其效果却不可过高估计。唐太宗曾经严肃地询问吏部尚书杜如晦道:

比见吏部择人,惟取其言词刀笔,不悉其景行。数年之后,恶迹始彰,虽加刑戮,而百姓已受其弊。如何可获善人?(《贞观政要·论择官》)

通过严格选拔上来的官员,几年之后就变坏了,这就说明,严格的选官并不能保证官员在任上就是好官。国家要依法治理,官吏也要依法管理、制度化管理。如果说好的选官制度保证官吏有好的来源,那么,如何长期保持官吏的纯洁性,就是更加艰巨复杂的工作,需要建立一个长期性的管理机制乃至退出机制。与其建立过高的门槛,不如把精力放在日常管理上。想通过一次性的选拔来保证官吏队伍的优良并不现实,为此唐朝采取了加强考核监管的方式。

在人事管理上,考核是强有力的指挥棒,订立什么样的考核标准,就会把官员改造成什么样的人。官员的面貌,社会的风气,往往是一个国家主导思想的反映。官吏考核不能是官样文章,单纯搞量化糊弄人,也不能重蹈高门槛的覆辙，面面俱到，而必须紧紧抓住重点要点，简明扼要。唐朝在官吏考核上分为高低两个层面进行。先说低层面的考核，是针对各个具体职能部门及其官员，根据工作性质和特点订立不同的考核标准，官员要达到基本目标，共有二十七条，这就是所谓"二十七最"。

其一曰献可替否，拾遗补阙，为近侍之最。其二曰铨衡人物，擢尽才良，为选司之最。其三曰扬清激浊，褒贬必当，为考校之最。其四曰礼制仪式，动合经典，为礼官之最。其五曰音律克谐，不失节奏，为乐官之最。其六曰决断不滞，与夺合理，为判事之最。其七曰都统有方，警守无失，为宿卫之最。其八曰兵士调习，戎装充备，为督领之最。其九曰推鞫得情，处断平允，为法官之最。其十曰雠校精审，明为刊定，为校正之最。其十一曰承旨敷奏，吐纳明敏，为宣纳之最。其十二曰训导有方，生徒充业，为学尚之最。其十三曰赏罚严明，攻战必胜，为将帅之最。其十四曰礼义兴行，肃清所部，为政教之最。其十五曰详录典正，辞理兼举，为文史之最。其十六曰访察精审，弹举必当，为纠正之最。其十七曰明于勘覆，稽失无隐，为勾检之最。其十八曰职事修理，供承强济，为监掌之最。其十九曰功课皆充，丁匠无怨，为役使之最。其二十曰耕耨以时，收获成课，为屯官之最。其二十一曰谨于盖藏，明于出纳，为仓库之最。其二十二曰推步盈虚，究理精密，为历官之最。其二十三曰占候医卜，效验居多，为方术之最。其二十四曰讥察有方，行旅无壅，为关津之最。其二十五曰市廛不扰，奸滥不作，为市司之最。其二十六曰牧养肥硕，蕃息孳多，为牧官之最。其二十七曰边境肃清，城隍修理，为镇防之最。（《旧唐书·职官志二》）

这二十七条全面地体现了唐太宗的治国思想和对于官吏的基本要求。其一，唐太宗认为领导人一定要贤明。他不要求官员对他伺候周到，低眉顺目，而是要对朝政提出自己的看法，指陈缺失错误，提出好的建议，起到"献可替否，拾遗补阙"的作用。其二，唐太宗强调以德治国、以文兴邦，要求政教官员做到"礼义兴行，肃清所部"，不但自己大力贯彻文治，倡导礼义善行，而且要管好部属，治理好一方。文化领域的官员要围绕以德治国的中心，做到"礼制仪式，动合经典"，说话做事要符合法制和礼制，以及优秀的经典传统，文明儒雅，堪为表率。学官要对学生"训导有方，生徒充业"。学校要培养优秀人才，教会学生做人，而不是仅仅停留于最低层次的知识灌输。其三，强调公正、公平和正义。司法公正和正义，是国家诚信的直接表现。唐太宗要求全体官员依法施政，做到"决断不滞，与夺合理"。司法官员要做到"推鞫得情，处断平允"，监察部门要做到"访察精审，弹举必当"，监察复核必须"稽失无隐"，有错必纠。其四，强调治国重在得人，要求组织部门做到"擢尽才良"。选人要德才兼备才称得上"才良"，优秀人才要全都选上来才称得上是"尽"，这个要求甚高，可见唐太宗对选官的重视。其五，各个职能部门，都有针对其性质的要求。例如，军队是国家的支柱，既要做到忠诚于国家，还要能打胜仗。经济也是国家的支柱，要求不能妨碍经济和市场的运作，还要防止伪滥欺诈行为，确保经济发展的优良环境。如此种种，不再一一列举。唐朝的考核是把管理社会的事务分成二十七个方面，每一个方面只提出一个基本目标，紧扣核心，简明扼要，目标明确。

官僚主义有一个共同的特点，就是烦琐的文牍主义和过度的量化指标，长篇大论，把整个部门工作的方方面面都包括进去，条条框框订得十分严密。最好再搞出量化指标，把标准定得很高，美其名曰高标准严要求，似乎非常科学，其实是在搪塞和推卸责任。这样的标准拿到哪里都是滴水不漏、无懈可击的。如此一来，制定者就没有任何责任了，全然不管是否做得到。而下面的执行者对于这种不近人情的条例则会想出五花八门的点子去应付，结果是上下一起造假糊弄，坏了风气，伤了百姓。政伤苛碎，是自古以来执政的大忌，在官吏考核上也是如此，平时监管不力，考核时琐碎事务统统搬了出来，细密苛刻。这样的管理不但是低效的，而且后遗症很严重，久而久之，管理者的权威会完全丧失。

实际上，各个具体部门工作的成绩，在唐朝的考核体制内并没有占太大的比重，因为这属于本职工作，只能得到事务性的成绩。取得了

"二十七最"中的一二条，算是做好了本职工作，达到低层面的考核要求。这样做可以有效地防止考核这根指挥棒驱动官员无事生非，本应督促官员治理好一方，却被扭曲为政绩驱动、利益驱动的扰民和挥霍，偏离主业，制造出妨碍民生的工程来。

那么，唐朝对于官员的高层次考核要求是什么呢？分为四条，称作"四善"，分别是：德义有闻、清慎明著、公平可称、恪勤匪懈。这四条全部是对于为官品质的要求，要仁慈有德，诚信重义，清正廉洁，公平谨慎，勤政努力，毫不懈怠。一句话，做一个有操守的好官，这才是当官的灵魂所在。

所谓任人唯贤、德才兼备，核心在于政治品德。当官为了什么？不是出人头地，既威风又发财，而是克己奉公，造福人民，建设国家。这些方面做不好，具体工作做得再好也不能称作好官，充其量只能说是能够完成本职工作的官员，不可能成为表率，提升社会的品质。何况缺乏公德和公心的人，让人怀疑他是否真的能做好本职工作。让图谋私利的人去服务社会，以权谋私、损公肥私的风险显然是很大的。正因为如此，唐朝的官吏考核不去做不负责任或者无效的量化标准，而是紧紧扣住官员品德而展开。明白这个道理，对其评判标准就可以豁然以明。唐朝规定考核成绩分为三等九级，评判标准分别为：

一最四善，为上上；

一最三善，为上中；

一最二善，为上下；

无最而有二善，为中上；

无最而有一善，为中中；

职事粗理，善最不闻，为中下；

爱憎任情，处断乖理，为下上；

背公向私，职务废阙，为下中；

居官谄诈，贪浊有状，为下下。（《新唐书·百官志一》）

品德好，本职工作也好，那就是品行皆优，评为优等中的第一级。

能够得到优等的，都必须在为官品德的"四最"中至少达到两条。如果没有在为官品德方面取得优异成绩，具体部门的工作做得再好，也评不上优等，充其量只能评个中等。如果以中中作为考核的合格线，可以很清楚地看出，即使本职工作做得不是最出色，但至少必须达到官员品德"四善"中的一善，这是最起码的。勉强能够完成本职工作，而没能达到"善"的要求，考核便不合格了。可以没有"最"，但必须有"善"，也就是官品一定要好，否则便是不合格。由此可见，唐朝对于官员的品德有很高的要求，首先是要做好人，做好官，然后才谈得上具体的政绩，而决不允许以具体工作的成绩代替官德。因为正如魏徵所说，一个官员如果品德好，能力不行，充其量是个庸官，也不会给国家造成太大损失，而若是品德坏，能力越大给社会带来的损失越大。唐朝对官吏的考核重德而不重术，不仅为了造福一方百姓，还要通过狠抓官德，来推动社会形成崇尚道德，崇尚文明的风气，荡涤此前数百年功利主义的歪风。

确立了合理的考核标准之后，还需保障考核的公正公开和赏罚严明。每个人都希望自己的努力受到肯定和尊重以及得到回报。如果按照朝廷的要求努力工作却完全没有得到肯定和回报，甚至看到别人营私舞弊而得到提升，一定会产生巨大的挫折感，甚至从奋发向上转变为腐化堕落。所以，政风好坏是组织制度的直接反映。对官员品质打击最大的就是赏罚不公。这个责任不在下面而在上面。唐太宗说道：

自古帝王多任情喜怒，喜则滥赏无功，怒则滥杀无罪。是以天下丧乱，莫不由此。（《贞观政要·求谏》）

唐太宗严于律己，所以他拿皇帝来说事，是对于自己的警戒。从组织制度来说，我们可以把这段话看作是上级对下级的考核任用原则，切忌用自己的喜怒好恶作标准，更不用说被利益关系所左右。一个高级官员是否成熟，不是看他能不能发号施令，而是看他能不能公平谦和地对待下属，时时刻刻约束自己内心的权力膨胀欲，率先做遵循制度办事的模范。相反，以自己的喜怒爱憎待人，对于被看好的人，把所有资源都集中到他身上，说得好听是重点培养，实际结果是赏过其功，造成新的不公平。这样做的结果是被提拔的人飘飘然，骄气横生，而其他的人怨气遍起。对于自己憎恶的人，无视他的成绩和努力，动不动就穿小鞋，边缘化，甚至找机会严加惩罚。这种做法让大家看了无不心寒，正直有风骨的人离去，更多的人屈服于权力，不讲是非，只求利益，用良知换取官位。因此，唐朝强化官吏的考核，把公开公正和赏罚严明提到确保官吏队伍奋发向上和国家长治久安的高度上，不遗余力去贯彻实行。就考核制度来说，赏罚严明是考核最终落在实处的关键所在。官员的升降如果不是建立在考核的基础之上，考核就将落空而演变成为作秀。因此，唐朝首先确立了官员的升迁要根据考核成绩来决定的基本原则，其次是建立考核成绩和奖惩赏罚的对应关系。

唐朝对于考核的成绩分为三等九级，合格线定在"中中"，也就是第五级，算是对于官员的最基本的要求。"中中"是官员升降的分水岭，得到"中中"成绩的官员，不升不降。考核中上以上，可以晋级一级，加一个季度的薪水。考核成绩在中下，则降级一级，削减一个季度的薪水。中下以下，考核成绩每降一级，官阶随之降一级，薪水也再减一个季度，到了"下中"以下的成绩，也就是居官谋私，政务不理者，便会受到解除官职的处分，甚至会被追缴"告身"，也就是官员的委任状，那就意味着失去继续当官的资格。至于"下下"这一级，也就是以权谋私，贪污腐败的官员，不但要罚款，严重者还要追究刑事责任。从整个考核与升降制度来看，正体现了唐太宗上文中所提出的原则，"赏当其劳，无功者自退；罚当其罪，为恶者戒惧"。奖赏要恰如其分，其主要目的不是要突出某个人，而是要让百官看到努力工作会受到肯定。处罚的目的，不是要整人，而是通过对失职甚至犯罪的追究，让其他人不敢重蹈覆辙。因此，无论奖与罚，一定要控制好度，才能具有普遍性的示范意义。

所谓赏当其劳，唐朝对于考核优良的官员，更多给予物质上的奖赏，而在升迁方面颇为谨慎。以唐朝官员的履历来研究，可以清楚地看出，只有考核优良的官员才有机会进入下一轮的升迁考核，而大部分官吏不会直接晋升。考核成绩好的，常常会在同级别的官职中迁转，几乎见不到在一个部门内一直升上去的情况。为什么很少见到官员像爬楼梯那样步步高升,而往往要通过多次横移之后再螺旋式晋升呢?这样做是为了让官员在不同岗位上历练,熟悉不同的工作,积累更多的管理经验。最常见到的是在同级别的不同岗位上迁转之后,才上升到高一级的职位上。所以,唐朝的官员很多是多面手,这是朝廷有意培养的结果。这样,等他们的职位越升越高、担负的责任越来越多的时候,就会具备宽阔的视野和处理各种工作的能力,足以承担起更高一级的领导责任。官员承担的是社会管理工作,经历、经验和学习是最重要的三大历练,晋升太快,工作经历过于狭窄,在领导全局工作的时候,不是个人的眼界不宽,就是经验有缺,加上人际关系积累不足,指挥不顺畅,往往会固守自己原来的小圈子,把一个单位的格局越做越小。唐朝强调官员的平移,意在培养更高一级的官员,虽然个人晋升慢一点,但是,升上去后工作开展得好,于己于国都有利。这种晋升办法,似慢却快,行得稳才能走得远。通过长期的磨炼和培养,唐朝获得了丰富的高级官吏的人才储备。在这种迁转方式下,经常可以看到文官任武职,武将任文职的情况,这就形成了唐朝官员能文能武,"出将入相"的特点。这种情况直到唐朝中期以后才发生变化。

所谓罚当其罪,就是要建立问责制。问责制能够有力地防止官员乱政和腐败,其优点不用多说。但是,若要想用好问责制,把握"度"非常重要。

贞观十一年(637),有一个名叫凌敬的官员向人索要钱财,出了经济问题。唐朝官员出事,要查推荐人的责任。凌敬是宰相魏徵推荐的,所以,唐太宗亲自向魏徵问责。魏徵申诉道:"当初我推荐凌敬的时候,已经对他的情况做了客观介绍,指出这个人有学问,敢于谏诤,这是优点。但是,他注重生活享受,爱好钱财,这是缺点。我已经讲清楚了,但是陛下任用他,没有用其所长,而是用其所短。因此,他出了事情不应该追究我举荐不当、蒙蔽陛下的责任。"唐太宗觉得魏徵说得有理,确实是朝廷用人不当而不是魏徵推荐不得其人,于是就不再对魏徵问责了。

这件事情深刻揭示了贞观时期问责制的优越性。问责要明确责任,让各级官员对自己的所作所为承担应有的责任，惩恶扬善。要做到这一点，就一定要厘清权利和责任。上述魏徵的事例中，魏徵申诉的正是这一点，在举荐人才上，他是尽责的，并且把被推荐人的优缺点都交代清楚了，后面出了问题，就不应该向他问责。而唐朝的问责工作做得细致，允许官员申诉。这样做才能辨明事实，不至于冤枉好人。我们看到其他王朝问责制的失败，就在于它变成了官场推卸责任甚至政治斗争的工具，出了事情，不做实事求是的调查，随便找个人顶代责任，把事情敷衍过去，结果造成没有人办事、相互推诿的局面。问责制是柄双刃剑，如果不能抑制恶行，保障善政，胡乱问责，反而对正气有很大的杀伤作用。在问责的时候，一定要把握正确的尺度。魏徵提出来，大官管大事，所以对他们的问责是追究在大政方针上的过失。小官管小事，所以对他们的问责是问具体的工作，这两者不能颠倒，出了具体事务的错失拿大官问责，政策上的失误找小官开刀，其结果是"大臣或以小过获罪，小臣或以大体受罚。职非其位，罚非其辜，欲其无私，求其尽力，不亦难乎？"（《贞观政要·论君臣鉴戒》）不但如此，这样的问责会给奸臣把问责变成政治斗争的机会，舞文弄法，结果官员们都不肯负责任，相互推诿，苟求免祸。

执政不易，一件事情、一个案子，处理不当，就会造成全国性的影响，甚至改变社会风气。合理的考核制度对于保证依法行政和监管官员是必要的，但是如何运用好考核的手段，使之成为善政的利器却不是易事。唐朝给后世提供了很好的经验和启示。

人民有信仰,国家有力量
——思想道德建设

【题旨】

　　自从秦始皇建立集权制王朝以来，直到最后的清王朝，除了像宋朝和辽、金、元这种抵抗外部入侵的长期对峙的类型之外，改朝换代基本都在几年的时间内完成。唐朝到宋朝之间，有一个五代十国的分裂时代，最多也就是五十三年。然而，从东汉灭亡到唐朝建立的这段时间，新旧王朝的交替显得特别艰难，国家分裂的时间压倒性地长于统一的时间。如果从东汉末年的董卓被杀，朝廷实际上名存实亡的公元192年算起，一直到唐朝建立的公元618年，总共四百二十六年。其间统一仅仅出现过两次，第一次是西晋统一了三十七年，其中只有十年是有效统治；第二次是隋朝统一了二十九年，统一时间加起来为六十六年，有效的统治也就三十九年。也就是说，在这四百多年的岁月里有效的统一仅占十分之一的时长，这在整个中国古代史上可以说是空前绝后的。造成如此漫长的分裂原因十分复杂，其中很重要的一点就在于国家意识形态崩溃所带来的信仰危机。

　　西汉王朝留给后世最宝贵的财产，就是建立起以儒家思想为主的统一的意识形态，构成汉民族的共同价值观和行为准则，相信公平正义，崇尚道德。而东汉王朝的灭亡，首先是因为腐败和政府对代表公正的清流官员和士人的镇压，造成社会不再相信儒家的学说，把美好的道德追求视为包藏险恶的虚伪，大家一起来反对儒家学说，以为是在破除思想束缚，追求个性解放。然而，新的社会道德应该是什么？前进的方向在哪里？谁都不知道。破而不能立，大家便在迷茫和怀疑中沉沦。士人整天喝酒，用酒来麻痹内心的空虚，做出许多荒诞奇怪的事情来。比如，大家聚在一起，赤身裸体，大碗大碗喝酒，喝醉了一起学驴叫。客人来了，主人裸体相见，客人觉得主人失礼，主人却说天地是我的房子，房子是我的衣裤，是你钻进我的裤裆里来，怎么能怪我失礼呢？这些看似荒诞怪异的言行，反映的是信仰崩溃下的迷茫失落。

全社会信仰的崩溃，不仅导致人心涣散，还使得一代一代统治者目光短浅、急功近利、治国无方，给分裂的国家造成更大的伤害。但是，中华文明为什么没有因此而泯灭，反而在历经劫难之后涅槃重生呢？原因就在于它深厚而坚韧的文化力量，以及在这种文化教育下的不屈不挠的人民。这种伟大的民族无论经历多少艰难困苦，总不乏具有民族情怀、博大胸襟和长远眼光的英雄人物。唐太宗及其君臣团队就是其中的杰出代表。他们通过对历史的洞察，敏锐地意识到若想达到国家长治久安，必须重建全社会的精神信仰。为了达到这一目标，唐太宗等人大力提倡思想道德建设，宣扬仁义、公平、忠义、诚信、节俭等美好的品质，改变了东汉末年以来社会上急功近利、人情浇薄的风气，重新建立起全社会的核心价值认同。

仁义

【原文】

贞观元年,太宗曰:"朕看古来帝王以仁义为治者,国祚延长,任法御人者,虽救一时,败亡亦促。既见前王成事,足是元龟,今欲专以仁义、诚信为治,望革近代之浇薄也。"

贞观二年,太宗谓侍臣曰:"朕谓乱离之后,风俗难移。比观百姓,渐知廉耻,官人奉法,盗贼日稀,故知人无常俗,但政有治乱耳。是以为国之道,必须抚之以仁义,示之以威信。因人之心,去其苛刻,不作异端,自然安静。公等宜共行斯事也。"(《贞观政要·论仁义》)

【译文】

贞观元年(627),唐太宗说:"我看自古以来帝王以仁义治理国家的,国祚都很绵长,而以刑法控制百姓的,即使能挽救一时,也会很快败亡。既然看到前代帝王的这种经验,就应该将之作为借鉴。现在我想要专门将仁义、诚信作为治国之道,希望可以革除近代的虚伪浮薄之风。"

贞观二年(628),唐太宗对身边的侍臣说:"我原以为大乱之后,民间的风气习俗很难教化。近来我发现百姓逐渐知晓廉耻,官吏和民众都遵奉国法,盗贼罪犯日渐稀少。由此可见民间没有不变的风习,只是国政有治有乱罢了。因此,我认为治理国家必须以仁义抚恤百姓,同时建立朝廷的威信。

顺应民心，去除苛政酷法，不做背离道义之事，百姓自然安居乐业。你们也要来帮助我共同做好这件事。"

【评析】

人和动物的最大不同在于对精神生活的追求，我们找一口饭吃，是为了生存，而我们的生存又是为了什么呢？为了明天找到更多的食物吗？显然不是。我们是为了让生活更加和谐，人和自然的和谐，人与人的友爱相处。只有这样的价值观和对美好生活的追求，才能够让人们从物质利益的争夺中解脱出来，彼此相互信赖，共同建设一个美好的社会。认识到这一点，不难发现，从个体的人能够安下心来不再恐惧，到一个社会、一个国家走向稳定繁荣，道理是相通的。

从三国到隋朝，历朝历代的当权者无不认为建设美好社会的关键就是要让朝廷拥有无比强大的实力，让物质生产无限提高。然而，实践证明他们全都错了。这期间建立的国家没有一个能够长治久安的。事实上，仅仅强调硬实力，是看到表象而没有看透实质。孟子早就说过：

不仁而得国者，有之矣；不仁而得天下者，未之有也。（《孟子·尽心章句下》）

凭借强大的武力和各种阴谋权术可以取得政权，也就是可以"得国"。但是，武力和权术不能取得人心，所以不能"得天下"。那么，如何才能称作"得天下"呢？孟子对梁惠王描绘道：

使天下仕者皆欲立于王之朝，耕者皆欲耕于王之野，商贾皆欲藏于王之市，行旅皆欲出于王之涂，天下之欲疾其君者，皆欲赴诉于王。其若是，孰能御之？（《孟子·梁惠王章句上》）

让天下要当官的人都想当您的官，农民都想耕种您的田，商人都想把财富放在您的市场，旅行之人都想来到您的国家，所有痛恨其君主的人都想跑来向您倾诉。如果有了这般光景，天下谁能与您为敌呢？

孟子说得再明白不过了。世界帝国不是光凭武力征服而建立的，那只能是昙花一现的军事帝国，例如，希特勒和东条英机之流。要问什么是世界帝国，不需要多作描绘，只要看到全世界的人才、物产和财富都往那里涌去，就一定是大家都向往的地方。说到底，强大的国家不是强制力特别巨大，而是让大家为之倾慕的吸引力特别巨大。这种吸引力如何产生呢？孟子教导梁惠王："发政施仁。"(《孟子·梁惠王章句上》)施仁政，仅此而已。孟子早就为统治者设想好了建立大国之路，可惜没几个人能看得清，绝大多数君主仍是迷信武力权术那一套。好在唐太宗君臣在此前数百年血与火的惨痛教训下终于意识到要改弦更张。

唐太宗是一位非常注重以史为鉴的皇帝，热衷于总结前代帝王治国的经验教训。在选择治国理念时，他着意比较了推行儒家仁政和法家权术政治的不同王朝的结局。作为这两种治国道路的典型，唐太宗在《贞观政要》中列举了西周和秦朝的例子。西周推翻商朝之后，采取了和解与包容的政策，对于归顺西周的前朝势力，保证他们的权益，和西周的功臣们一样获得分封，化敌为友，团结在新的王朝之内，同心协力开辟未来。秦朝则对于被征服的六国进行镇压，高压统治，唯我独尊，严重激化了社会矛盾。唐太宗分析道："周则惟善是务，积功累德，所以能保八百之基。秦乃恣其奢淫，好行刑罚，不过二世而灭。"通过这一比较，唐太宗总结道："岂非为善者福祚延长，为恶者降年不永？"(《贞观政要·君臣鉴戒》)

用权谋手段治理国家，可以收到一时之效。用高压政策威吓震慑人民令其服从，很容易取得立竿见影的效果。但是，它造成的副作用和后遗症很大，人们往往会因为恐惧变得刻薄利己，败坏整个社会的风气。唐太宗看清了这一点，选择反其道而行之，大力推行仁政，以求移风易俗，给后代积德造福。唐太宗把朝廷施政的重心放在仁政之上，无疑是抓住了根本。这可以从以下三个方面来看。

第一，唐太宗即位时唐朝才建立不久，应该最大限度地缓和长期战乱造成的社会矛盾，特别是五胡十六国以来还交织着复杂的民族矛盾，冤冤相报，战乱不息。朝廷推行仁政，提倡宽容，先让尖锐的矛盾缓和下来，争取到更多的时间和空间，通过和平建设来抚平创伤，消化矛盾，化敌为友，最终促成民族大融合。没有和谐，就没有发展，这是历史一再证明的道理。

第二，在国家治理方面，最重要的是要抓什么呢？不是极大地强化镇压力量，而是极大地强化精神文化建设，形成全民对于国家的认同。要做到这一点，国家必须推行仁政，善待百姓，这样百姓才会依附于国家。只要人才汇聚而来，还有什么不能发展呢？说到底，有了人心就有了一切。而行仁政就是在强化国家的向心力，这是治国之本。

第三，只有推行仁政、积德行善，才能彻底改变长期生活在乱世中的人们急功近利的思想，让百姓的心安下来，把社会品质提升上去。唐朝建立后，通过和平发展，人们的生活渐渐起色，富裕起来。这时候国家的中心工作就要从恢复社会、发展生产调整到提升国民素质上来。当时有不少人认为长期的战乱，使得道德败坏，风俗难移。而唐太宗推行仁政后不久，就发现百姓不再像以前那样你争我抢，而是渐渐地懂得廉耻，越来越遵守法纪，犯罪的现象不断减少。唐太宗认为这说明社会风俗不是一成不变的，关键在于社会治理的好坏。

孔子早就告诉他的学生冉有，治理国家首先要让老百姓富起来。富裕以后怎么办呢？冉有问孔子曰："既富矣，又何加焉？"曰："教之。"（《论语·子路》）富裕之后，不能再无限度地追求财富，扩张物质欲望，而是要赶快转变为丰富百姓的精神世界，要广开文教，让大家知书达理，成为有道德有文化的公民。唐太宗的所作所为，走的就是这条道路。那么，如何做到"富而教之"呢？唐太宗指出了基本的原则，即"抚之以仁义，示之以威信，因人之心，去其苛刻，不作异端，自然安静"。朝廷行仁政，给全社会树立起开放和包容的精神，缓和各种社会矛盾，朝廷及时制止以往不讲规则的内斗，通过确立严明的法治让人们学会敬畏法律，社会自然井井有条。同时，朝廷不能再使用阴谋权术等统治百姓的手段，而要把不近人情的严酷规定和苛捐杂税统统废除，以此取信于民。如此一来，大家就可以坐在一起，共同谋求国家的繁荣昌盛。唐太宗的这一理念，正是治理国家的根本之道。

公平

【原文】

太宗初即位，中书令①房玄龄奏言："秦府旧左右未得官者，共怨前宫及齐府左右处分之先己。"太宗曰："古称至公者，盖谓平恕无私。丹朱②、商均③，子也，而尧、舜废之。管叔④、蔡叔⑤，兄弟也，而周公诛之。故知君人者，以天下为心，无私于物。昔诸葛孔明，小国之相，犹曰：'吾心如称，不能为人作轻重'，况我今理大国乎？朕与公等衣食出于百姓，百姓人力已奉于上，而上恩未被于下。今所以择贤才者，盖为求安百姓也。用人但问堪否，岂以新故异情？凡一面尚自相亲，况旧人而顿忘也！才若不堪，亦岂以旧人而先用？今不问其能不能，而直言其怨嗟，岂是至公之道耶！"（《贞观政要·论公平》）

【注释】

① 中书令：官名。汉武帝时置中书谒者令，以宦官充。汉成帝更名中谒者令，改以士人充，掌收纳尚书奏事，传宣诏命。东汉省之。曹操为魏王，置秘书令典尚书奏事，魏黄初间更其名为中书令，置监、令各一人，秩千石，掌出纳机要，密诏州郡。晋沿置，威权更重，常以宰相、诸公兼领。东晋常以中书省遣侍郎一员分任草诏，出令之职移归散骑省，中书监、令渐成闲职，多授予宗室、大臣。南朝中书省复掌

出纳、草拟诏令，然权归中书舍人，中书监、令多作重臣加官。北朝略同。至隋罢中书监，专以中书令为中书省长官，随省更名内史令。唐武德三年（620），复名中书令，员二人，正三品，总判中书省事，掌国家决策、出令之大政，承宣皇帝旨意付中书舍人草诏，与尚书省、门下省长官并为宰相，在政事堂共议国事。高宗时裴炎为中书令，迁政事堂于中书省，改称中书门下，中书令遂成为首席宰相。玄宗以后不轻易授人，而以中书侍郎主持中书省务。

② 丹朱：尧的嫡长子，母散宜氏。因被封于丹水，故号丹朱。据说为人傲慢，不得民心，故尧禅位于舜。

③ 商均：舜的儿子。因为不贤不肖，故舜禅位于禹。

④ 管叔：周文王姬昌之子，周武王姬发之弟。姓姬，名鲜。周武王灭商后，将其封于管地，建立管国，故称管叔。受命与蔡叔度、霍叔处监督商纣王之子武庚，共同管理商朝遗民，号称"三监"。周武王死后，其子周成王年幼继位，周武王弟周公旦受遗命摄政。管叔、蔡叔、霍叔不满，联合武庚发动叛乱，史称"三监之乱"。随后周公旦东征，平定叛乱，管叔被诛杀。

⑤ 蔡叔：周文王姬昌之子，周武王姬发之弟。姓姬，名度。周武王灭商后，受封蔡地，建立蔡国，故称蔡叔。因与管叔、霍叔联合发动"三监之乱"而被周公旦流放，死于流放地。

【译文】

唐太宗刚即位的时候，中书令房玄龄上奏说："没有被授予官职的秦王府的老部下，都埋怨说前太子和齐王宫中的人比他们早安排了官职。"唐太宗说："自古以来以公正著称的人，都是宽仁持平，没有私心。丹朱、商君是尧、舜的儿子，而尧、舜却废黜了他们。管叔、蔡叔是周公的兄弟，而周公却杀掉了他们。由此可知，为人君主者要心怀天下，不能偏重私情。过去诸葛孔明不过是一个小国的丞相，却仍说：'我的心像秤一样公平，不能因人改变轻重'，何况我如今治理一个泱泱大国呢？我和你们的衣食都来自百姓的供养，百姓已经将自己的劳动成果奉献给朝廷，而朝廷的恩泽却还没泽被百姓。现在我之所以选择贤能有才者当官，都是为了让百姓安居乐业。任官选人只当问其能否胜任，怎么能因为新旧亲疏而区别对待呢？但凡见过一面的人尚且感到亲切，何况是老部下，怎么会一下子就忘掉呢？才能如果不足以胜任，又怎么能因为是老部下就优先给官职？如今你不问他们是否能胜任，而只说他们有怨言，这难道是公平的做法吗？"

【评析】

唐太宗登上皇位后，首先遇到的不是政治上对立阵营的反抗，反倒是己方亲密部下的怨愤。宰相房玄龄向他禀报，秦王府中没有得到封官的人，埋怨原来太子宫和齐王府的部属获得官职，愤愤不平。李世民登基之前封秦王，秦王府故旧也就是他的老部下。他的哥哥李建成担任太子，弟弟李元吉封齐王。李世民当上皇帝，老部下们想的是一人得道，鸡犬升天，而李世民却不是这么想的。他认为，当皇帝并不是垄断利益，拉一派打一派，而应该站在治理全天下的高度上，超越帮派利益，选拔贤人，治理国家。因此，就不能以什么秦王府、齐王府来划线，而应该任人唯贤，谁贤能就用谁。可是部下不理解他，所以怨声纷起。可千万不要小看来自老部下的怨言，这在历史上有很多的教训。当年刘邦战胜项羽，统一中国之后，他的老部下就是因为对官位封赏不满，三三两两窃窃私语，串门走动。刘邦听不到部下说话的内容，心里很不踏实，问谋士张良出了什么情况，张良直接告诉他，部下们因为不满而图谋生事。刘邦大惊，很快采纳张良的计谋，先封赏他平日最厌恨的人，让大家觉得连刘邦最讨厌的人都得到封赏，自己肯定没有问题，这才稳住了部下们的心，否则真的要出乱子。

既然来自自己一方阵营的压力如此之大，历代皇帝是怎么做的呢？简单地说，有两种做法，一种是坚持任人唯贤，一种是以人划线。后一种做法，压力最小，看起来似乎是一条捷径，但是其结果一定是造成特权横行而失去公平，最终腐败灭亡。所以，唐太宗义无反顾地踏上第一条道路，他对房玄龄说了心底里坚持的两条基本原则。第一，"君人者，以天下为心，无私于物"，即君主做任何事都要出于公心，而非私情。第二，"用人但问堪否，岂以新故异情"，君主用人重在考察是否胜任，而不能因为亲疏远近而区别对待。唐太宗语重心长地跟房玄龄分析，朝廷百官的衣食住行都来自百姓，若朝廷不想着善待百姓，谋求国家长治久安，却忙着任人唯亲，瓜分利益，情何以堪！他批评房玄龄用人不谈是否胜任，只关心老部下有怨言，有失公平。

房玄龄在历史上号称贤相表率，为官处事十分讲究公平正义，连他都出来给秦王府部属说情，反映出来的问题不是他的私心，而是压力太大。果然，房玄龄接受唐太宗的批评，支持公平用人，但是这件事情仍没有就此了结。不久，又有其他人上表，向唐太宗要求把秦王府的卫队统统调入宫中，任命为皇宫的警卫部队。警卫部队保卫的就是唐太宗本人，性命攸关，过去的皇帝有几个不用自己人呢？但是，这个建议同样遭到唐太宗的拒绝。他批示道："朕以天下为家，不能私于一物，惟有才行是任，岂以新旧为差？"（《贞观政要·论公平》）唐太宗还开导上书的大臣，告诉他"兵犹火也，弗戢将自焚"。自古兵就像火一样，不严格管理，就会自己烧着自己。唐朝中后期的藩镇节度使不懂得这个道理，放纵身边的亲卫士兵，通过给予他们特权的方式换取忠诚，结果换来的是骄兵悍将和不断的政变，统帅反倒成为骄兵手中的玩具。

唐太宗拒绝身边旧部伸手要官，并不是他薄情寡恩，他对房玄龄说："一面之交都感到亲切，更何况追随左右的旧人。"常言道："衣不如新，人不如故。"唐太宗其实是个念旧的人，但是在公心和私情的天平上，他毫不迟疑地一边倒向公心，因为他清楚国家和个人孰轻孰重。这件事情处理起来不容易，也让唐太宗深切感受到建立公平之风是何等大事！

公正、公平之所以重要，是因为它是关乎整个道德体系乃至国家核心文化能否成功建立起来的基础，是朝廷必须大力弘扬的核心价值。既然如此重要，以为公正处理几件事情就能够完全树立起来，那就想得太容易了，这是需要长期不懈贯彻到底的，还必须反复向百官乃至社会讲清楚它的必要性和重要性。怎么做最有效果呢？历史是最好的老师。唐太宗多次向大臣讲述诸葛亮的事迹。诸葛亮是三国时期蜀国的宰相，执政最大的特点就是公平公正，不偏不倚。

诸葛亮治理蜀国期间，有两位很有才干的人，一位名叫廖立，一位名叫李严。刘备夺取蜀州，也就是今日四川，筹划按照诸葛亮《隆中对》的战略，南联孙吴，北伐曹操。彼时需要派遣一位有战略见识的使者前往孙吴沟通，诸葛亮推荐廖立，称赞他"楚之良才，当赞兴世业者也"。（《三国志·蜀书·廖立传》）廖立也以此自负，常常以为自己的才干能力应该位居诸葛亮的副职，因没有如愿，便愤愤不平，经常口无遮拦，批评朝廷施政方针，贬斥朝中大臣。他批评的人和事，并非没有道理，但是如此恃才傲物，不利于团结，会成为害群之马。更何况他任职期间曾经临阵逃脱，也曾经处事不公，所以诸葛亮依照纪律法典，将他撤职，贬黜为民。后来，诸葛亮去世，廖立听到这个消息，痛哭道："我们将要亡国了。"再说李严，他辅佐刘备治理蜀国，屡立功勋，深受器重，以至被挑选出来和诸葛亮一起成为顾命大臣，辅佐后主。诸葛亮率军出祁山伐魏，命令李严殿后，馈运粮草。不料碰上雨天，交通受阻，李严就编了个理由让诸葛亮退军。因为贻误军机，诸葛亮将他撤职查办，下放为民。诸葛亮去世，李严接到讣告，发病而死。为什么呢？因为他了解诸葛亮的为人，诸葛亮处罚他，他心服口服，只要诸葛亮在，他还有重新被任用的机会，诸葛亮死了，恐怕就没有指望了。

执政是不容易的，像诸葛亮这样，让受处罚者自己都没有怨言，更不容易。诸葛亮为什么能够做到呢？东晋著名历史学家习凿齿作了非常到位的分析。他说："夫水至平而邪者取法，镜至明而丑者无怒，水、镜之所以能穷物而无怨者，以其无私也。"（《三国志·蜀书·李严传》裴注引习凿齿《汉晋春秋》）意思是说，一碗水端得非常平，连歪门邪道的人都会遵守法纪；镜子非常明净，连长得丑的人都不会发怒，道理就在于无私。无私就公正，人心也就服了，也就不会出现怨言和诽谤。所以，他称赞诸葛亮执法之公正，是秦汉以来所未有的。

唐太宗从历史经验出发，深刻认识到治理国家必须坚持公正无私。只有公平才能伸张正义，弘扬正气，国家长治久安的道路才能平坦而通畅。公正不是说出来的，而是切切实实地做出来的，不管是表彰还是处罚，想事情不能离开一个"公"字，做事情不能离开一个"正"字，天大的事情抬不过一个"理"字。坚持公平正义往往会和私人感情相冲突，难以割舍，更会同私人利益乃至小集团的利益相冲突，更有切肤之痛。然而，不舍私利就没有公道，也就没有社会安定、国家稳固。就像唐太宗一再告诫的，别以为国家和个人没有多少关系，放胆损公肥私，一旦这种邪气弥漫于世间，国家难免灭亡，而覆巢之下岂有完卵，国不在，家也就不保了。

忠义

【原文】

冯立①，武德中为东宫率②，甚被隐太子③亲遇。太子之死也，左右多逃散，立叹曰："岂有生受其恩，而死逃其难！"于是率兵犯玄武门，苦战，杀屯营将军④敬君弘⑤，谓其徒曰："微以报太子矣。"遂解兵遁于野。俄而来请罪，太宗数之曰："汝昨者出兵来战，大杀伤我兵，将何以逃死？"立歔泣而对曰："立出身事主，期以效命，当战之日，无所顾惮。"因歔欷悲不自胜。太宗慰勉之，授左屯卫中郎将⑥。立谓所亲曰："逢莫大之恩，幸而获免，终当以死奉答。"未几，突厥至便桥，率数百骑与虏战于咸阳，杀获甚众，所向皆披靡，太宗闻而嘉叹之。（《贞观政要·论忠义》）

【注释】

① 冯立：同州冯翊（今陕西大荔）人。唐武德年间，受隐太子李建成器重，拜翊卫车骑将军。在玄武门之变中死战，因忠义被唐太宗豁免。贞观初破突厥，以功拜广州都督。在职清廉奉公，甚有惠政，卒于任上。

② 东宫率：太子卫士。隋置左右卫率、左右宗卫率、左右虞候率、左右内率、左右监门率十府，合称东宫十率府。唐改左右宗卫率府为左右

司御率府，左右虞候率府为左右清道率府，亦为十率府。主宿卫、巡查、斥候之事。

③ 隐太子：李建成，唐高祖李渊嫡长子。大业末，随唐高祖起兵，拜左领军大都督，封陇西郡公，从平长安。武德元年，立为皇太子，协助高祖理政。因与弟弟李世民的皇位之争，在玄武门之变中遇害。贞观二年（628），追封息王。贞观十六年（642），追赠太子，谥号"隐"。

④ 屯营将军：本无此官名，为习称。武德时已有玄武门屯营，用以安置元从禁军，隶属于屯卫。贞观十二年（638），始于屯营中置飞骑，仍属屯卫，后屯营独立，改为羽林军，而飞骑隶属屯卫如故。

⑤ 敬君弘：绛州太平县（今山西临汾）人，北齐右仆射敬显儁曾孙。唐武德年间为骠骑将军，封黔昌县侯，掌玄武门屯营兵，加授云麾将军。在玄武门之变中身先士卒，遇害。赠左骁卫大将军。

⑥ 左屯卫中郎将：官名。隋初，置左、右领军府，隋炀帝时改为左右屯卫，唐因之。置左、右郎将各一人，正五品上。掌领其府校尉、旅帅、翊卫之属以宿卫，总其府事。龙朔二年（662），左、右屯卫改为左、右威卫，中郎将亦随府更名。

【译文】

冯立，武德年间担任东宫率，深受隐太子李建成的厚遇。隐太子被杀后，身边的人大都逃散，冯立叹道："哪有太子活着的时候受其恩惠，太子死了就避祸不及的！"于是，他率兵进攻玄武门，拼死战斗，杀死屯营将军敬君弘，然后对自己的手下说："只能以这种微不足道的事情来报答太子了。"于是解散军队，逃出城去。不久他来请罪，唐太宗责备他说："你之前率兵来战，杀伤我众多士兵，准备怎么逃过这项死罪？"冯立哭着回答说："我自入朝以来就侍奉太子，只希望以死效忠于他，当时战斗的时候并没有顾忌那么多。"说完不住地抽泣，悲痛不已。唐太宗好言宽慰勉励他，并授予他左屯卫中郎将的职务。冯立对他的亲信说："我蒙受如此大的恩德，幸运地被赦免了罪责，一定要以性命报答陛下。"不久，突厥进攻便桥，冯立率数百骑兵与突厥大战于咸阳,杀获众多,兵锋所向锐不可当,唐太宗听闻之后大加赞叹。

【评析】

在急功近利的社会,社会风气浮躁,唯利是图,泛滥的是权力和金钱,缺乏的是道德和立场。人之所以骚动不安,就是因为找不到坚强的依靠,朝廷如果让大家有了归属感,喧嚣的世界很快就会安静下来。这就是自古以来善于治国的高明领袖都要紧紧地按住国家躁进的念头,绝不鼓动急功近利的深刻原因。沧海横流,国家要成为中流砥柱,为此,唐太宗大力提倡忠诚的精神。有了至死不渝的忠诚,人就有了归属,浮草就有了根。

唐太宗平定天下,功劳太大,对长兄李建成的太子地位提出挑战,最后演变成历史上著名的"玄武门之变"。兵变当天,李建成的部属冯立听闻李建成遇害,不仅没有投降,反而奋起反击,直至杀掉唐太宗的一员将领方才暂时罢手,逃入山野,观望形势,准备抵抗到底。然而,这场宫廷政变并没有像他希望的那样引起内外的反击,唐太宗迅速控制了局面,李建成和李元吉的势力彻底失败了。冯立是为了捍卫李建成所代表的政治秩序而战,并不是为了个人利益而负隅顽抗,所以看到形势比人强,他不能继续待在山中变成盗匪,便出山自首。面对唐太宗的斥责,他坦诚地表明自己对李建成的忠诚之心,得到了唐太宗的谅解。唐太宗当下赦免了冯立,还让他担任左屯卫中郎将,也就是禁军的将领,等于是把自己的安全交给他来保卫。这种气度和对人的信任,恐怕不是一般人做得到的。这是因为唐太宗相信讲忠诚的人靠得住。冯立被彻底感动了,决心以死相报这份信任。后来,突厥大举入侵,一直深入京畿,冯立率领数百骑兵和突厥人在咸阳城下死战,杀敌甚众,挡住了突厥的攻势,让在第一线指挥作战的唐太宗非常赞叹。

冯立的经历在当时绝非特例。玄武门之变后,唐太宗不仅没有对于李建成和李元吉的部属进行政治清洗,甚至发布命令,在玄武门之变以前和李建成、李元吉有瓜葛的人与事，都不得检举揭发，否则反坐。而对于像冯立这样顽强效忠的人，甚至反而加以重用。因为，在唐太宗看来，忠于职守是必须加以鼓励的优良品质，不应以私人恩怨进行政治划线，否则就等于提倡见风使舵的政治投机。唐太宗的这一理念，在当时无疑是吹进一股清新的风气。自从西晋灭亡以后，长期的动乱使当政者选人用人标准发生了畸变，黑白颠倒，是非不分。北齐的实际缔造者高欢有一段对臣下说的话非常形象，具有代表性。当时，高欢的一些部将贪污腐败、横行霸道，有正直的大臣一再劝谏高欢要约束部将，清除腐败。高欢却说，现在的形势是西边有北周和我对立，南边有梁武帝以正统自居，很有号召力，所以，我如果管束部下，不许他们腐败，武将就会投奔北周，文官则会投奔梁武帝，我就完蛋了。这段话告诉我们，当时普遍存在的用人原则是以私人忠诚为基础的以人划线，或者以政治帮派划线，而维系政治帮派的纽带则是升官发财等利益关系，君主甚至以腐败为代价来换取部属的忠诚。其结果一定是有利则合，无利则散，利合则国亡，利失则恶斗，西晋以来长期动乱的历史，就是一幅利益诱惑下丑恶毕露的地狱图。

　　这就是当时的状况。在这种用人风气下，政治败坏，道德沦丧，而唐太宗要改变的就是这种用人的现实。实际上，利益是换不来真正的忠诚的，甚至正好相反。因为，忠诚于利益，必然见利忘义；忠诚于理想，则为道义而献身；忠诚于制度，则为国家尽心尽责。有鉴于此，一定要把私人间的忠诚转变为对于制度、职责、国家的忠诚，这样的政治关系才是健康和可靠的。同时，唐太宗宽容、重用李建成一方的人，还有更高的立意。因为，玄武门之变后，唐太宗已经从秦王变成了国家未来的皇帝，他要站在更高的高度上，超越自身的利益，站在全国和全社会的角度来思考和处理问题。他对冯立等人的重用，最大限度地表现了宽容和公正的精神，有助于感召更多的人认同新朝廷。

诚信

【原文】

贞观初,有上书请去佞者。太宗谓曰:"朕之所任,皆以为贤,卿知佞者谁耶?"对曰:"臣居草泽,不的知佞者,请陛下佯怒以试群臣,若能不畏雷霆,直言进谏,则是正人,顺情阿旨,则是佞人。"帝谓封德彝曰:"流水清浊,在其源也。君者政源,人庶犹水,君自为诈,欲臣下行直,是犹源浊而望水清,理不可得。朕常以魏武帝[①]多诡诈,深鄙其为人。此岂可堪为教令?"谓上书人曰:"朕欲使大信行于天下,不欲以诈道训俗,卿言虽善,朕所不取也。"(《贞观政要·论诚信》)

【注释】

① 魏武帝:即曹操。字孟德,沛国谯县(今安徽亳州)人。东汉太尉曹嵩之子。年二十,举孝廉为郎,授洛阳北部尉,迁顿丘令。参与镇压黄巾军、讨伐董卓。初平三年(192)据兖州,获黄巾军降卒三十余万,选其精锐编为青州军,兵力大振。建安元年(196),迎汉献帝至许,自为司空,总揽朝政。建安五年(200),在官渡之战中大败袁绍。建安十二年(207),击破乌桓,统一北方。建安十三年(208),进位丞相。同年进攻荆州,与孙权、刘备战于赤壁,兵败北归。建安十八年(213),进魏公。建安二十一年(216),拜魏王。建安二十五

年（220），因病卒于洛阳。子曹丕代汉称帝后，追尊为太祖、武皇帝，葬于高陵。

【译文】

贞观初年，有人上书请唐太宗清理朝中的奸佞。唐太宗说："我所任命的官员，自以为都是贤能之才，你所知道的奸佞是谁呢？"上书人回答说："我住在民间，不能准确地知晓谁是奸佞，请陛下假装发怒来考验群臣，如果能不畏惧雷霆之怒，直言进谏，则是正直之人，逢迎上意，阿附御旨，则是奸佞小人。"唐太宗对封德彝说："流水是清澈还是污浊在其源头。君主是政治的源头，官民则如水流，君主自己做出欺诈之事，却指望臣下行为正直，这就好比源头污浊却希望水流清澈，按道理根本不可能。我一直认为魏武帝为人阴诡狡诈，非常鄙视他的品行。此种行径我怎么可以效仿呢？"于是唐太宗对上书人说："我想要使天下人都诚实守信，不愿意用欺诈的方法教化风俗，你的建议虽好，但我不能采纳。"

【评析】

文明的社会崇尚道德，而弘扬道德的关键在于重建人与人的信任关系。这是一项需要全社会共同努力才能够做到的事情，必须由国家带头来做。以文德治国首先要抓的是诚信，可以说诚信是德之本。孔子说"民无信不立"，更何况国家。树立诚信的风气，必须从最高统治者皇帝做起。所以，唐太宗公开宣言要用诚信来治理国家，以革除当代以来道德沦丧的风气。

众所周知，唐太宗特别爱惜人才，只要是贤能之人，他总要想办法争取过来，为己所用。因此，从旁人看来，唐太宗手下的人来路不清，鱼龙混杂。于是，有人向唐太宗献上一道"妙计"，让唐太宗假装发怒，试试朝中大臣的品行。这种"钓鱼"办法古已有之，法家就专门研究如何运用各种手段让下属暴露真面目，更有人设下圈套，派人去挑动大臣们发牢骚，甚至引导他们反叛，或者行贿贪污等。虽然手段卑鄙、令人不齿，但在统治者那里很有市场，所以经久不衰。可是，这回献计者找错人，唐太宗断然拒绝了这个方法。

在全社会建立诚信，首先要从政治诚信做起。从良好的君臣关系培育良好的政治风气，进而推动社会道德的建设。对于君臣上下级关系，孔子提出过一个相处之道，那就是"君使臣以礼，臣事君以忠"。（《论语·八佾》）上级不能对下级颐指气使，而应该以礼相待，让部下有尊严，才会尽心尽责去工作。二者之间最重要的是信任。魏徵也曾对唐太宗说："上不信则无以使下，下不信则无以事上，信之为道大矣！"（《贞观政要·论诚信》）上级不相信下级就无法委任他们，下级不相信上级就无法办事，所以，诚信何其重要！唐太宗拒绝用权术考验大臣，就是为了建立起君臣之间的诚信关系。有了信任感，上下一心，其利断金。

人与人之间的信任关系，建立起来不容易，损坏则在瞬间。有一次，有人检举魏徵包庇亲戚，唐太宗让御史大夫温彦博去调查，结果查无实据。温彦博向唐太宗报告说："魏徵没有问题，但是，他为人行事不够检点，虽然心中无私，但也不是无可指责。"唐太宗觉得有道理，让温彦博去批评魏徵，并且说以后要注意自己的检点行为。改天魏徵觐见唐太宗，说道："臣听说君臣一体，应该竭诚相处。如果上下之间要留心检点，有所隔阂，那么国家的兴亡就难以预料了，臣不敢奉诏。"唐太宗很受震动，检讨道："我已经后悔了。"魏徵趁机进一步进谏道："我为陛下服务，希望能够成为良臣而不要成为忠臣。"什么是"良臣"和"忠臣"呢？良臣是提出好的建言，被君主采纳，君臣同心协力把国家治理好；忠臣则是力谏君主从善，不惜当众谏诤，本人惨遭杀害，而国家也随之灭亡。君臣上下之间不能坦诚相待，就只有通过抓把柄来相互制约，甚至不惜用"投名状"的手段。这种用人的办法组成的官吏队伍必定是孔子所说的"小人同而不和"，臭味相投，貌合神离，为利益而来，因争权夺利而分裂。这种官吏队伍，还能指望以德治国吗？

魏徵还给唐太宗讲过一个道理，据说齐桓公问管子，什么事情会妨碍国家强大呢？管子回答道：有三个方面会成为障碍，第一是不能知人；

第二是用人而不信任；第三是信任的同时却又任用小人，让君子和小人掺杂在一起。说到底，君臣相互信任是非常重要的。对于最高统治者来说，要做到用人不疑，以礼相待。对于下级来说，应该无私，竭尽忠诚。对于国家来说，信誉度的高低，直接关系政令的畅通与否。同样一句话，有的人说了，大家就相信；同样一道政令，朝廷公布了就能够贯彻下去，起决定性作用的就在于有没有诚信。所以，诚信对于官员、对于朝廷来说何等重要！说不可信的话，发布没有诚意的政令，作为皇帝则破坏了自己的信誉，老百姓不相信朝廷，政令难以执行，这是执政的大碍。

前面提到的贤相房玄龄有位亦师亦友的儒士朋友，名叫王通，也被称为文中子，是隋末大儒。他的孙子就是"初唐四杰"中位居首位的王勃。据说房玄龄曾经向文中子请教如何侍君，文中子答："无私"；问如何管人，答："无偏"；再问如何改变人，答："正其心"。唐太宗君臣所要达到的境界就是无私和无偏，朝廷带头这么做，整个社会的诚信之风就树立起来了，人心也自然跟着正了。《资治通鉴》讲了这样一件事情，贞观六年（632），唐太宗亲自审核死刑案件，觉得死囚虽然可恨，但是也有可怜之处，特别是他们即将告别人世，家里有亲人，还有很多后事需要安排。唐太宗动了哀怜之心，和死刑犯人相约，放他们回家了结人情世事，到秋天执行死刑时，自己到京城来受死。到了秋天，这些犯人竟然真的都回来了，他们被唐太宗的仁心感动，信守了约定。而唐太宗也被他们感动了，他说这些犯人用生命信守约定，说明他们已经有了从善之心，所以对他们宽大处理，豁免了他们的死刑。这件简直不可想象的事情，正是诚信为本、以德治国的威力的证明。

节俭

【原文】

贞观四年,上谓侍臣曰:"崇饰宫宇,游赏池台,帝王之所欲,百姓之所不欲。帝王所欲者放逸,百姓所不欲者劳弊。孔子云:'有一言而可以终身行之者,其恕乎!己所不欲,勿施于人。'①劳弊之事,诚不可施于百姓。朕尊为帝王,富有四海,事皆由己,诚能自节。若百姓不欲,必能顺其情也。"魏徵曰:"陛下本怜百姓,每节己以顺人。臣闻:'以欲从人者昌,以人乐己者亡。'隋炀帝志在无厌②,惟好奢侈,所司每有供奉、营造,小不称意,则有峻罚严刑。上之所好,下必有甚,竞为无限,遂至灭亡。此非书籍所传,亦陛下目所亲见。为其无道,故天命陛下代之。陛下若以为足,今日不啻③足矣;若以为不足,更万倍过此亦不足。"太宗曰:"公所奏对甚善!非公,朕安得闻此言?"(《贞观政要·论俭约》)

【注释】

① 有一言而可以终身行之者,其恕乎!己所不欲,勿施于人:典出《论语·卫灵公》:"子贡问曰:'有一言而可以终身行之者乎?'子曰:'其恕乎!己所不欲,勿施于人。'"子贡问孔子:"是否有一个词可以终身践行?"孔子说:"那应当就是'恕'了!自己不想做的事情,不

要强加给别人。"

② 厌：满足，知止。

③ 不啻（chì）：不只，不止。

【译文】

贞观四年（630），唐太宗对身边的侍臣说："将宫殿装饰得华丽，游览水池、台阁，这是帝王想做而百姓不希望他们做的事情。帝王想做是为了享乐，百姓不希望他们做是因为这些事会害得百姓疲敝。孔子说：'如果说有一个词可以终身践行的话，那就是"恕"！自己不想做的事情，不要强加给别人。'所以说劳役百姓的事情，实在不可以强加到百姓身上。我贵为帝王，富有天下，每件事都可以自己决定，确实可以做到自我约束。如果百姓不想做，我一定能做到顺应民心。"魏徵说："陛下本来就已经非常怜惜百姓了，每每约束自己来顺应百姓之心。臣听说：'克制自己满足百姓需求的君主会兴旺发达，损害百姓满足自己私欲的君主则会走向灭亡。'隋炀帝贪得无厌，独好奢侈，有关部门每次为他供奉物品、营建工程时，稍有不如意就会被处以严刑峻法。上级喜欢的，下级一定会千方百计地奉承，大家互相攀比，没有止境，以至于灭亡。这不仅是典籍记载的，也是陛下亲眼看到的。正因为炀帝无道，所以上天让陛下代替他。陛下若是知足，现在这样的物质条件已经很足够了，陛下若是不知足，即使比这奢侈千倍万倍陛下也觉得不足。"唐太宗说："你说得非常好！若不是有你，我哪儿能听到这番忠言！"

【评析】

人的身上，有一部分属于本能，有一部分需要后天的修炼。物欲、占有欲、妒忌攀比、自私自利这些方面，源于本能，这些方面无须提倡，也不应该鼓励。需要鼓励的是如何把这些本能的方面转化为动能，克制在理性的范围之内，成为一个有道德的人，有见识的人，能够与人和谐相处，有所作为。后天的修炼，最重要的是要学会收住躁动的心，节制过度的欲望，学习理性的生活。中国古人一直重视节俭朴素，并将之作为人格培养的一个重要方面，这是非常可贵的。人一旦奢侈，就会约束不住内心的欲望和外部的各种诱惑，由奢生骄，从物质的追求走向自我的极度膨胀，做出各种坏事。唐太宗一再告诫自己和大臣，从历史的教训来看，王朝的失败经常是从帝王权贵的骄奢开始，一步步走向失败的深渊。因此，千万不可把奢侈简单看作生活小节，而应该给予高度的重视。

　　当了大官，做了皇帝，往往都会想摆摆阔，显露风光，追求舒适的生活。自己享受了，还让大家羡慕，从而获得虚荣心的满足，感受到享受权力的风光。这就是为什么自古帝王权贵总是热衷于大兴土木。有人可能会问，皇帝也是人，喜欢吃好穿好住好，是人之常情，为什么要特别注意呢？首先，皇帝不事生产，一针一线都来自百姓的劳作，皇帝一旦折腾，下面的百姓就要承担劳役赋税。若是做得不好，皇帝不高兴，管事的人还要受到处罚，于是官员只好四处搜刮张罗，再趁机中饱私囊，最终演变成为劳民伤财的洗劫。其次，生活上的铺张挑剔，一定会滋长起骄气。时间一长，习惯了奢靡的作风，什么都要追求最好的，根本不懂得体恤百姓，以奢华为政绩，以威风为功勋，人就变得越来越骄狂，好大喜功，进一步加重百姓的负担。再者，皇帝生活上的奢侈多欲，会给小人邀功的机会。生活上的臭味相投，进而变成政治上的团伙，拍马逢迎之人受到重用，从而整个朝廷的正气都被破坏。这种规律可以由君王延伸到各级官员。历史上的奸臣小人，绝大多数都是依靠迎合皇帝生活所好而成为心腹的。上有所好，下必甚焉，是古往今来的铁律。为了上司高兴，下面的官员定会层层加码，搜刮奇珍异宝、美味佳肴进献，换取自己的功名利禄，最终搞得民不聊生。隋朝就是这样灭亡的。因此，崇尚俭约，是执政为民精神的体现。皇帝和内外百官节俭，不仅是美德，更是为了不让权力的手随处乱伸。

　　对于俭约治国的原则，要从一开始就坚持贯彻，始终不移，丝毫不能松懈。更要从小事做起，从点滴做起。有一天，唐太宗问专门负责提批评建议的谏议大夫褚遂良，为什么舜帝这么英明的君主打算做几件漆器，大禹想给餐具雕个花样，竟然有十几位大臣出来苦苦劝阻，这难道不是小题大做吗？褚遂良回答道，雕琢器物会妨碍农业，编织彩绣会劳累女工，最重要的是这样做开启了奢侈淫邪之门，国家就是因此而逐渐走上危亡之路的。为什么呢？因为做了漆器以后，会觉得金器更好，有了金器，便觉得玉器更美，奢侈是没有尽头的。这就是十几位大臣苦苦劝谏的道理。批评应该在事物刚刚萌芽之时，到已经完全成形就来不及了，那时候也没有什么可以劝谏的了。中国古人一直讲防微杜渐的道理，做什么事情，不要只看眼前这件事情的大小，而要看它将来发展的趋势。大家都知道三国时代蜀国的创始人刘备，他临终给儿子的遗嘱是"勿以恶小而为之，勿以善小而不为"（《三国志·蜀书·先主传》裴注）。刘备死在内忧外患的困境中，儿子阿斗又不争气，让他很不放心，大家一定觉得他会给儿子留下治国的秘诀，如有什么高超的手段管束大臣之类，结果却是如此简单而朴实的话。做好事还是做坏事，都会成为一种习惯，会越做越大。儿子没有治国的才能，至少懂得不做坏事，专做好事，身边有诸葛亮这样的贤人辅佐，国家就不会出大乱。刘备真正看到了最根本的地方，他交代的不是鸡毛蒜皮的事，而是最重要的话。贞观时期的名臣马周曾在给唐太宗的表文里面指出："凡修政教，当修之于可修之时，若事变一起而后悔之，则无益也。"（《贞观政要·论奢纵》）也就是说，不能幻想先发展再整治，因为奢侈的风气就像吸毒一样，一旦上瘾，成为风气，就很难克服了。更不要说奢靡造成社会动乱，一旦爆发，再后悔就来不及了。老百姓做几件精美的漆器餐具，没有问题，可是君主和官员就不能做，因为你用的是公款，不用自己掏钱，就会这山望着那山高，心中的欲望放出来了，不知不觉中就滑向了奢靡纵欲的堕落深渊。君主、官员和朝廷要想让自己和国家长治久安，就要学会节俭，带头节俭，朝廷节俭了，民间就有了很大的发展空间，社会经济便活跃起来，国家的繁荣也就指日可待了。

海纳百川,有容乃大
——文化建设

【题旨】

中国历史上最为辉煌、最为人津津乐道的时代莫过于汉、唐。不过，汉、唐这两个王朝的"气质"并不相同，后世的人们提起来，往往以"强汉盛唐"以概之。也就是说，大家提到汉朝，最先想到的往往是其在军事上的强势，是霍去病封狼居胥将匈奴彻底赶回漠北老家的丰功伟绩，即使在汉朝步入衰途的汉元帝时期，仍能发出"明犯强汉者，虽远必诛"（《汉书·陈汤传》）的强音。而大家提到唐朝，则首先想到的是文化的空前繁荣，是初唐四杰、大小李杜、元白刘柳的诗文，是褚欧颜柳、张旭怀素的书法，是吴带当风，是昭陵六骏，是霓裳羽衣，是敦煌壁画。文化的繁荣可以说是唐朝最鲜明的盛世特质，其所孕育的灿烂的精神文明不仅在中国历史上绝无仅有，在世界历史上都是极为罕见的。那么，唐朝为什么能够孕育出如此灿烂的精神文明呢？简单来讲可以用四个字概括——多元开放。多元即承认文化的多样性，吸收中外古今各色的文化要素，开放即打破文化偏见，接纳各个民族、各个国家的优秀文化。

五胡十六国以来的中国，一方面是政治动乱，政权如走马灯般更替不止；另一方面多个民族纷纷涌入中原，同时带来了丰富多彩的外来文化。这两个因素共同作用，在很大程度上改变了中国传统社会文化的面貌。对于一个新建立的王朝而言，面对这样多元文化相互碰撞的局面，采取什么样的国家政策是至关重要的。前面已经介绍过，唐太宗在执政之初即展开过一场确立基本国策的大讨论，由此把百官的思想统一到以民为本、以德治国的路线上来，奠定了唐朝走向繁荣的思想基础。同样，在文化建设方面，唐朝的文化政策也是在唐太宗与臣下的讨论中确立了方向，此即贞观二年（628）唐朝君臣有关音律的讨论。这次讨论从音乐与国政好坏有无关系着眼，实际上探讨的是新建立的以中原正统自居的唐王朝是否要吸收五胡十六国以来传入中原的外来文化。最终唐太宗以务实的精神、宽广的胸怀定下了唐朝兼容并包的多元文化基调。

多元的文化要素来源有两个，一是历史，即继承前代的优秀文化；二是外来，即吸收其他民族乃至国家的文化。古往今来任何一个强大的世界帝国都是在吸取人类文明的成就上建立起来的，继承本民族的优良传统和吸收其他民族的文化养分，是构建盛世的重要基础。唐朝可以说是建立在五胡十六国以来民族大融合趋势之顶点的王朝，要充分吸收这一时期传入中原的多元文化就不可避免地面临历史遗留的民族问题。对此，唐太宗采取高度开放的方针，将外来异民族与中原汉族同等看待，引导各民族人民和睦交往，共同建设唐王朝。民族交往带来文化碰撞，唐朝同样以开放的胸怀将异民族文化收入囊中，并积极促进异民族文化与汉文化的融合。由此，汉族的传统文化被注入异民族外来文化的活水，各种不同风格的文化元素被整合在一起，从而形成了唐朝特有的胡汉交融的新文化，给整个社会的发展带来蓬勃的生机和旺盛的活力，推动唐朝走向中华古代文明的巅峰。

贞观初年的音律大讨论

【原文】

太常少卿①祖孝孙②奏请所定新乐。太宗曰:"礼乐之作,是圣人象物设教,以为撙节③,治政善恶,岂此之由?"御史大夫④杜淹⑤对曰:"前代兴亡,实由于乐。陈将亡也,为《玉树后庭花》;齐将亡也,而为《伴侣曲》。行路闻之,莫不悲叹,所谓亡国之音。以是观之,实由于乐。"太宗曰:"不然,夫音声岂能感人?欢者闻之则悦,哀者听之则悲。悲悦在于人心,非由乐也。将亡之政,其人必苦,然苦心所感,故闻而则悲耳。何有乐声哀怨,能使悦者悲乎?今玉树、伴侣之曲,其声具存,朕当为公奏之,知公必不悲耳。"尚书右丞⑥魏徵对曰:"古人称:'礼云礼云,玉帛云乎哉?乐云乐云,钟鼓云乎哉?'⑦乐在人和,不由音调。"太宗然之。(《贞观政要·论礼乐》)

【注释】

① 太常少卿:官名。秦置奉常,典宗庙礼仪。至汉高祖时改称太常,为汉代九卿之首,秩中二千石。魏因之。南朝梁改太常为太常卿。北魏以太常与光禄勋、卫尉为三上卿,位从一品下。太和十五年(491),初置太常少卿一人,位第三品上,至太和二十二(498)年,降为正四品上。北齐因之,并改太常为太常寺。隋亦于太常寺置少卿一人,

正四品上；炀帝即位，加置二人，降为从四品。唐朝武德中，复一人，贞观中，加置二人，位正四品上。太常少卿为太常寺副官，协助太常卿掌邦国礼乐、郊庙、社稷、陵寝诸事。

② 祖孝孙：字德懋，幽州范阳道县（今河北涞水）人。出身范阳祖氏。隋开皇年间，起家协律郎，参定雅乐。唐高祖受禅，擢为著作郎，迁吏部郎、太常少卿。武德九年（626），奉命与秘书监窦琎修定雅乐，斟酌南北，考以古音，于贞观二年（628）作成进上。寻卒。

③ 撙（zǔn）节：抑制、节制。

④ 御史大夫：官名。秦置，位副丞相，汉因之，掌国家档案图书，监督地方刺史，并领侍御史十五人，受大臣奏事，兼弹劾百官。秩中二千石，与丞相、太尉合称三公。汉成帝时更名大司空，哀帝建平年间复为御史大夫，元寿二年（前1）复为大司空。东汉光武帝时更名司空，为三公之一。汉献帝时又置御史大夫，魏黄初初省。之后历晋、南朝宋、齐、梁、陈、后魏、北齐、后周，皆不置御史大夫，而以御史中丞为御史台长官。隋讳"忠"，更御史中丞名复为御史大夫，为御史台长官，从三品；隋炀帝时降为正四品。唐朝复为从三品，并置御史中丞为之副。掌邦国刑宪、典章之政令，监察百官。

⑤ 杜淹：字执礼，京兆杜陵（今陕西西安市长安区）人。隋怀州长史杜徽之子，唐宰相杜如晦叔父。隋时累拜御史中丞。隋末曾效力王世充，授吏部尚书。王世充败，转为秦王天策府兵曹参军、文学馆学士。卷入杨文干谋反事件，坐罪流放巂州。及唐太宗即位，召授御史大夫，封安吉郡公。寻检校吏部尚书，参与朝政。贞观二年（628）病逝，赠右仆射，谥号"襄"。

⑥ 尚书右丞：官名。秦置尚书丞，汉因之。东汉光武帝置左、右丞各一人，尚书右丞位居尚书左丞之下，掌领廪假钱谷，并与左丞共掌尚书都省庶务。后代沿之，右丞常居左丞下。自魏至南朝宋、齐，尚书右丞品皆第六，秩四百石。梁时尚书左丞班第九，右丞班第八，并第四品，秩六百石。陈因之。后魏、北齐时左丞正四品下，右丞从四品

上。隋初,左丞从四品上,右丞从四品下,隋炀帝时左、右丞并正四品。唐朝左丞正四品上,右丞正四品下。唐玄宗开元以后,尚书仆射渐成荣誉职,尚书省实权实际由左、右丞掌管。

⑦ 礼云礼云,玉帛云乎哉?乐云乐云,钟鼓云乎哉:典出《论语·阳货》:"子曰:'礼云礼云,玉帛云乎哉?乐云乐云,钟鼓云乎哉?'"孔子说:"礼呀礼呀,说的只是玉器、束帛之类的礼器吗?乐啊乐啊,说的只是钟鼓之类的乐器吗?"

【译文】

太常少卿祖孝孙进奏新近制定的音乐。唐太宗说:"制定礼仪、音乐,是圣人取法自然教化百姓的手段,用来节制人们过度的欲望,国家治理的好坏,怎么能由此而定呢?"御史大夫杜淹回答说:"前代王朝的兴亡确实和音乐有关。陈朝即将灭亡的时候,作《玉树后庭花》,齐代即将灭亡的时候,作《伴侣曲》。走在路上的百姓听到这些曲子,无不悲伤叹息,说它们是亡国之音。由此看来,政治的好坏确实和音乐有关。"唐太宗说:"你说的不对,音乐怎么能影响人呢?高兴的人听音乐就高兴,悲伤的人听音乐就悲伤,高兴和悲伤在于人的心情,而非因为音乐。即将灭亡的国家,国民必定悲苦,受悲苦的心情影响,所以听到音乐觉得悲伤。哪有乐声哀怨就能让高兴之人悲伤的呢?现在《玉树后庭花》和《伴侣曲》的音曲都还在,我可以为你演奏它们,我确信你一定不会因此而悲伤。"尚书右丞魏徵回答说:"古人说:'礼啊,礼啊,仅是指玉器和束帛之类的礼器吗?乐啊,乐啊,仅是指钟鼓之类的乐器吗?'快乐在于人心和谐,而不在音调。"唐太宗认为魏徵说得很对。

【评析】

多元文化的碰撞和交融,在每一个具体的层面和问题上,都会在不经意间产生。唐朝建立之后,面对中外乐器混杂、中外音乐并存的现状,朝廷要确定音阶音律,即制定乐律的基本标准。谁也没有意料到,这件事情却引起了唐朝文化政策的大讨论。

贞观二年（628），分管乐舞艺术的太常寺副长官祖孝孙把新制定的音律乐曲上报给唐太宗。唐太宗非常高兴，说道："制定礼乐是圣人取法自然而设立的教化，用于调适人们的情感，政治的好坏，与此有什么关系呢？"唐太宗为什么会这么说呢？他是意有所指的，远则指斥儒家传统的音乐理论，近则批判隋文帝以政治粗暴干涉制定音律的行为。

儒家传统的音乐理论认为音乐是为政治服务的，好的音乐可以改变人心，移风易俗，起到政治教化的作用。相反，不好的音乐会引导人们道德堕落，涣散民心。自汉代以来儒家音乐理论一直占据着主导地位，直到魏晋思想解放运动兴起的时候，革新思想家嵇康撰写了《声无哀乐论》，正面批判儒家把音乐政治化的理论，指出音乐的本质是音声的和谐完美，追求的是"和"于天地自然，而喜怒哀乐则是人的情感，并不是音乐的感情。人们只会感受到音乐是否和谐、音声是否完美，至于从音乐中产生什么样的情感波动，完全是由于人本身的思想造成的，心情好的时候，听什么音乐都是喜悦的；相反，思想淫邪的人，听什么音乐都会往堕落之处想象，这不能怪罪于音乐。所以，音乐不会诲淫诲盗，没有政治教化的功能。嵇康对音乐政治化的批判十分有力，给当时外来文化艺术的传播普及起到了很大的促进作用。思想开明的人大多支持嵇康的观点，唐太宗就是其中之一。然而，政治人物未必都是思想解放的先锋，有些人出于各式各样的利益关系而秉持保守的文化立场，隋文帝就是一个代表。

隋朝建立之后，隋文帝命令相关人员制定音律。此事主要由重臣郑译负责，他曾经追随龟兹（国都在今新疆库车）乐师苏祇婆学习，精通西域音调，并将之同中原雅乐相融合，制定了七声十二律旋相为宫的"八十四宫"宫调体系，所定音阶恰好和当时流行的俗乐相符，其定乐的方法正代表着本国与外来、俗乐与雅乐之间融合提高的潮流。但是令人想不到的是，郑译的革新竟然遭到国子博士，也就是国家最高学府教授何妥的攻击。而他反对的原因同音乐艺术没有什么关系，只是出于政治上的争宠。何妥本人没有多少音乐素养，但他能言善辩，而且非常明白外行如何打败内行的秘诀。在高度专制的体制下，专业特长是没有话语权的，上面说你对就对、说你错就错，根本用不着证明。因此，何妥只需要说服一个人就能够扭转乾坤。这个人是谁呢？隋文帝。

隋文帝有那么好蒙骗吗？此人以精明多疑著称。但是，没有关系，知道两个道理，一样手到擒来。第一，什么事情都要大权独揽的人，在很多事情上是道听途说，冒充内行，却又自以为是。所以，千万不要同他讲专业知识，这个他听不懂，还以为你在看不起他，就像猴子教老虎怎样爬树，不吃掉你才怪。对于这种人，应该像狐狸那样，花言巧语哄得老虎跟在自己身后逛大街，何等威风神气。第二，要明白皇帝心里真正想要的是什么，投其所好，那就无往不胜。何妥看透了隋文帝修订乐律，并不是出于文化建设的目的，纯粹是为了粉饰自己的丰功伟绩。

于是，何妥慢慢开导起只懂得音乐皮毛却自命不凡的隋文帝来，根据儒家以乐律附会人事的理论，先讲一通"黄钟者，以象人君之德"的道理，造成先入为主的印象，然后再演奏一曲黄钟之调，果然听得文帝大悦，赞叹道："滔滔和雅，甚与我心会。"（《隋书·音乐志》）接着何妥又忽悠文帝，音乐的宫、商、角、徵、羽五音分别对应君、臣、民、事、物，所以只能演奏黄钟宫一调，千万不能转调，因为一旦转调，就等于君变为臣，岂有此理！这纯属无稽之谈，但隋文帝竟然相信了，他下令所有从西域传来的音律统统不予采用，雅乐只准演奏黄钟宫一个调子。何妥为了政治投机，用似是而非的文化复古主义理论，摒弃外来文化，扼杀进步，竟然取得成功。这次定乐是音乐史上的一次大倒退。所幸隋朝短命，很快就灭亡了。制定音律的问题重新被提上议事日程，这回遇到了坚持文化多元、思想开放的唐太宗，终于拨乱反正。

但是，唐朝也依然存在坚持儒家传统音乐理论，秉持文化复古主义立场的人。本文中的杜淹即是一例。他提出齐、陈亡国之际均有靡靡之音流传，可见国家的灭亡确实与音乐相关。对于杜淹这种沉浸在观念世界里面固执己见的人，最好的说服方法就是让事实来说话。实践是检验真理的唯一标准。所以，唐太宗回应说，当年的《玉树后庭花》和《伴侣曲》的曲子都在，自己可以现场为他弹奏，看看他是否会悲伤。杜淹顿时无话可说了。

贞观二年（628）发生的这次关于音律的讨论，如同前一年对于治国基本原则的大辩论一样，后者确立了唐朝以文德治国的国策，前者则确立了唐朝的文化政策，即解放思想，破除束缚文化发展的陈旧观念和教条，承认文化的多样性，兼收并蓄，萃取各种文化之精华于一炉，积极推动文化的繁荣。对于文学艺术的问题，唐朝不用旧观念和教条随便上纲上线，不是绞尽脑汁去限制，而是坚持正面引导，这就给了各种文学艺术很大的发展空间。

唐朝文学艺术之盛，可谓家喻户晓，尽人皆知。文化高度繁荣的背后，是对旧观念藩篱的冲破和多元文化的交融，那个辉煌年代的盛大情景，有不少已经被人淡忘了，有些则已经融入我们的日常生活之中而习以为常，哪怕只鳞片爪，都足以让我们心向往之。唐朝多元包容的文化政策，让各种文学艺术都有了无比广阔的成长空间，百花齐放，争奇斗艳，在相互促进、相互融合中，形成中国文化的鼎盛时代，其规模之大、水平之高、艺术之美、创造之新都达到了新高度。

民族融合促进文化繁荣

【原文】

贞观四年,太宗曰:"隋炀帝性好猜防,专信邪道。大忌胡人,乃至谓胡床为交床,胡瓜为黄瓜,筑长城以备胡,终被宇文化及①使令狐行达②杀之。又诛戮李金才③,及诸李殆尽,卒何所益?且君天下者,唯正身修德而已。此外虚事,不足在怀。"(《贞观政要·慎所好》)

【注释】

① 宇文化及:鲜卑人,本姓破野头,隋左卫大将军宇文述长子,其家本代郡武川(今内蒙古武川)人。以门荫起家千牛备身,隋炀帝为太子时,深受宠爱,累迁至太子仆。隋炀帝即位,拜太仆少卿。为人贪婪,大业中因违禁与突厥互市下狱,赖其弟宇文智及妻南阳公主求情而免罪为奴。至其父宇文述薨,因故恩起为右屯卫将军。大业十四年(618),在江都弑杀隋炀帝,拥立秦王杨俊之子杨浩为帝,自称大丞相,率军北归,途中被瓦岗军李密所败。随后鸩杀杨浩,僭皇帝位于魏县,国号许,建元天寿。武德二年(619),与二子并为窦建德所杀。

② 令狐行达:隋末校尉。大业十四年(618)三月十一日,宇文化及、

司马德戡等发动江都政变，令狐行达受命用练巾将隋炀帝绞死。

③ 李金才：名浑，字金才，隋太师李穆第十子。初仕北周，起家左侍上士。参与平定尉迟迥之乱，以功授上仪同三司，封安武郡公。开皇初，进授象城府骠骑将军，随晋王杨广出藩扬州。仁寿元年（601），从杨素破突厥，进位大将军，拜左武卫将军，领太子宗卫率。隋炀帝即位后，转右骁卫将军，袭爵郕国公，累加光禄大夫、右骁卫大将军。大业十一年（615），被宇文述诬告应李氏当为天子的谶言，坐谋反赐死。

【译文】

贞观四年（630），唐太宗说："隋炀帝性格好猜疑，专门信那些歪门邪道。他非常忌惮胡人，以至于将胡床叫作交床，将胡瓜称为黄瓜，又修筑长城以防备胡人入侵，最终却被宇文化及指使令狐行达杀害了。他还因为谶言杀掉李浑，即使将全天下姓李的人都杀光，又有什么用呢？君主统治天下，只需要端正自身，为政以德即可。除此之外的虚妄之事，不必放在心上。"

【评析】

唐朝采取宽松的文化政策，承认文化的多样性，积极吸收古今中外优秀的文化，从而出现了文化空前繁荣的局面。但是问题又来了，宋朝的文化政策也很宽松，为什么气象就没有唐朝那般恢宏壮大呢？笔者认为，唐朝文化之所以空前繁荣，还有一个重要的支撑要素是民族大融合。唐朝是中华民族形成史上极其重要的时代，魏晋南北朝以来从四面八方进入中原的民族，在唐朝先进的民族政策下，积极融入唐朝这个大熔炉，从而形成一个高度文明发达的和睦大家庭，造就了包容寰宇的宽阔胸怀，锤炼出恢宏壮丽的文化盛世。

在世界上，民族问题自古以来都非常棘手，真正能够处理得好的国家并不多，而中国就是为数不多的能处理好民族问题的国家，特别是在唐朝。复杂的民族问题带来的不是战乱，而是民族大融合与文化大繁荣。唐朝留给我们的历史遗产非常丰厚，极其珍贵。当然，这份遗产中也包含着非常痛苦的历史教训，是用鲜血和生命总结出来的，值得我们认真思考与借鉴。

既然说民族大融合是唐朝文化大繁荣的基础，那么自从五胡十六国以来，多个民族进入中原，为什么却没有造成社会繁荣、文化昌盛的局面呢？究其根本原因，就是没有实行民族平等的政策。

我们知道，自从西晋灭亡之后，边疆民族纷纷大举涌入中原，建立政权，其中最重要的是来自北方和西方的匈奴、羯、鲜卑、氐和羌族五个民族，历史上把这段时期称为"五胡十六国时代"。在这个时期，民族斗争成为当时政治社会的主流，带来的是血腥屠杀和极其残酷的民族压迫。当时的胡族政权纷纷实行胡汉分治的政策，胡人掌兵，以征服者的姿态压迫汉族，各民族之间相互仇杀，冤冤相报，到处是血雨腥风，造成世代血海深仇。正因为民族斗争非常尖锐，也造成胡族政权极度不稳，十几个政权像走马灯似的更换，长则几十年，短则十几年就垮台了。

至隋文帝建立隋朝，在继承北周成功的民族政策基础上，公开打出恢复汉魏的旗帜，建立起以汉族为主体、胡汉融合的新政权。五胡十六国以来的不正常的胡汉民族关系重新开始发生变化。但在这个变化中，又有新的问题产生了。那就是能不能真正对每个民族都一视同仁，真诚互信。这个问题主要发生在隋炀帝时期。隋炀帝性好猜忌，十分忌惮胡族，以至于把胡床叫作交床，胡瓜叫作黄瓜，并修筑长城以隔离胡汉。结果，自己最后命丧于胡人之手，被宇文化及杀害。

唐太宗从前代的历史中充分吸取了教训，深刻地认识到：

第一，民族矛盾不是依靠军事力量以及政治高压所能够克服的。相反，采取民族压迫的政策只会加深仇恨和反抗，让民族问题变得更加难以解决。因此，必须告别胡汉分治的错误政策，积极推进民族和解，实行民族团结的政策。

第二，不同的民族绝不是水火不容，无法一起相处的。北朝后期的北周政权，告别民族隔离的做法，通过建立府兵制，把胡汉民族士兵混编起来，组成统一的军队去对抗外敌，在并肩作战中成功地消解了长期的民族矛盾，就是非常成功的经验。

第三，民族融合的根本基础是坚定不移地实行民族平等的政策，既要消除民族歧视和压迫，也要取消民族特权和优待。对于不发达的民族，可以在经济上扶助，但绝不可以开法律上的方便之门。只有坚决彻底地贯彻法律面前一律平等的政策，才能培育各族人民遵守法律的意识，促进真正的民族团结和国家的长治久安。

唐太宗对各民族视同一家，即使在隋炀帝死于胡人之手这件事情上，唐太宗也不像某些激进的人那样，由此得出"非我族类，其心必异"的结论。他认为问题不在于民族矛盾，而在于隋炀帝猜忌，相信歪门邪道，滥杀无辜，倒行逆施。唐太宗以此为鉴，指出君主治国最重要的是正身修德，广施仁政，而不要拘泥于胡汉之分等小节。唐太宗是这样说的，也是这样做的。唐朝建立后，大臣们曾援引隋朝筑长城抵御突厥的事例，建议唐太宗继续修筑长城。唐太宗却告诉大臣们，保卫国家主要靠的不是长城，不是武器，而是讲道义，修文德，以逸待劳，吸引外族主动投奔。之后整个形势的发展确如他所料，至贞观四年（630），唐朝就取得了灭亡突厥的空前胜利。

那么，对于亡国后的突厥，要如何处置呢？这件事情考验着唐太宗的民族政策。唐朝内部对此进行了激烈的辩论。宰相温彦博认为对于各民族都应该秉持孔子"有教无类"的原则，善加对待，帮助他们自立谋生，教导他们学习中原礼义。几年之后，他们就会和汉族没有差别，和睦相亲。唐太宗采纳了温彦博的意见，在长城内外安置突厥部民众。

在经济上帮助不发达的民族，在政治上信任他们，在人事上重用他们，贯穿其间的就是以诚相待。唐朝从打江山时起，一直坚持任人唯贤、不分民族的政策，因而朝廷内外都有大批异民族的官员担任重要职务。被唐太宗刻录于凌烟阁的功臣中，异民族出身者占据三分之一，就是最好的说明。所以，唐太宗能够自豪地说道：

自古皆贵中华，贱夷、狄，朕独爱之如一，故其种落皆依朕如父母。
（《资治通鉴》"唐贞观二十一年五月"条）

这不是自我吹嘘，而是当时各族都认同的事实。贞观四年（630），周边各族首领一起来到长安，共同推举唐太宗为"天可汗"。既是中原汉族王朝的皇帝，又是游牧民族的天可汗，唐太宗的这一成就可谓前无古人后无来者。这不是武力征服的胜果，而是各族心悦诚服的表现。

唐朝平等的民族政策，促进了民族大融合。据史书记载，当时仅入居长安的胡人，就有近万家之多。而大批胡人的涌入，带来了丰富的外来文化，促使唐人的生活方式发生巨大变化。

新疆吐鲁番曾出土过一幅唐朝画作。画面上唐朝妇女发髻高高盘起，眉心贴着飘逸的图案，像一支盛开的奇葩，这是唐朝妇女非常流行的翠钿装扮。再看她的服装：紧身的上衣，袖口收紧；外面加一件直领半臂，收腰，半臂裳上绣着婉转曲折的忍冬花纹，同女性丰腴婀娜的身材相映衬，打扮优美入时。这位妇女的高发髻明显是受到北方游牧民族的影响。尤其是北魏以来在政坛上居于主导地位的鲜卑族，妇女喜爱梳高发髻。而眉心所贴的翠钿则是汉族的装扮。相传南朝的刘宋王朝，有一位寿阳公主，横卧时有一朵梅花飘落在她额上，怎么也拂不去，宫内众人都觉得新奇而美丽，纷纷效仿，剪出美丽的花瓣图样贴在眉心，流行开来，演变成为翠钿这种化妆样式。至于窄袖紧身的衣裳，则又是北方游牧民族的装束，便于骑马驰骋。而汉地是农业社会，安土重迁，平日居家，丝绣彩染的宽衣大袍更加舒适华丽。于是，这位妇女又在紧身的胡服外面加了一件中原传统的半臂衣。这种胡汉搭配的穿戴在唐朝随处可见，既便于活动，又能展示优美身段，深受欢迎。

另外，今天的人们习以为常的许多生活习惯，其实也是胡汉文化融合中形成的。例如，我们现在日常读书写字，甚至吃饭喝酒，都是坐在椅子上，围着桌子进行的。但实际上，五胡十六国以前，我们的先辈是习惯于席地而坐的。直到游牧民族进入中原，他们总是带着可以折叠的坐具，骑马累了，可以随时随地打开折椅，坐下来休息。这种椅子也称作"交床""交椅"。此外，当时还发展出表面固定、不可折叠的坐具，被称为"胡床"。唐代的胡床远比今日椅子的开面要宽得多，宽阔的开面，可以像今天这般两脚下垂端坐，也可以在胡床上面踞坐或者盘腿而坐，正好反映出唐人从原先的踞坐（跪坐）向两脚下垂的坐姿过渡的形态。以后人们慢慢适应两脚下垂的坐姿，胡床的开面也就随之缩小，这就演变为今日的椅子。人们从席地而坐转为高坐于胡床之上，和它相配的桌子也应运而生。桌子原来是低低的"几"，高度就一尺左右，恰好同席地而坐相配。待到胡床流行开来，"几"也必须升高起来，逐渐发展为今日桌子的形制。桌椅改变了人们的生活样式，解放了双腿，人长高了，房子宽了，人们也不再睡在地板上，而开始使用有一定高度的寝具，也就是今天所称的"床"。不仅在衣食住行等日常生活方面，平等开放的民族政策还使得胡族的文化艺术纷纷传入中原，丰富了人们的娱乐和精神生活。

古代日本长期向中国学习，尤其在隋唐时代，更是醉心于美妙的文化之中。他们模仿唐朝首都长安建立的平城京（今奈良），其中有一座非常大气而朴实的建筑，叫作正仓院。这里原来是日本佛教总寺院东大寺的仓库，里面收藏着日本圣武天皇生前使用的全套用具，不仅包括前面提到的胡床、桌子，还有不少精美的乐器、舞具等，其中有一把五弦琵琶，在世界上独一无二，堪称无价之宝。

唐朝乐舞中广泛使用琵琶，有圆形的琵琶、半梨形的琵琶、直颈琵琶、曲颈琵琶、四弦琵琶、五弦琵琶等，多种多样，以至于唐朝甚至用"胡琴"来统称琵琶。这几种琵琶中只有圆形音箱的琵琶属于中国的乐器，在先秦时代就已经出现了。传说"琵琶"二字在中国古代是模拟演奏手法的形声字，手向前拨弦称"琵"，向后拨弦称"琶"。凡是用这两种手法抱在怀中弹奏的乐器，在早期都称为琵琶。汉代解忧公主曾把琵琶带到西域，所以，当地称之为汉琵琶。五胡十六国以来，波斯、印度以及西域各地的多种琵琶，通过丝绸之路传入中国，深受中国人的喜爱，迅速普及开来。一千多年之后，我们已经几乎不知道它是外来的乐器，而称之为民族乐器。显然，西域传来的琵琶已经完全融入了中国，密不可分。

正仓院传世的这把五弦琵琶，用紫檀木制作，正反两面均有精美的螺钿装饰，背面全部雕绘着飞鸟、蝴蝶、花卉、彩云和宝相华文，花心叶心涂上红碧粉彩，描以金线，上覆琥珀、玳瑁等。正面有紫檀捍拨，用来保护弦拨之处，上面有螺钿树木，下方是骑在骆驼背上的胡人，手执琵琶，边走边弹，曲声悠扬，引来飞鸟起舞、骆驼回首，不由得让人联想起当年正是这些往来于丝绸之路的胡人一串驼铃一路歌，把琵琶传入中国。如此精美的螺钿五弦琵琶，琴身的螺钿使用的夜光贝产于南海，琥珀来自缅甸，以紫檀作捍拨，则常见于唐朝琵琶。能够把世界各地的珍宝汇集起来，以高超的工艺制成的琵琶，既不是西域的产品，更不可能是当时落后的日本能够完成的，它只有一种可能性，就是唐朝的杰作。

1973年，陕西省发掘了唐高祖李渊的堂弟、淮安靖王李寿的墓，在墓室北壁东部乐舞壁画中，见到了伎乐队伍，有一人在弹奏五弦琵琶，正好和正仓院的五弦琵琶实物相互印证，非常珍贵。再看壁画中乐队弹奏的其他乐器，有来自波斯的曲颈琵琶，来自印度和缅甸的凤首箜篌，来自龟兹的筚篥，来自疏勒和龟兹的羯鼓。从壁画和实物两方面可知，唐代是外来乐器全面融入中国而展现出中外结合新风采的时期，甚至和正仓院的五弦琵琶一样，许多外来乐器已经逐渐中国化了。

乐器传入中国，乐曲自然也随之传入。贞观十六年（642），唐朝在总结前代音乐的基础之上，充分吸收外来音乐的精华，确定了十部燕乐曲，分别是《燕乐》《清商》《西凉》《天竺》《高丽》《龟兹》《安国》《疏勒》《康国》和《高昌》。燕乐是融合胡乐的大型音乐演奏。在这十部乐曲中，属于汉魏以来传统乐曲的仅有《清商》一部，《燕乐》则融合了中外音乐。此外的八部乐曲，都自外部传入，大部分来自西域和印度，也有来自东方的高句丽。唐朝音乐的辉煌，就在于它集中了周边各国音乐的精华。对外来文化的吸收，让唐朝文化更上一层楼，站在了艺术的顶峰之上。在唐朝燕乐中，成就最高的无疑是"大曲"，它是传统的乐府音乐同外来音乐的完美结合，经过唐朝乐师的创造和提炼，把管弦乐同声乐、舞蹈有机地结合在一起，构成盛大的音乐舞蹈场面。在敦煌壁画中，屡屡见到壮丽的乐舞，乐师排列在左右两部，分为坐部伎和立部伎，组成甚至多达一两百人的大型乐队，吹拉弹奏十多种乐器，穿插着声乐演唱，气势宏大。舞台中央是舞蹈的空间，有独舞、合舞，长袖飘带，翻腾飞跃，舞出漫天彩云，更有胡姬汉女身穿五彩羽毛编织而成的羽衣罗裙，快速旋转，羽衣展开，仿佛百鸟朝凤，仙人下凡，欢快而华丽，堪比天堂。十八世纪，意大利在歌剧的基础之上，形成交响曲的演奏形式，风靡世界，流传至今。其实，意大利这种大型器乐合奏的演出形式，比唐朝乐舞出现的年代要晚一千年左右，只是后来唐朝国运衰落，这种盛大的乐舞才逐渐衰败下去。一定程度上，文化是和国运密切相关的，音乐舞蹈只是唐朝灿烂文化的一个缩影，在唐朝的各种文艺形式中，都显现出胡汉交融的情景。

唐朝就像搭了一个巨大的舞台，让全世界的文化艺术都可以在这里尽情地表演展露，优胜劣汰，五彩缤纷。世界级的舞台，包容世界的胸怀，必定有世界级的水平。这就给我们一个重要的启示，国家要做的是什么呢？耗尽人力物力训练一支支自己的队伍去摘取各项金牌，固然不错，如果换一个思路，搭建最好的舞台和最佳的表演环境，让全世界最好的乐队都来表演，既来之则安之，尽取天下英才为我所用，岂不是事半功倍！由此看来，聪明智慧的国家要做的是创建最好的环境和最完善的设施，成为全世界的人才高地。所谓人才高地，不仅是精英人才在人口占有一定的比例，而且是吸引所有的人才都想到你这里来发展的强大吸引力。这种吸引力源自清明的政治、先进的制度、公平的法律，更来自宽松的文化政策和海纳百川的包容胸襟。

恩威并施,以德怀远
——民族及外交关系建设

【题旨】

　　古代帝国强大与否，同周边民族、国家的关系至关重要。对于一个具有世界影响力的帝国而言，与周边的关系归根结底体现为能否确立民族间、国家间关系秩序，以此建构以自己为中心的国际体系。中国古代自殷商时就以东西南北方位来建构世界，自己居中作为四方的统治者。西周继承这个传统，以周王朝为中心，周围是封建诸侯，形成周的天下。至春秋时期，周王朝王权失坠，但因为生产力发展水平和文化程度较高，仍自视为天下的中心。但是，古代中国所谓的天下中心，绝非像西方一样通过征服的手段凌驾于诸国之上，而是如孔子所言："为政以德，譬如北辰，居其所，而众星共之。"（《论语·为政》）即通过建立以礼仪、制度为基础的文化优势，吸引周边政权慕化，用文化的感召力形成的政治上的向心力，使中国成为天下所向的中心。这就是孔子在《论语·季氏》中提出的著名的对外关系最高原则："故远人不服，则修文德以来之。既来之，则安之。"在这里，"德化"并不是要消灭种族，而是在承认世界广泛性的基础上对各种异民族的包容，用文化的统一去达成政治的统一。"德化"原则决不只是一种空想，它是一种理想主义的对外关系理论，在上千年处理与周边民族和国家关系的过程中，这一理论不断得到丰富和发展，形成各种具体的政策措施，成为中国处理对外关系的基石。它不同于历史上其他文明与帝国的对外关系思想，具有十分典型的中国特色。而唐太宗的对外关系理念及实践，正是在这一基础上产生的。

　　唐朝在处理对外关系的时候，强调制度文化的传播和对周邻国家的开放，通过人员、物质、文化的广泛流动，充分吸收各民族之长，维持自身的先进与活力，形成对周邻的优势和吸引力，确保自身的中心地位。在具体的外交实践中，唐太宗首先是吸取了汉代穷兵黩武的教训，强调兵为凶器，轻易不可发动战争。对于一般的矛盾，与其征伐，不如采取和亲等羁縻手段予以招抚。但是，当双方利益冲突不可调和之时，为了创造长期稳定的发展环境，树立大唐威信，战争是必要的威慑手段。不过，唐朝与周边民族、国家的战争并非现代意义上国家与国家间平等的对立，而是在以唐朝为中心的联盟秩序中的"上伐下"，因此呈现出与现代殖民战争不同的一面。战争的失败方不仅没有被赶尽杀绝，反而得到唐朝的优待，加速了自身经济文化的发展。唐太宗的外交理念正如他教导继承人时所说的那样："非威德无以致远，非慈厚无以怀民。"（《帝范·君体》）恩威并施，兼具儒家的外交理想和因时制宜的实用主义。

征伐

【原文】

武德九年冬，突厥颉利①、突利②二可汗，以其众二十万，至渭水便桥之北，遣酋帅执矢思力③入朝为觇④，自张声势云："二可汗总兵百万，今已至矣。"乃请返命。太宗谓曰："我与突厥面自和亲，汝则背之，我无所愧。何辄将兵入我畿县，自夸强盛？我当先戮尔矣！"思力惧而请命，萧瑀、封德彝请礼而遣之。太宗曰："不然。今者放还，必谓我惧。"乃遣囚之。太宗曰："颉利闻我国家新有内难，又闻朕初即位，所以率其兵众直至此，谓我不敢拒。朕若闭门自守，虏必纵兵大掠，强弱之势，在今一策。朕将独出，以示轻之，且耀军容，使知我必战。事出不意，乖其本图，制服匈奴，在兹举矣。"遂单马而进，隔津与语，颉利莫能测。俄而六军继至，颉利见军容大盛，又知思力就拘，由是大惧，请盟而退。（《贞观政要·议征伐》）

【注释】

① 颉利：东突厥可汗。阿史那氏，启民可汗第三子。初为莫贺咄设，于五原以北建牙帐。武德三年（620）继任为颉利可汗，妻后母隋朝义成公主。自恃兵强马壮，连年侵略唐朝。后东突厥被唐朝攻灭，颉利于贞观四年（630）三月被执送长安，授右卫大将军。贞观八年

(634)卒,赠归义王,谥曰"荒"。

② 突利:东突厥可汗。阿史那氏,名什钵苾,始毕可汗嫡子,颉利可汗之侄。隋大业中,始毕可汗遣其领东牙之兵,号泥步设,妻隋淮南公主。颉利可汗嗣位后,封为突利可汗,在幽州以北建立牙帐。后因与颉利可汗不合,私下与唐朝结盟,于贞观三年(629)表请入唐。贞观四年(630),授右卫大将军,封北平郡王。贞观五年(631),唐太宗征之入朝,中途至并州病卒,时年二十九。

③ 执矢思力:原为东突厥执矢部酋长,唐灭东突厥后归降,授左领军将军。因屡立战功,尚唐高祖之女九江公主,拜驸马都尉,封安国公。永徽四年(653),因牵连进房遗爱谋反案被流放巂州,九江公主请削封邑同往。龙朔中召回,为归州刺史,寻卒。麟德元年(664),复九江公主封邑,赠思力胜州都督,谥曰"景"。

④ 觇(chān):窥视,窥测。

【译文】

武德九年(626)冬天,突厥颉利、突利二位可汗率领二十万部众侵入到渭水之上的便桥以北,并派遣将领执矢思力入朝窥探唐朝的情况,执矢思力虚张声势地说:"两位可汗率领百万大军,如今已经到了京师。"说完准备回去复命。唐太宗对他说:"我曾当面与突厥结盟,你们却背叛誓约,我问心无愧,你们却率军侵犯大唐的京畿州县,还自夸强盛?我合该先杀了你!"思力吓得连忙求饶。萧瑀、封德彝奏请礼待思力,将他遣送回突厥。唐太宗说:"不行,现在如果要将他放回,突厥一定认为我害怕了。"于是让人把执矢思力囚禁起来。唐太宗说:"颉利听说我朝刚发生内乱,又听说我刚登上皇位,所以才率兵直逼京师,以为我不敢抵抗。我如果关闭城门自保,贼寇必定放纵士兵大加掳掠,局势谁强谁弱,全在今日如何应对。我打算独自出去,以此表示我对他们的轻视,同时展示我方军容,让他们知道我必将迎战。这一举动出其不意,背离他们原本的计划,降伏这些匈奴就在此一举了。"于是,唐太宗单枪匹马而去,隔着渭河与颉利交谈,颉利不知其深浅。随后唐朝的军队陆续抵达，颉利看到唐军容伟肃、兵力强盛，又得知执矢思力被囚禁，大为恐惧，请求与唐太宗结盟后就退兵了。

【评析】

突厥自六世纪中叶从蒙古高原西部的阿尔泰一带崛起，此时正值西魏和东魏各自改名为北周和北齐之时。相互对立的北周和北齐皆信奉"攘外必先安内"之策，为了打败对方而千方百计地讨突厥欢心。《周书·异域下》记述道：

时与齐人交争，戎车岁动，故每连结之，以为外援。……自俟斤以来，其国富强，有凌轹中夏志。朝廷既与和亲，岁给缯絮锦彩十万段。突厥在京师者，又待以优礼，衣锦食肉者，常以千数。齐人惧其寇掠，亦倾府藏以给之。他钵弥复骄傲，至乃率其徒属曰："但使我在南两个儿孝顺，何忧无物邪。"

大意是说，北周因为与北齐交战，而拉拢突厥作为外援，不仅娶了突厥的阿史那公主，还要每年向突厥献纳绢帛十万段，优待在长安的突厥人。北齐害怕突厥帮助北周攻打自己，也倾尽府藏贿赂突厥。突厥他钵可汗自然乐得渔翁得利，甚至傲慢地说："只要我在南边的两个儿子孝顺，就不必忧心国家没有财物。"基于此，突厥统治者自是希望中原长期分裂，于是玩弄起权术，在前期北周较弱时就助周伐齐，后期北周占据优势，乃至统一北方时就支持北齐。

到了隋朝建立，隋文帝转而对突厥采取积极防御的方针。一方面停止对突厥的岁贡，强化边境的防御体系，一方面采纳长孙晟远交近攻、离强合弱的政策，趁沙钵略可汗继位不久内部不稳，对突厥内部实行策反。最终突厥分裂为东、西突厥两部，实力大大衰弱。然而到了隋末，东突厥趁中原王朝内部动乱之机，收拢逃人，再次崛起，不仅控制了契丹、奚等周边少数民族，逐鹿中原的群雄也纷纷与之结盟以争取支持。

唐高祖李渊在太原起兵时，为了巩固后方，派刘文静带着财物贿赂东突厥始毕可汗以争取支持。始毕可汗派遣其特勤康稍利带两千骑兵前来助高祖平长安。高祖即位后为报答东突厥，给予了大量财物，而东突厥不仅纵兵侵略唐土，还扶持唐朝的对手刘武周、杨政道、刘黑闼等反唐。当时唐高祖因为中原初定，百废待兴，尚无能力与突厥对抗，只能忍气吞声，奉上财宝贿赂。而唐与突厥虽表面有结盟之名，实际双方常有战争。尤其武德七年（624）时，颉利可汗亲率大军大举南下，连寇数州。在如火的军情下，甚至有大臣向唐高祖提议烧毁长安，迁都他处。李渊畏惧之下竟然真的打算这么干，还派中书侍郎宇文士及等人南下寻找新都的合适地点，多亏当时还是秦王的唐太宗极力反对，自请与突厥作战，才稳住了这次迁都危机。此时，唐朝的弱势可见一斑。

  武德九年（626），东突厥听闻唐朝内部发生了玄武门之变，认为或许有机可乘。于是，颉利可汗、突利可汗再次率领二十万大军南下，转瞬之间便到便桥北岸，隔渭水直逼长安。面对这样的危机，大臣们都认为应当像以往一样，献上丰厚的财物，好言好语请求他们退兵。但唐太宗冷静分析双方形势，认为突厥深入唐朝腹地，其实内心对这次政变的真正现状也没有谱，只是来试一试自己这个新上位的毛头小子。唐朝若想转危为安，不仅不能让步，反而要摆出强硬的架势，让他们不敢轻举妄动。最终，唐太宗单骑出城，以过人的胆量和雄辩的言辞让颉利等摸不清虚实，又在渭水岸边陈列军队以张大声势，终于吓退了东突厥的大军。

  贞观元年（627），东突厥因为天灾和内部权力斗争实力大大衰弱，原来依附东突厥的薛延陀、回纥、拔也古等部纷纷叛离。大臣们建议唐太宗乘虚而入，以东突厥之前背约为名讨伐之。唐太宗却拒绝了，他说：匹夫一言尚且守信，何况我是天下之主。哪有亲自和人家订立盟约，转眼对方遭受天灾就趁机去讨伐的？即使突厥各部全都叛离，牲畜全部死于天灾，我也要表示我的信义，不能无缘无故出兵，要等到对方先失礼，我才会去征伐它。唐太宗说的盟约是前一年颉利自便桥退兵时，唐太宗曾亲自与他歃白马为盟。之后，颉利曾攻击与唐太宗结为兄弟的突利，突利向唐求救，颉利一面向唐请和一面又支持梁师都反唐，且因用度不足重敛诸部,使民不堪命,唐太宗才派李靖等率大军讨伐并灭亡了东突厥。

唐太宗之所以一定要等到突厥先失礼时才前去讨伐,是与中国古代外交思想中"天子之兵有征而无战"(《汉书·严助传》)的理念分不开的。在中国古代特色的天下观中,中原王朝向来视自身为天下共主,有领导周边政权、维护和平秩序的义务。即使是在唐朝处于军事弱势的武德初年,也没有放弃作为天下共主的愿景。唐朝建立后不久的武德二年(619)二月,唐高祖李渊曾颁布《镇抚夷狄诏》,指出:

朕祗膺宝图,抚临四极。悦近来远,追革前弊。要荒蕃服,宜与和亲。其吐谷浑已修职贡,高句丽远送诚款,契丹、靺鞨,咸求内附。因而镇抚,允合机宜,分命行人,就申好睦。静乱息民,于是乎在。布告天下,明知朕意。(《唐大诏令集·蕃夷》)

唐高祖在这则诏书中将自己描绘成周边政权的宗主国,实际上,当时唐朝的疆域并不宽广,吐谷浑不仅不是唐朝的属国,还是唐朝在对付东突厥过程中求助的对象。契丹、靺鞨也是臣属于东突厥而非唐朝。高句丽等朝鲜三国与唐朝也非君臣关系,唐高祖武德五年(622)给高句丽王高建武的诏书中还说要和高句丽"永敦聘好,各保疆埸"(《册府元龟·帝王部·来远》),即建立平等的邻国外交关系。武德七年(624)唐高祖遣人册封高句丽王时还跟大臣说,没必要非让高句丽称臣以自我尊大,博取虚名,结果遭到了裴矩、温彦博的极力反对。温彦博说:

辽东之地,周为箕子之国,汉家玄菟郡耳!魏、晋已前,近在提封之内,不可许以不臣。且中国之于夷狄,犹太阳之对列星,理无降尊,俯同藩服。(《旧唐书·东夷·高丽传》)

温彦博向高祖说明,高句丽自古以来就是中国的领土或属国,不可以令之"不臣",中国和四方政权是君臣关系,就像太阳和星星,不能自降身价,结成平等的邻国关系。温彦博的这段话可以说继承了中国传统的外交观念,也反映了唐朝君臣普遍的看法,无论唐高祖个人内心怎么想,在明面上唐朝都必须坚持天下共主的身份，这一理念也是之后唐朝历代君主在处理对外关系上的核心思想。

在这种外交思想指导下，中国古代王朝不将行使武力视为战争行为，而是基于双方的君臣关系，将之视为"征"。《孟子·尽心章句下》曰："征者，上伐下也，敌国不相征也。"敌国指关系对等的国家，故中国古代王朝从不将周边政权视作敌国。对于中原王朝君主而言，周边臣属国的对抗行为只能是犯上作乱，既触犯法律，又丧失道义。因此，君主有权对其反叛行为依法进行纠正和惩罚，这属于广义上的用刑。《国语·鲁语上》"臧文仲说僖公请免卫成公"条是这么记载的：

> 臧文仲说于僖公曰："……刑五而已……大刑用甲兵，其次用斧钺，中刑用刀锯，其次用钻笮，薄刑用鞭扑，以威民也。故大者陈之原野，小者致之市朝，五刑三次，是无隐也。"

三国韦昭注释称："甲兵，谓臣有大逆，则被甲聚兵而诛之。"臣属国犯上，则兴兵征伐，故大刑是专门适用于以集体为单位的臣下，其下四种刑罚，则针对以个人为单位的犯罪。把对臣属国的征伐纳入刑的范畴，首先在道义上就占有了绝对的优势。所以，君主对臣下动用武力不称作"战"，而称作"征"。《说文》解释"征"道："正行也。"《尚书·胤征》曰："奉辞伐罪曰征。"孔颖达疏："奉责让之辞，伐不恭之罪，名之曰征。征者正也，伐之以正其罪。"因此，动用武力是在执行刑罚。

以君主惩罚臣下为名义的出征，就决定了战争的两个原则：一是动用武力必须服从于国际道义。作为君主的中原王朝不能从事征服掠夺的不义之战。作为国际体系的领导者，一方面占有国力和道义上的巨大优势，另一方面也成为各国瞩目的目标，师出无名的恃强凌弱乃至侵略，或者不能承担起和平保卫者的责任，都将因为失去信誉而招致难以弥补的损失。国际道义是一柄双刃剑，既赋予领导者以巨大的力量，也要求其做出表率，给予其无形的约束。这就是为什么唐太宗明明可以趁着突厥遭受天灾的机会予以重创，却拒绝臣下讨伐突厥的提议，一定要等到突厥一方首先失礼，唐朝才会出兵。二是战必胜的原则。这一点很好理解，天子之兵若被臣下打败，必然会极大地影响君主国的威信。春秋时期，郑国的国君郑庄公仗着自己势强不把当时的周天子桓王放在眼里，不履行诸侯朝见天子的义务，于是周桓王组织了几家诸侯联军要讨伐郑国，可惜这个联军是乌合之众，不仅被郑国的军队打败，连周桓王本人都被一箭射中了肩膀。堂堂天子打不过一个诸侯，自此之后周王室的威信一落千丈，其余诸侯也不把天子放在眼里了。正因为战争存在这种危险性，汉代以来，中原王朝都会利用君伐臣这一道义上的优势，动员其他臣属国共同出兵。要求臣属国助战，其意义不限于军事，更重要的是造成国际道义的巨大力量，以令对手屈服，这就是春秋时期的军事家孙武提出的"不战而屈人之兵"。由此可见，中国古代王朝在国际关系中使用武力，所追求的不是军事上的征服，而是政治上的胜利。这种战争始终是政治统率下的战争，是政治的继续，而不是服从于军事意义的战争。中国古代王朝努力建构的国际体系，不是要追求绝对的霸权，而是要获得国际体系的领导权和道德权威。这同德治天下的总原则是吻合的。《韩非子·二柄》说过一段颇为著名的话："明主之所导制其臣者，二柄而已矣。二柄者，刑、德也。"文德的原则已经确定，而"刑"就是引导约束臣属国遵从国际道德的强制性规范，即动用武力只是实现政治目标的手段。

  由于天子不能发动不义之战，且一旦开战必须取得胜利，由此就产生了"动用武力必须谨慎"的第三条基本原则。《孙子》开篇第一句就说："兵者，国之大事，死生之地，存亡之道，不可不察也。"孙子把战争放到国家生死存亡的高度上，告诫统治者一定要慎战。因此，中国古代一直是反对穷兵黩武的。汉代的淮南王刘安为了劝诫汉武帝谨慎出兵，曾经上了一封重要的奏章，详细论述了反战的理由，对后世有着重要影响。刘安的上书收于《汉书·严助传》中，其反战的主要理由可以归纳为：

  （1）天子当以德治天下，政治清明，制度优越，将收"近者亲附，远者怀德，天下摄然"之效。因此，与其征伐，不如招抚之，令其"委质为藩臣，世共贡职"，威德并行，可不战而胜。

（2）蛮夷之地，得而无用，不能成为王朝的郡县。蛮夷之人，未沾王化，不守信约，反复无常，"不可以冠带之国法度理也"。故不值得为此"不居之地，不牧之民"兴师动众。

（3）蛮夷地势艰险，军事行动代价太大，"虽举越国而虏之，不足以偿所亡"。而且，即使胜利了，驻守的成本也非常高，更可能陷入蛮夷袭扰的长期战争中，这正是秦朝覆亡的教训。

（4）因为对外战争需要很高的人力、物力、财力成本，国内百姓要承担兵役、劳役和军费，民不聊生，最终会酿成内乱。

（5）"天子之兵有征而无战"，一旦征伐行动受挫折，反而在损伤天子的威望，刺激其他政权生出异志。

这是一份冷静而深刻的对外征伐的评估报告，从道义、外交、内政、军事等角度对征伐行动的得失做出政治评判，特别是根据征伐成本的理性分析，极具洞察力和说服力。得不到道义和民众的支持，单凭军事力量而进行的征伐，从开战到战后驻守都将付出难以承受的代价。因此，对外政策必须以政治为主、以道义为原则。刘安的分析如此精辟，几乎把后世反复讨论的对外开战的主要问题都提出来了。贞观时期代表性的反战大臣魏徵、房玄龄等在劝谏唐太宗不要轻易动用武力时也是围绕这几点展开。

基于君臣关系的征伐，也决定了中原王朝在取得战争胜利后不仅不会对战败的周边政权赶尽杀绝，反而会采用各种手段推进他们的"王化"，向他们传播中原的服章礼乐，期望通过文化手段改造异民族，达到"四海一家"的目标。

贞观四年（630），唐太宗灭东突厥后，颉利可汗被生擒，执送到长安。唐太宗不仅没有杀他，反而将他和他的家人安置在太仆寺，好吃好喝地供着。看到颉利因为失国郁郁寡欢，唐太宗还提出让他担任虢州刺史，因为虢州麋鹿等野物多，颉利在那儿可以多多打猎散心。这个提议被拒绝后，唐太宗又封颉利为禁军的右卫大将军，赐给他田地宅邸，让他在长安也能过得舒适。颉利死后，唐太宗允许突厥人给他送葬，按照突厥礼仪予以火化，并赠"归义王"之号。战败国的君主能享受如此待遇，唐太宗可谓仁至义尽了。

对于前来降附的东突厥部民，唐太宗也和大臣们仔细讨论如何安置，最终采纳了温彦博的建议，在幽州至灵州一线，设置了顺、佑、长、化四个都护府，安置内附的十余万突厥民众。同时在东突厥故地设置定襄、云中两个都护府，下设六个羁縻州，任用原来的突厥贵族为刺史，具体管理当地的突厥部落。很多突厥贵族被吸纳进唐廷做官，被任命为将军、中郎将等官员者达百余人，迁居长安的突厥人有近万家之多。唐太宗灭东突厥后的仁义之举，让边疆的其他民族坚定了归顺唐朝的想法，纷纷前来入朝称臣，并上书请求尊唐太宗为"天可汗"，即各游牧民族共同的大可汗。唐太宗也尊重他们的意愿，自此之后每次谕令周边民族，都自称"天可汗"。由于唐太宗坚持华夷一家，一视同仁的"王化"路线，各民族莫不感怀其恩义，唐太宗驾崩时许多胡人按照本民族习俗以自残自毁方式表示哀悼，甚至有不少番将痛哭流涕，请求杀身殉葬以保卫唐太宗陵寝，最后还是唐高宗反复劝说，不许殉葬，方且作罢。

综上可以看出，唐朝在处理民族关系等对外关系时，执行的是非常具有中国古代王朝特色的路线，把一些处理国内政治的做法运用到了对外关系上，将动用武力视作君主对臣下的惩罚，不将战败部族视为奴隶俘虏，而是采用建立"属国""羁縻府州"等怀柔政策，逐步将这些地区及其人民吸纳进来，成为王朝下的郡县民。这种开拓方式，可以称作"融入式拓展"，与西方古代帝国的征服式扩张颇为不同。以唐朝为代表的中国古代王朝，对外使用武力时，首先是基于政治的目标，其次则有成本的理性思考，冷静而有限度，并非肆意扩张。把"普天之下，莫非王土"解释为中国古代王朝欲征服天下，在理论上和实践两方面均与中国古代其他王朝的对外政策有很大的不同。

和亲

【原文】

贞观十六年,太宗谓侍臣曰:"北狄①代为寇乱,今延陀②倔强,须早为之所。朕熟思之,惟有二策:选徒十万,击而虏之,涤除凶丑,百年无事,此一策也;若遂其来请,与之婚媾,朕为苍生父母,苟可利之,岂惜一女!北狄风俗,多由内政,亦既生子,则我外孙,不侵中国,断可知也。以此而言,边境足得三十年来无事。举此二策,何者为先?"司空③房玄龄对曰:"遭隋室大乱之后,户口太半未复,兵凶战危,圣人所慎,和亲之策,实天下幸甚。"(《贞观政要·议征伐》)

【注释】

① 北狄:自古以来中原王朝对北方少数民族的泛称。
② 延陀:即薛延陀,属铁勒,由薛、延陀两部组成。居于漠北,风俗同于突厥。贞观三年(629)唐太宗册封其首领夷男为真珠毗伽可汗。唐灭东突厥后,薛延陀据其众,势力强盛,对唐朝时叛时和,最终于贞观二十年(646)为唐朝所灭。
③ 司空:官名。本为掌管土地、水利、工程建设之官。秦时因工程多用刑徒,故兼管刑徒。汉初废,至汉成帝时改御史大夫为大司空。东汉

光武帝置大司空，后省"大"字，但称"司空"，为三公之一。汉献帝建安十三年（208），又罢司空，置御史大夫。魏初复置司空。晋代司空地位尊贵但不掌实权。隋置司空，与太尉、司徒并为三公，正一品，置府僚，后省府僚，置于尚书省上，多不视事，为荣誉虚职。唐朝因之。

【译文】

贞观十六年（642），唐太宗对身边的侍臣说："北狄世代侵扰中原，如今薛延陀强悍拗逆，需早作打算。我仔细考虑了一下，只有两条路：简择十万大军，讨伐俘虏他们，荡除这些凶恶之徒，可保百年太平无事，这是第一条路。或者答应其首领的请求，与之结成姻亲，我作为天下苍生的父母，只要对百姓有利，岂会吝惜一个女儿！按照北狄的风俗，国策常由后廷女性主导，况且和亲公主若是生了儿子，就是我的外孙，必定不会侵略中原。这么一来，边境可保三十年太平。这两条路哪一条更好呢？"司空房玄龄回答说："百姓遭受隋末大乱，至今户口尚未恢复大半，兵者凶器，战争着实危险，圣明的人对此都很谨慎，若能采用和亲这个策略实在是天下大幸。"

【评析】

通过最高层联姻的方式来实现对外政治目的，称作"和亲"。和亲一词在先秦文献中早已出现，但并未特指国家和部族之间的通婚，仅表示和睦亲善之意，被运用于各种社会关系之中。以和亲表示中原王朝与周边民族之间的政治婚姻首见于汉朝。汉初匈奴大举进攻太原，汉高祖刘邦率大军迎击，被包围于平城，好不容易突围而出。此后汉朝便对匈奴转取守势，汉高祖采纳刘敬的建议，以宗室女嫁与匈奴单于，缔结和亲之约。显然，最初的和亲，对于汉朝而言是颇具屈辱性的，是居于劣势者对优势者的妥协。汉朝不仅以宗女嫁单于，还要每年献给匈奴巨额绢帛酒食，双方约为"兄弟"之国。这种状态一直沿袭至汉武帝时代。汉武帝凭借汉朝立国七十年来的积累，转而对匈奴采取攻势，派遣李广、卫青、霍去病等名将一路把匈奴赶回了漠北老家。自从汉武帝打败匈奴之后，和亲的性质发生了重大改变。这一时期匈奴一再请求恢复和亲关系，而汉朝不答应。汉宣帝甘露元年（前53），匈奴呼韩邪单于遣子入侍，后年亲自入朝称臣，匈奴与汉朝的关系变为君臣关系。直到竟宁元年（前33），呼韩邪单于再次入朝，请求为汉朝婿，汉元帝才同意以后宫良家子王嫱（字昭君）"赐单于"（《汉书·匈奴传下》）。这就是著名的"昭君出塞"的故事。这时候，和亲已经变成汉朝的赏赐，而且匈奴还要负担为汉守边的责任。和亲成为上对下的奖赏，是一种荣誉。而且，迎娶"和亲公主"的民族可以通过向周邻民族显示其与汉朝的特殊关系而强化自身地位。

中国古代王朝也充分利用这一点，运用和亲手段来平衡、驾驭周边民族。最初成功运用和亲手段分化驾驭外邦者，首推张骞。《汉书·张骞传》记载，汉武帝打败匈奴，张骞献计联合西域乌孙国王昆莫以制匈奴，说道：

> 今单于新困于汉，而昆莫地空。蛮夷恋故地，又贪汉物，诚以此时厚赂乌孙，招以东居故地，汉遣公主为夫人，结昆弟，其势宜听，则是断匈奴右臂也。既连乌孙，自其西大夏之属皆可招来而为外臣。

由于匈奴统治区域的一部分本为乌孙旧地，张骞建议汉武帝趁匈奴战败衰弱，联合乌孙，厚赐其财物，并把公主嫁给乌孙首领昆莫，与之结为姻亲，此举既能破坏匈奴与乌孙的关系，断匈奴右臂，又让匈奴有腹背受敌之忧。此后，汉武帝采纳张骞的策略，先后将宗室女细君公主、解忧公主嫁到乌孙，至汉宣帝时乌孙正式叛离匈奴与汉朝结盟。

此后，中原王朝将和亲的策略运用得越发娴熟，形式也越来越多。隋朝开皇年间，突厥叶护可汗雍闾势大，向隋朝请求和亲。隋朝负责对外关系的谋臣长孙晟向隋文帝献计，认为不宜把公主嫁与雍闾，助长其势，强而后反，应该把公主嫁给弱小的染干，离间其与雍闾的关系，挑动突厥内斗。隋文帝采纳了这个建议，把安义公主嫁与染干，派遣大臣隆重送婚，隋与染干的使节相望于道，让雍闾很没面子，于是兴兵进攻染干，突厥分裂，两败俱伤，而隋朝坐收渔翁之利。

　　长孙晟的计谋，实与张骞的策略一脉相承。由此可见，自汉武帝以后，和亲已经成为一项有力的外交手段，经常被使用，尤其是被居于优势地位者利用。这种做法也被异民族所效仿，入据中原的异民族政权如此，居于漠北的游牧民族也如此。例如，前面提到的突厥，在北朝后期，以阿史那公主行和亲，令北周与北齐争娶，以收操纵利用之效。

　　和亲也是唐朝处理民族关系的一种重要手段。有学者统计过，在唐朝两百九十年的统治中，周边民族正式向唐朝请求和亲的活动有四十余次，而唐朝应允和亲的一共是有二十位公主，分别嫁给十个不同的异民族，其中有少部分和亲活动因为各种原因中止，最终共有十六位公主分别嫁给七个不同的政权。若是将参与和亲活动的"县主"及大臣之女也算入和亲活动中，嫁入异民族的和蕃女性人数逾三十。和亲政权所在的地域涉及北方、西方、东北方、西北方、西南方，范围相当广泛。

　　唐朝大力推行和亲政策，一是因为唐朝抛弃了自古以来轻视异民族的观念，希望通过和亲加强与周边政权的联系，向他们推行唐朝的"王化"。从血脉上说，唐皇室先祖世仕鲜卑族建立的北魏，兴起于边镇武川，世代与鲜卑等异民族杂居、通婚，本身就有胡汉血脉，其统治集团内部的重臣也大多是胡汉混血。从文化上说，自五胡十六国以来，胡族的文化纷纷传入中原，与中原汉族的文化杂糅在一起，唐朝诞生于这样的社会环境之中，华夷观念自然淡薄。因此，自唐高祖以来，唐朝统治者都推崇"四海一家""爱之如一"的民族政策，不把与异民族政权联姻视作耻辱。二是唐朝继承了古代"兵者凶器"的思想，不愿轻易发动战争增加人民负担，又鉴于前代隋朝因为穷兵黩武三征高句丽而走向灭亡的教训，故选择和亲的方式尽量减少与周边政权的军事冲突，甚至通过建立姻亲关系的方式拉拢异民族为大唐巩固边防。

　　唐朝的和亲都是由周边异民族首领向唐王朝提出联姻请求，而唐朝酌情决定是否应允。唐朝通过操纵与谁和亲不与谁和亲来平衡与周边各政权关系，周边各政权则通过与唐朝和亲的方式提高自己在以唐为中心的同盟体系中的地位。

突厥在唐玄宗朝从默啜可汗到毗伽可汗两代都数次来请婚，而唐玄宗每次都以丰厚的财物将他们敷衍过去，就是不许和亲。开元十三年（725）玄宗准备去泰山封禅，派大臣袁振去突厥宣读封禅的圣谕。毗伽可汗就问他：

"吐蕃狗种，唐国与之为婚；奚及契丹旧是突厥之奴，亦尚唐家公主；突厥前后请结和亲，独不蒙许，何也？"袁振曰："可汗既与皇帝为子，父子岂合为婚姻？"小杀等曰："两蕃亦蒙赐姓，犹得尚主，但依此例，有何不可？且闻入蕃公主，皆非天子之女，今之所求，岂问真假，频请不得，实亦羞见诸蕃。"（《旧唐书·突厥上》）

先天二年（713），默啜可汗为其子杨我支请婚，唐玄宗答应将蜀王女南和县主嫁给他，但之后默啜却不顾和亲之约，进犯唐北庭都护府，让唐朝非常不快。之后又屡叛屡和，毫无信义，使得唐朝对与突厥和亲心存疑虑，而选择与契丹、奚和亲以牵制突厥。契丹、奚原本是突厥的臣属国，唐朝与之和亲，而突厥屡次请婚却不能得，从毗伽可汗所说的"羞见诸蕃"看，未能与唐和亲无疑降低了突厥在诸蕃中的威信和地位。开元十五年（727），毗伽可汗为了讨好唐朝，获得和亲机会，将吐蕃邀其连兵入寇的书信献给唐朝，唐玄宗为了嘉奖他的忠心，许突厥与唐互市。之后从互市中得到好处的毗伽可汗更加殷勤地请求和亲，终于在开元二十二年（734）梦想成真。可惜之后不久毗伽可汗因突厥内乱被杀，和亲最终没有实现。

再来看上述材料中提到的薛延陀。薛延陀本为突厥属臣，后因突厥衰落而叛离自立。唐太宗为了牵制突厥，封薛延陀首领夷男为真珠毗伽可汗。突厥亡国后，夷男占据其故地，拥兵二十万，引起唐太宗的忌惮。唐太宗于是封突厥李思摩于漠南牵制薛延陀。贞观十五年（641），夷男发兵击李思摩，为唐朝援军所败。夷男畏惧之下遣使请罪，并请和亲，被唐太宗拒绝。次年夷男又来求婚，于是唐太宗和大臣们商议，是发动精兵一举将其剿灭，还是答应和亲。最终唐太宗采纳了和亲之策，要求夷男亲自前来迎娶，唐太宗也会亲自到灵州与其会合。之后因为夷男准备的聘礼羊马经过长途跋涉，损耗大半，未如约而至，唐人便认为聘礼未备就结婚于礼不合，若答应薛延陀，会让其他周边政权看轻唐朝。于是，唐太宗下诏停止与夷男和亲。之前被夷男攻击的李思摩一看夷男和亲失败，立刻发兵侵略薛延陀。薛延陀此后便走向衰落，最终在夷男去世后，因后嗣争位而使其内部大乱。

从以上事例中可以看出，和亲在唐朝与周边政权的关系中占据非常重要的地位。周边政权纷纷以与唐朝和亲为荣，因为与唐朝和亲不仅代表双方建立姻亲关系，互不侵扰，还附带有双方名分、互市贸易等其他内容。周边政权往往会通过和亲与唐朝确立君臣、翁婿等关系，进入以唐朝为中心的国际体系中，唐朝会承担保护该政权的义务，若该政权受到其他政权的攻击，唐朝有义务派遣援军替其主持公道。和亲也意味着该政权乃至该政权首领得到唐王朝的承认和支持，有利于提高首领自身在政权中的地位。对唐朝而言，和亲首先的好处是保证了唐朝边境的和平，唐朝身处众多异民族包围之中，不可能一一将之征服，利用和亲建立友好同盟对唐朝而言是最划算的。同时，和亲的政权往往与唐朝有君臣、翁婿名分，有助唐朝守边、在唐朝征伐其他政权时派兵协同作战的义务，有利于强化唐朝作为国际体系领导者的威信，给予唐朝的反对者以强大的压力。而唐朝与周边政权建立互市等贸易往来，更是促进双方经贸发展、物产交流、文化交融的共赢之举。反过来说，被唐朝拒绝和亲的政权，要么是因为不够格，要么是与唐朝有嫌隙。后者最为悲惨，因为一旦唐朝将该政权排除在同盟体系之外，不愿做它的后盾，周边其他政权就会肆无忌惮地趁火打劫，如李思摩部之于薛延陀。

和亲还大大推动了唐朝与周边政权的文化交往，尤其是唐文化向周边的传播。唐朝的和亲公主出嫁时，一般都会带大量的财物、书籍、工匠，传播唐朝文化。其中，最为人津津乐道的例子莫过于文成公主和亲吐蕃。贞观八年（634），吐蕃赞普松赞干布遣使朝贡，唐太宗派冯德遐前往抚慰。松赞干布遣使随冯德遐入朝请婚，唐太宗没有答应。吐蕃认为是吐谷浑从中作梗，于是发兵攻打吐谷浑，唐太宗派侯君集等率五万大军大败吐蕃。松赞干布大为恐惧，立刻遣使谢罪，并带着大量财宝再次请婚。唐太宗这次终于答应把文成公主嫁给他。这次和亲规模十分盛大，唐太宗令宗室李道宗亲自送嫁、主婚，并带去了极为丰厚的陪嫁，其中除了大量金银珠宝、绫罗绸缎之外，还带去了释迦牟尼佛像和数百卷佛经，许多医药、卜筮、营造技术类的书籍，以及各种谷物的种子。而松赞干布一见到文成公主的送嫁队伍，就感慨唐朝服饰礼仪之美，自惭形秽，于是在公主入吐蕃后，立刻脱掉吐蕃原本的毡裘，换上唐朝的绫罗绸缎服装。松赞干布还派遣吐蕃贵族子弟到唐朝学习《诗》《书》等典籍，又延请唐朝的文士协助自己处理奏章。可以说，文成公主及之后的金城公主和亲吐蕃，大大促进了吐蕃经济文化的发展，也增进了吐蕃对中华文化的认同和唐蕃友好。

实际上，古代的对外关系基本上是政治关系。唐朝的对外政策，服从于以德抚远的政治目标，目的是建构一个以唐朝为中心、具有共同道义和文化基础的稳定的同盟体系，不管使用和平的或者武力手段，整个外交活动都围绕着这个中心展开。这个目标决定了唐朝所强调的是其政治及文化影响力，而不是对外的征服与扩张。从唐朝的民族政策及对外关系的成功经验来看，固然军事实力是支撑其对外影响力的重要基础，但是，建构以唐朝为中心的同盟体系更主要是依靠先进的制度、法律、文化和技术，使得周邻政权受到吸引而自愿输入移植中华文明，即使是柔性的文化技术，也只有对方自愿接受才能获得有效传播和成功移植，唐朝的经验证明了这一点。以唐朝为代表的中国古代王朝对外政策的基本点是和平的文化影响，而非武力的征服和领土的扩张；是国际体系的领导者和维护者，而非统治者和掠夺者。

参考文献

1. （唐）魏徵、令狐德棻撰：《隋书》，北京：中华书局，1973年。
2. （唐）长孙无忌等撰，刘俊文点校：《唐律疏议》，北京：中华书局，1983年。
3. （唐）杜佑撰，王文锦、王永兴等点校：《通典》，北京：中华书局，1988年。
4. （唐）李林甫等撰，陈仲夫点校：《唐六典》，北京：中华书局，1992年。
5. （唐）吴兢撰，谢保成集校：《贞观政要集校（修订本）》，北京：中华书局，2021年。
6. （后晋）刘昫等撰：《旧唐书》，北京：中华书局，1975年。
7. （宋）司马光编著，（元）胡三省音注：《资治通鉴》，北京：中华书局，1956年。
8. （宋）欧阳修、宋祁撰：《新唐书》，香港：中华书局，1975年。
9. 俞鹿年编著：《中国官制大辞典》，哈尔滨：黑龙江人民出版社，1992年。
10. 吕宗力主编：《中国历代官制大辞典》，北京：北京出版社，1994年。
11. 徐连达编著：《中国官制大辞典》上海：上海大学出版社，2010年。
12. 韩国磐著：《隋唐五代史纲（修订本）》，北京：人民出版社，1979年。
13. 韩昇著：《东亚世界形成史论（增订版）》，北京：中国方正出版社，2015年。
14. 韩昇著：《盛唐格局：唐太宗的国家治理》，北京：中国方正出版社，2020年。
15. 王仲荦著：《隋唐五代史》，上海：上海人民出版社，2016年。
16. 陈仲安、王素著：《汉唐职官制度研究（增订本）》，上海：中西书局，2018年。